KB184673

기로에 선 북핵 위기

환상과 현실의 이중주

이창위
박영준
손재락
조비연

박영사

책머리에

한미동맹과 미일동맹을 축으로 한 동북아 질서는 탈냉전 시대에 새로운 국면에 접어들었다. 1991년 미국은 한국에서의 전술핵 철수를 결정했고, 남북한은 비핵화 공동선언에 합의했다. 많은 사람이 베를린 장벽 붕괴와 독일 통일, 소련 해체와 같은 평화가 한반도에 찾아올 것으로 기대했다.

그러나 현실은 달랐다. 북한은 체제 위기의 극복을 위해 모든 역량을 핵개발에 투입했다. 2000년 6월 남북 정상회담으로 조성된 화해 무드와 대북 포용정책은 실패로 돌아갔다. 협상에 의한 비핵화는 '공허한 레토릭'으로 전락했고, 한반도의 '비핵지대화'는 성공하지 못했다.

한국이 북한 체제의 경직성을 간과한 대가는 컸다. 비대칭 전력인 북한의 핵 · 미사일은 우리에게 '실존적 위협'이 됐다. 전 세계에서 한국을 핵무기로 위협하는 국가는 북한뿐이다. 북한은 한미 양국을 이간시키려고 도발을 멈추지 않고 있다. 이제는 희망적 사고와 '비핵화의 환상'에서 깨어나야 한다. 북핵 위기의 극복을 위한 현실적 대책을 고민하지 않으면 안 된다.

북한의 요구는 간단명료하다. 국제사회가 대북 제재를 해제하여 북한을 '사실상 핵무기국'(de facto NWS)으로 인정해주기를 원한다. 그러나 북한이 '사실상 핵무기국'이 되면, 독자적 핵억지력이 없는 한국의 안보는 파국적 상황으로 치달을 수 있다. 한반도의 위기가 얼마나 더 심각해질지는 가늠하기조차 힘들다.

핵위협에 대해서는 억제의 '신뢰성'이 가장 중요한데, 미국의 결정에 의존하는 확장억제는 한계가 있을 수밖에 없다. 영국 국방장관이었던 데니스 힐리(Denis Healey)는 "미국의 핵 억제력 중에서 5%는 소련을 억제하기 위해, 나머지 95%는 유럽인을 안심시키는 데 사용된다"고 했다. 미국이 유럽에 제공한 확장억제는 그만큼 동맹국의 신뢰를 얻지 못했다.

한반도의 사정도 유럽과 다르지 않다. 국내적으로 핵개발에 대한 찬성이 70%에 달하고, 전술핵 재배치나 핵무기 공유 등 대안이 논의되는 것은 그만큼 우리가 미국의 확장억제를 못 미더워하는 까닭이다. 트럼프 2기 행정부가 방위비 재협상이나 미군 철수를 요구하면, 확장억제에 대한 우리의 신뢰는 더욱 손상될 것이다.

저자들은 심각해지는 북핵 위기의 본질을 진단하고 대응책을 처방하고자 이 책의 집필에 나섰다. 오랫동안 이 분야를 천착해온 저자들은 한반도를 둘러싼 안보 지형의 변화와 핵질서의 동요라는 큰 틀에서 위기를 분석하고 대안을 모색했다. 핵확산의 역사, 핵군비통제와 대응전략, 북한의 대남 핵전략, 확장억제 및 핵잠재력, 비확산의 정치와 법 등 저자들이 다루는 주제는 다양하고 묵직하다.

저자들은 이런 내용을 각자 책임하에 분담하여 집필했다. 전체적인 맥락은 통하지만, 일관성과 정합성은 일부 부족할 수 있다. 독자들의 양해를 구할 수밖에 없다. 독자들은 각 장 서두의 요약과 에필로그에 정리한 '저자 대담'을 통해 핵심 내용과 전체의 흐름을 파악할 수 있을 것이다. 본문 내용의 전거(典據)는 주석에서 확인할 수 있다. 이 책은 학술서가 아니기 때문에 미주(尾注)는 읽지 않아도 무방하다.

한국은 강대국이 주도하는 비확산 체제를 묵묵히 따라왔지만, 남은 것은 '동방의 핵대국' 북한의 핵공격 위협이다. 한국에 대한 핵공격 위협은 동맹의 무력화를 노리는 북한의 핵심 전략이 됐다. 1차 북핵 위기 이후 30년 이상 국제사회는 변화무쌍한 북한의 기만전술에 속절없이 당했다.

트럼프 대통령이 북핵 문제를 어떻게 접근하든, 북한은 핵무기를 포기하지 않을 것이다. 한국은 '비핵화 공동선언' 같은 몽상적 명분에서 벗어나 현실을 받아들여야 한다. 본문에 기술한 북핵의 역사와 국제정치적 현실 및 정책 대안을 통해 우리의 선택지를 넓힐 필요가 있다.

북한의 전략핵잠수함(SSBN)이나 대륙간탄도미사일(ICBM)의 최종 완성은 '낙타의 등을 부러뜨리는 마지막 지푸라기'(last straw that breaks the camel's back)가 될 수 있다. 국제사법재판소는 1996년에 그런 안보 위기를 '국가 생존이 위협받는 자위(self-defense)의 극한적 상황(extreme circumstance)'이라고 적시한 바 있다. 적대국의 핵위협이나 핵공격 상황은 법적 판단의 대상이 아니라는 것이다.

트럼프 2기의 북핵 정책도 1기의 '최대 압박과 개입'처럼 파격적으로 추진될 수 있다. 하지만 '미국 우선주의' 외교로 한반도 정세는 격랑에 휩싸일 가능성이 크다. 더구나 기시다 총리의 퇴장과 윤석열 대통령의 탄핵 사태로 한미일 공조의 불확실성은 커지고 있다.

미국이 북한과 핵동결을 전제로 제재 완화나 핵군축 협상을 추진하면, 그것은 한국에 최악의 시나리오가 될 것이다. 이제 한국에 필요한 것은 냉정하고 현명한 정치적 판단이다. 엄중한 북핵 위기 속에서 이 책이 올바른 정책 수립을 위한 길잡이가 되기를 바란다.

이 책은 임동균 원장의 각별한 배려가 없었다면 완성되지 않았을 것이다. 30년 이상 교육 · 시민운동을 이끈 임 원장은 공교육 정상화에 진력한 자유 우파 기업인이자 신춘문예로 등단한 시인이기도 하다. 책의 기획 시부터 저자들을 격려하고 도와주신 임 원장께 심심한 감사의 말씀을 드린다.

2024. 12

집필진을 대표하여

이 창 위

추 천 사

북한의 비핵화를 기대하는 것은 '연목구어(緣木求魚)'와 같은 일이 돼버렸습니다. 냉전의 해체 이후 국제정치의 혼란과 한국의 정책적 한계를 틈타 완성된 북한의 핵개발은 우리의 안보에 본질적 위협으로 작용하고 있습니다. 이 책은 그런 북한의 핵개발 과정과 국제적 파급효과를 심도 있게 분석하여, 우리가 처한 안보 현실의 이해와 북핵에 대한 대응 방안의 모색에 귀중한 통찰력을 제공합니다.

이 책은 북핵 위기가 군사적 문제일 뿐 아니라 국제사회와 한국의 정책 실패가 결합된 구조적 문제임을 보여줍니다. 북한은 협상을 통한 비핵화를 철저히 배제하며, 공세적 핵전략으로 대남 적대정책을 고수하고 있습니다. 북한의 핵·미사일 위협은 그렇게 동북아와 국제질서의 안정에 대한 중대한 도전이 됐습니다. 저자들은 급변하는 안보 환경 속에서 한국이 독자적 핵잠재력을 확보하여 안보 전략을 재구축해야 한다고 제안합니다.

최근 정치권에서는 북핵 위기의 해결 방안으로 자체 핵무장에 대한 공감대가 급속도로 확산되고 있습니다. 저는 22대 국회에 입성한 후 2024년 7월, 국회에서 무궁화포럼을 발족하여 우리의 핵잠재력 확보를 위한 국회 차원의 논의를 본격적으로 시작했습니다. 한미원자력 협정 개정 등 핵잠재력 확보를 추진하는 데 국회의 역할이 필수적이기 때문입니다. 여야 의원과 민간 전문가들이 망라된 북핵 대응 특위(TF)도 필요한 상황입니다.

북한의 공세적 핵전략에 대응하기 위해서는 한미 확장억제에 의존하는 것만으로는 부족합니다. 국회 무궁화포럼은 31명 국회의원 회원들과의 정기적 토론회를 통해 구체적 정책 대안을 마련하고 있습니다. 특히 저희 포럼은 군사적 접근에 그치지 않고, 경제 · 산업적 차원에서도 핵 문제를 발전적으로 논의하겠다는 목표를 추구합니다.

핵잠재력은 군사적 억지력 확보를 넘어 경제적 생존과 국제사회에서의 자율성 확보를 위해서도 필요합니다. 농축·재처리 기술 확보는 안보 문제일 뿐 아니라, 에너지 공급망과 산업 경쟁력 강화라는 경제적 과제와 직결됩니다. 저자들은 구체적 정책 제안을 통해 한국이 국제사회와 협력하면서 스스로 안보를 책임질 수 있는 기반을 구축해야 한다고 강조합니다.

핵잠재력 확보는 이제 우리 국민의 안전과 미래를 위한 필수 과제입니다. 미국의 확장억제 신뢰성에 의문이 제기되고, 국제 핵군비통제 체제가 흔들리는 상황에서 우리 스스로가 이를 준비하지 않으면 안 됩니다. 저자들이 이 책에서 제시하는 북핵 문제에 대한 현실적·실질적 대안과 통찰은 저희 무궁화포럼의 취지와도 깊이 맞닿아 있습니다.

우리는 안보 환경의 변화에 과감하고 신속하게 대응해야 합니다. 국회 무궁화포럼의 목표와 궤(軌)를 같이하는 이 책은, 한반도 안보 위기에 중요하고 의미 있는 대안을 제시하여, 위기 극복을 위한 귀중한 이정표가 될 것입니다. **'기로에 선 북핵 위기, 환상과 현실의 이중주'**의 출간을 진심으로 환영하며, 이 책이 담고 있는 통찰과 제안이 대한민국의 안보 미래를 설계하는 데 크게 기여하기를 기대합니다.

2024. 12

국회의원 유용원

차 례

제 1 장 북핵 위기와 대북 제재의 실패

제 2 장 글로벌 핵군비통제 질서의 동요와 한반도 안보

제 4 장 슈퍼 트럼피즘 시대 한미 확장억제의 발전방향

제 5 장 한국의 핵잠재력 확보를 위한 그랜드 바게인

제 7 장 북한의 핵전략

제 8 장 핵 비확산의 국제법적 합의와 국제정치적 현실

표 차례

그림 차례

제 1 장

북핵 위기와 대북 제재의 실패

제 1 장 북핵 위기와 대북 제재의 실패

이 창 위

협상에 의한 북한의 비핵화는 이제 불가능해졌다. 북한은 냉전의 해체 시부터 오랫동안 국제사회의 반대를 물리치고 핵개발에 성공했다. 북한이 그렇게 만난(萬難)을 무릅쓰고 핵개발을 추진한 과정은 '현대 외교사의 미스터리'라고 할 수 있다. 북한은 국제정치의 혼란과 한국의 정책 실패에 편승하여, 리비아 모델을 거부하고 파키스탄 모델을 따랐다. 우리는 국제사회의 대북 제재가 실패한 역사를 살펴봄으로써 북핵 위기의 현상(現狀)을 이해하고 대책을 강구할 수 있을 것이다.

1. 현대 외교사의 미스터리

북한은 핵보유국이 됐다. 국제사회의 수많은 대북 제재와 협상은 모두 실패했다. 반면 한국을 비롯한 리비아, 이란, 이집트, 브라질, 아르헨티나 등 많은 국가가 핵개발을 시도했지만, 핵보유국이 되지 못했다. 이스라엘, 인도, 파키스탄은 NPT 체제 밖에서 핵개발에 성공했기 때문에 북한과는 경우가 다르다. 우크라이나, 카자흐스탄, 벨라루스 3국은 소련의 해체 후 자국에 있던 핵무기를 러시아로 넘겼다. 핵개발에 성공했다가 스스로 핵무기를 폐기한 국

가는 남아공이 유일하다.[1]

미국의 역대 정권이 30년 동안 추진한 대북 정책은 실패했다. **클린턴 행정부의 '제네바 합의'**(agreed framework), **부시 행정부의 '6자 회담'**(six-party talks), **오바마 행정부의 '전략적 인내'**(strategic patience) **그리고 트럼프 행정부의 '최대 압박과 개입'**(maximum pressure and engagement)**까지 미국의 협상 전략은 모두 실패했다.**[2] **바이든 행정부의 '조정된 실용적 접근'**(calibrated practical approach)**도 '전략적 인내'와 마찬가지로 무의미하게 끝났다.** 미북 양국은 싱가포르 정상회담에서 한반도의 비핵화를 지지했지만, 공동성명에 북핵 문제의 실질적인 해결책을 담지 못했다. 하노이 회담도 실패했다.

북한의 비핵화가 실패한 것은 역설적으로 북한의 의지와 국가적 역량이 그만큼 강력했다는 반증이다. 북한의 권위주의적 정치체제는 핵정책을 일관되게 밀고 나갈 만큼 굳건했고, 한국 정부의 잘못된 정책 판단은 상황의 악화에 일조했다. 한국은 북핵 위기의 심각성을 간과하고 주도적으로 위기에 대처하지 못했으며, 희망적 사고에 젖어 북한을 경제적으로 지원하기도 했다. 김영삼 대통령은 1994년 6월 클린턴 행정부의 영변 핵시설에 대한 '선제적 정밀타격'(preemptive surgical strike)을 극구 반대했다. 그러나 그는 2008년 4월 주한 미국 대사와의 대화에서 '당시 북폭을 말리지 않았으면 북핵 문제는 해결됐을 것'이라고 후회했다고 한다.[3]

북핵 문제에 관한 한, 김대중 대통령의 햇볕정책, 노무현 대통령의 유화정책과 문재인 대통령의 달빛정책은 잘못된 것으로 판명됐다. 이명박 대통령과 박근혜 대통령도 북핵 위기에 대한 책임에서 자유롭지 못하다. **어쨌든 1차 북핵 위기 이후 30년 간 계속된 북한의 핵무기 개발 과정은 '현대 외교사의 미스터리'라고 할 만하다. 요컨대, 북한의 강력한 의지에 대북 제재의 실패와 한국의 '잘못된 희망'(false hope)이 결합하여 현재의 재앙적 상황을 초래했다.**

이런 난국을 타개하기 위해서는, 실패한 역사로부터 답을 찾지 않으면 안 된다. 그런 맥락에서, 이 장에서는 북한의 한반도 비핵화 주장과 평화공세 및 핵개발 과정을 살펴보고, 대북 제재와 외교의 실패 및 대응책을 검토하기로 한다.

2. 냉전의 종식과 비핵화의 환상

(1) 한반도 비핵화 주장

비핵화 공동선언

북한은 1970년대 중반부터 평화공세의 일환으로 '**한반도 비핵지대화**'를 주장했다. 북한은 1980년 일본 사회당과 '조선반도의 비핵화'를 공동으로 선언했다. 북한은 1985년에 '조선반도 비핵화 평화지대'를 주장한 후 12월에 핵비확산조약(NPT)에 가입했다. 그리고 1992년에 국제원자력기구(IAEA)와 안전조치협정을 체결했다.[4]

북한이 일본 사회당과 함께 한반도 비핵화에 나선 것은 한미일 3국의 안보 협력에 대항하기 위해서였다. 그런 맥락에서, 북한은 미군이 전술핵과 함께 한반도에서 철수해야 한다는 한반도 비핵지대화를 계속 주장했다. 당시 북한은 재래식 전력에서 한국을 앞섰지만, 미군의 전술핵 때문에 전체적 전력에서 열세였다. 북한의 '한반도 비핵지대화' 주장은 핵전력의 열세를 만회하기 위한 전략적 선택이었다. 그러나 미국과 소련의 냉전 구도 속에서 북한의 평화공세와 비핵지대화 주장은 오랫동안 공허한 구호에 지나지 않았다.[5]

냉전이 종식되면서 남북관계는 극적으로 개선됐고, 동북아의 안보 지형도 바뀌었다. 한반도에서 미국의 전술핵이 철수되자, 북한은 한반도 비핵지대화를 주장할 필요가 없어졌다. 북한은 노태우 대통령의 1991년 11월 '한반도 비핵화와 평화구축을 위한 선언'에 호응했다. 1991년 12월 31일, 남북한은 '한반도 비핵화에 관한 공동선언'에 합의했다. 1992년 1월 20일 당시 정원식 총리와 연형묵 총리가 서명한 **'비핵화 공동선언'**은 **'남북기본합의서'**와 함께 평양에서 열린 2월 19일의 6차 남북고위급회담에서 발효했다.[6]

합의의 파기

양측이 합의한 비핵화 공동선언은 기존 비핵지대조약처럼 상세한 내용을 규정하지는 않았다. 그러나 남북한의 비핵화를 실현하기 위한 중요한 내용은 대부분 망라하고 있었다. 그것은 핵무기의 한반도 배치와 사용, 실험 및 제조에 관련된 사항을 포괄적으로 금지하고 규제하자는 내용을 담았다.[7] 양측은 비핵지대조약을 롤 모델로 하여, 한반도의 비핵지대화를 장기적인 목표로 합의했다.

만약 비핵화 공동선언의 목표와 내용이 제대로 실현됐다면, 남북한의 갈등과 긴장은 크게 완화됐을 것이다. 평화 체제의 구축을 위한 환경이 조성됐을 수도 있다. 비핵화 공동선언은 핵무기와 핵물질의 제조와 보유의 금지뿐 아니라 관련되는 사찰까지 규정하고 있었다. 그러나 북한은 비핵화 공동선언의 내용을 실현하거나 준수할 의도가 없었고, 남북핵통제공동위원회의 설립은 협상 단계에서 결렬됐다. 북한은 IAEA와 안전조치협정을 체결했지만, 비밀리에 영변에서 핵활동을 진행했다. 북한이 수락한 IAEA의 사찰로 핵물질의 불일치가 드러나고 북핵 위기가 시작됐다.

당시 북핵 위기가 극복되고 비핵화 과정이 순조롭게 진행됐다면, 한반도의 비핵지대화를 궁극적인 목표로 추진할 수 있었을 것이다. 그럴 경우, '한반도 비핵지대'를 확대하여 이론적으로는 '**남북한·일본 비핵지대**' 또는 '**제한적 동북아 비핵지대**'의 출범도 가능했을 것이다. 그렇게 되면, 5대 비핵지대 못지않은 중요한 비핵지대가 동북아에 등장하게 된다. 남북한과 일본이 비핵지대화에 합의하면, 비핵지대의 확장은 동북아의 안정에 기여할 수 있을 것이다.[8] 그러나 3개국이 그렇게 합의할 가능성은 거의 없다.

(2) 비핵지대조약

전 세계는 핵무기가 존재하는 지역과 핵무기가 없는 지역으로 나뉜다. 이 중에서 관련 당사국이 특정 지역에서 조약으로 핵무기의 제조, 보유, 취득 및 사용이나 배치를 금지하기로 약속한 경우, 이를 비핵무기지역(NWFZ: Nuclear Weapon-Free Zone), 핵무기금지구역 또는 비핵지대라고 한다.[9]

현재까지 비핵지대의 설립을 규정한 다섯 개 조약이 체결됐다. **중남미와 카리브해 지역의 '틀라텔롤코조약'**(Treaty of Tlatelolco, 1967), **남태평양의 '라로통가조약'**(Treaty of Rarotonga, 1985), **동남아시아의 '방콕조약'**(Bangkok Treaty, 1995), **아프리카의 '펠린다바조약'**(Treaty of Pelindaba, 1996), **중앙아시아의 '세미팔라틴스크조약'**(Semipalatinsk Treaty, 2006)**이 그런 조약들이다**. 이 조약들은 모두 발효하여 국제적으로 인정되고 있다.

몽골은 1992년 일방적으로 자국을 비핵지대로 선언하고, 국내 입법 조치를 취했다. 유엔은 1999년 총회 결의로 몽골의 비핵지대 지위를 인정했고, 안보리 상임이사국은 몽골에 대한 **'적극적 안전보장'**(PSA: positive security assurances)과 **'소극적 안전보장'**(NSA: negative security assurances)의 제공을 확인했다.[10] 반면, 중립국인 오스트리

아의 비핵지대화 주장은 국제적으로 인정받지 못했다.[11]

각국의 주권이 행사되지 않는 이른바 국제공역(國際公域)에서도 비핵화를 포함하는 조약 체제가 출범했다. 1959년 '남극조약'은 남극의 비무장지역화와 평화적 이용 및 핵실험과 방사성 폐기물 처리의 금지를 규정했다.[12] 1967년 '우주조약'과 1979년 '달협정'에는 우주의 평화적 이용에 대한 원칙에 따라 우주에서의 핵무기 배치와 핵확산 금지가 규정됐다.[13] 국제사회는 우주활동의 자유를 보장하기 위해 이를 합의했다. 국제공역인 해저에서도 1970년 '해저비핵화조약'으로 해저, 해상(海床) 및 하층토에 핵무기나 기타 대량살상무기의 배치나 저장, 그리고 발사나 실험을 위한 시설물 · 구조물의 설치가 엄격하게 금지됐다.[14]

한반도 비핵화 공동선언은 비핵지대조약 체제를 목표로 했지만, 양자는 대상 지역의 범위와 규제의 방식이 달랐다. 비핵화 공동선언의 적용 범위는 한반도에 국한되지만, 많은 국가가 참여한 비핵지대 조약은 넓은 지역에 적용된다. 비핵지대조약은 법적 의무가 부과되는 국제조약이지만, 비핵화 공동선언은 '비구속적 합의'에 불과하다. 따라서 합의를 지키지 않은 상대방은 '신의성실'(good faith)의 원칙을 위반한 것으로 정치적 책임을 질 뿐이다. 북한은 이런 점을 절묘하게 이용하여 핵개발에 필요한 시간을 확보했다.

(3) 한미일 3국의 공동환상

2009년 1월 취임한 오바마 대통령은 핵군축을 중시하면서 '전략적 인내' 정책으로 북핵 문제에 대처했다. 이 정책은 북한이 핵개발을 포기하고 비핵화를 완성할 때까지 강력한 대북정책을 통해 북한을 압박하겠다는 것이다. 그러나 '전략적 인내'는 북한에 핵개발을 완성할 시간만 주고 실패로 끝났다. 미국이 인내하는 동안 강력한 대북정책은 실현되지 못했고, 북한은 오바마 대통령의 재임 중 2차 핵실험부터 5차 핵실험까지 감행했다.

일본도 오바마 행정부와 마찬가지로 핵군축과 비확산을 통해 비핵화를 중시하는 정책을 취했다. 세계 유일의 피폭국인 일본은 핵무기에 대한 트라우마와 거부감이 강하다. **1968년 사토 에이사쿠(佐藤榮作) 내각은 '핵을 보유하지 않고, 만들지 않고, 들여오지 않는다'는 '비핵 3원칙'을 국시(國是)로 정했다.** 그런 정치적 환경하에 일본에서는 '제한적 동북아 비핵지대' 설립에 대한 의견이 지속적으로 제시돼왔다. 일본은 핵개발이 쉽지 않기 때문에, 한일 양국이 북한의 비핵화를 적극적으로 추진하여 동북아 비핵지대를 성립시키자는 안이었다.[15] 진보적 학자들과 일부 정치인이 주장한 비핵지대안은 나름대로 명분이 있었다.

국내에서도 비핵화 공동선언과 한반도 비핵지대화에 동북아 비핵지대 안까지 찬성하는 의견이 적지 않았다.[16] 대북 유화론자들은 협상으로 한반도를 비핵화시켜야 한다고 주장했고, 많은 사람이 그런 주장을 지지했다. 핵무기가 상징하는 야만성과 문명파괴의 가능성은 누구나 우려하고 반대한다. 그러나 현실은 명분이나 이론과 달랐고, 북한의 비핵화는 실패했다.

한반도 비핵화 공동선언이 발효하고 30년이 더 지났다. 냉전의 종식이라는 시대적 상황에서 남북한은 비핵화를 수용했지만, 북한의 핵개발로 동북아의 안보 지형은 다시 바뀌었다. **비핵화 공동선언의 환상은 깨지고, 우리는 냉엄한 국제정치의 현실을 마주하게 됐다. 이제는 한국도 형해(形骸)화된 비핵화 공동선언을 폐기해야 한다. 핵 재처리시설과 우라늄 농축시설의 보유를 금지한 비핵화 공동선언은 '핵잠재력 확보'에도 배치되기 때문에, 우선 이 문제를 해결하지 않으면 안 된다.**

3. 북핵 위기의 전개

(1) 1차 북핵 위기와 '제네바 합의'

북한은 핵 비확산을 강력하게 추진한 소련의 정책에 따라 1985년 12월 NPT에 가입했다. 북한은 1992년 1월 국제원자력기구(IAEA)와 안전조치협정을 체결하여 핵물질과 핵시설에 대한 보고서를 제출했다.[17] NPT에 규정된 핵물질의 전용 방지를 위한 보장

조치를 수용함으로써 원자력의 평화적 이용 의무를 이행한 것이다.[18]

그런데 IAEA가 1992년 5월부터 실시한 임시사찰에서 보고서에 기재된 것보다 많은 플루토늄이 발견됐다. IAEA는 1993년 2월 북한이 신고한 양과 보고서 내용의 '중대한 불일치'(significant discrepancy)를 이유로 미신고 시설에 대한 특별사찰을 요구했다.

북한은 3월 12일 IAEA의 요구에 반발하여 'NPT 탈퇴'를 선언했다. 북한의 NPT 탈퇴 주장은 조약의 발효 후 처음 제기된 것으로 국제사회에 충격을 주었다. 한국은 북한의 NPT 탈퇴와 준전시 상태 선포를 '남북기본합의서'와 '비핵화 공동선언'에 대한 중대한 위반이라고 비난했다.[19]

미국과 북한은 심각한 갈등을 겪으면서 협상을 진행했다. 미국의 설득으로 북한은 1993년 6월 일단 NPT 탈퇴를 유보했다. 그러나 북한은 1994년 3월 19일 남북회담에서 '서울 불바다' 발언으로 한국을 위협했다.[20] 북한이 5월에 흑연감속로에서 연료봉을 추출하자, IAEA는 6월에 대북 제재 결의안을 채택했다. 미국은 영변 핵시설에 대한 선제적 · 제한적 폭격도 검토했다.[21]

그러나 카터 전 대통령의 방북으로 위기는 극복되고, 양국은 1994년 10월 '제네바 기본합의'를 타결했다. 북한이 핵개발을 동결하면, 미국이 그 대가로 경제적 지원을 제공한다는 내용이었다. 북한의 NPT 복귀와 IAEA의 특별사찰 및 임시사찰의 수용, 북한에 대한 경수로 원자로 건설 및 중유 제공, 한반도 비핵화 공동선언의 이행이 합의됐다. 1995년 출범한 한반도에너지개발기구(KEDO)는 신포 지구에 경수로 건설을 시작했다. 북한의 **'벼랑끝 전술'**(brinkmanship)이 주효하여 1차 북핵 위기는 봉합됐다.[22]

(2) 2차 북핵 위기와 '6자 회담'

'제네바 합의'에도 불구하고 위기는 계속됐다. 1999년 9월 미국이 제재를 일부 완화했지만 상황은 마찬가지였다. 북한은 제1차, 제2차 연평해전을 1999년 6월과 2002년 6월에 각각 일으켰다. 2000년 3월 서해 5도 통항 질서를 주장했다.[23]

부시 행정부는 9.11테러의 발생 후 북한을 이란 · 이라크와 함께 테러를 지원하는 '악의 축'이라고 비난했다. 제임스 켈리 특사의 2002년 10월 방북 시 고농축 우라늄 프로그램이 발각되자, 북한은 2002년 12월 제네바 합의의 핵동결을 해제한다고 선언했다. 북한은 2003년 1월 10일 NPT를 탈퇴했다.[24] 북한은 안보리에 제출한 문서에서 "미국의 적대 정책으로 우리나라의 자주권과 안보가 심각하게 위협받기 때문에" NPT 제10조에 따라 조약에서 탈퇴한다고 했다.[25]

국제사회는 북한을 다시 압박했고, 미국은 제네바 합의를 파기했다. 미국은 2003년 6월 대량살상무기 확산방지구상(PSI)을 출범시켰다.[26] 제1차 '6자 회담'이 2003년 8월 개최되어 오랫동안 북핵 문제가 논의됐지만, 성과를 내지 못했다.

북한은 2005년 2월 핵무기 보유 정책을 공식적으로 선언했고, 6자 회담은 무기한 중단됐다. 그러나 2005년 7월 북경에서 열린 제4차 6자 회담에서 '9.19 공동성명'이 합의됐다. 한반도의 비핵화와 대북 경제원조가 정해졌다. 그러나 방코 델타 아시아(BDA) 문제가 터지면서 '9.19 합의'는 벽에 부딪혔고, 미국은 BDA에 제재를 부과했다.[27]

마침내 2006년 10월 9일 북한은 '1차 핵실험'을 감행했다. 유엔은 10월 14일 안보리 결의 1718호로 북한을 제재했다. 유엔헌장 제41조에 따라, 북한의 추가 핵실험과 탄도미사일 발사 자제, NPT 및 IAEA 안전보장조치에의 복귀, 핵무기 및 관련 프로그램의 '완전하고, 검증 가능하며, 불가역적' 폐기 등 비군사적 조치가 정해졌다.[28] 회원국에는 북한에 대한 금수조치, 원조금지, 금융제재, 출입국규제 등 의무가 부과됐다.[29] 그러나 제재는 느슨했고, 유엔은 북한의 핵개발을 막지 못했다.

(3) '전략적 인내'의 실패

2차 핵실험

1차 핵실험으로 국제사회의 느슨한 압박과 제재를 확인한 북한은 긴장을 평화 모드로 전환했다. 미국도 공화당의 중간선거 패배라는 국내적 상황으로 협상에 나설 수밖에 없었다. 양측은 2007년 1월 베를린에서 '9.19 합의'의 이행과 이를 위한 6자 회담 재개에 합의했다.

2007년 2월 제5차 6자 회담 3단계 회의에서 '2.13 조치'가 정해졌다. 이는 핵시설의 동결, 불능화, 신고, 폐기 4단계 중 핵시설의 폐쇄와 봉인 등 동결 조치를 규정한 것이었다. 7월부터 열린 제6차 6자 회담에서 9.19 공동성명의 제2단계 이행조치에 대한 '10.3 합의'가 이루어졌다.[30] 2008년 6월 북한은 영변 원자로의 냉각탑을 폭파하여 적극적인 평화공세를 펼쳤다.

그러나 평화공세는 오래가지 않았다. 2008년 11월 북한은 핵시설 신고와 검증을 거부했다. 북한은 2009년 5월 25일 마침내 '2차 핵실험'을 감행했다. 유엔은 대북 제재 결의 1874호로 대응했다. 안보리는 결의 1718과 마찬가지로 CVID 원칙을 규정하고, 회원국에는 북한의 모든 무기 수출의 금지, 북한 출입 선박 화물의 각국 영해에서의 검색, 대량파괴무기와 미사일 개발에 관련되는 금융거래의 규제 강화 의무를 부과했다.[31] 그러나 결의 1874도 강력하지 못했다. 중국은 대북 제재에 미온적이었다.

폭주하는 핵실험

2차 핵실험 이후 북한의 핵개발은 브레이크 없는 기관차가 됐다. 북한은 2010년 3월 26일 천안함을 폭침하고, 11월 23일 연평도를 포격했다. 남북 관계는 일촉즉발의 상황에 처했다. 2012년 2월 미북 고위급 회담에서 9.19 공동성명의 이행과 관계 개선을 담은 '2.29 합의'가 발표됐다. 그러나 북한은 4월 13일 장거리 미사일 발사로 합의를 폐기했다. 북한은 2012년 5월 개정된 헌법에서 핵보유국의 지위를 명시했다. 국제사회의 설득이나 제재에 상관없이 핵개발을 완성하겠다는 정책을 천명한 것이다.[32]

북한은 2013년 2월 12일 '3차 핵실험'을 감행했다. 유엔은 안보리 결의 2094로 제재를 강화했다. 북한은 2016년 1월 6일과 9월 9일 각각 '4차 핵실험'과 '5차 핵실험'을 감행했다. 3, 4년 주기였던 핵실험이 연 2회라는 무서운 속도로 진행됐다. 유엔은 안보리 결의 2270과 2321로 북한을 제재했다. 결의 2321은 개인에 대한 규제를 포함하는 교역 제재와 금융 제재를 담았다.[33] 그러나 북한은 2017년 9월 '6차 핵실험'을 했고, 유엔은 안보리 결의 2375를 부과했다.

북한은 오바마 행정부의 '전략적 인내' 덕분에 4차례 핵실험으로 핵개발 능력을 강화하고, 미사일 능력도 고도화시켰다. 오바마 대통령은 2009년 4월 '프라하 선언'과 2010년 '핵정책 검토 보고서'(NPR: nuclear posture review report)에서 '핵 없는 세상'의 구현을 목표로 비확산, 핵군축, 평화적 원자력 이용을 강조했다.[34] 민주당의 전통적인 입장을 계승한 그의 정책은 북핵 문제에 대해서는 완전한 실패로 끝났다.

(4) 실패한 제재와 동방의 핵대국

안보리 제재의 구조적 한계

북한은 끈질긴 협상과 벼랑끝 전술로 흔들림 없이 핵개발을 추진했다. 북한은 목표 달성을 위해 국제사회를 상대로 협상과 합의 및 파기, 제재의 거부와 재협상 그리고 합의와 파기를 반복했다. 북한은 필요하면 합의의 핵심 내용도 아무렇지 않게 무시했다. 북한의 일관된 목표와 철두철미한 전략에 한국과 미국 그리고 국제사회는 하릴없이 당했다.

안보리의 제재는 계속 강화됐지만, 한계가 있었다. 제재의 부과와 이행은 다른 문제였다. 2022년 말까지 유엔 회원국 193개국 중에서, 결의 1718은 111개국, 결의 1874는 98개국, 결의 2094는 63개국이 안보리에 이행보고서(NIR: national implementation report)를 제출했다. 그리고 결의 2270은 111개국, 결의 2321은 106개국, 결의 2375는 94개국이 각각 이행보고서를 제출했다.[35] 절반 정도의 회원국이 이행보고서를 제출한 셈인데, 지연된 제출이나 미제출에 대한 규제도 없었다.[36] 대북 제재 결의는 안보리가 유엔헌장 제41

조에 따라 회원국에 이행을 요청하는 것이기 때문에 강제력이 담보되지 않는다.

게다가 결의에 찬성한 중국의 비협조로 대북 제재는 제대로 작동하지 못했다. 유엔헌장 제42조의 강제적 내용을 담은 결의가 실현되지 않으면, 이런 구조적인 문제는 해결되지 않을 것이다. 결국 안보리 제재를 통한 북핵 문제의 해결은 중국의 전폭적 협조 없이는 불가능해졌다. 그런데 중국의 제재에 대한 소극적인 태도는 미중 양국이 대결하는 국제정치적 상황에서 쉽게 바뀌지 않을 듯하다.

동방의 핵대국

1차 핵실험을 감행한 북한은 미국의 극단적인 핵전쟁 위협과 제재 압력 때문에 핵실험을 할 수밖에 없었다고 주장했다. 핵무기의 선제적 사용을 불허하고, 핵위협과 핵이전을 금지하며, 북미 협상을 통해 한반도를 비핵화하겠다는 입장도 밝혔다. 미국이 적대정책을 포기하면, 북한도 핵을 포기하겠다고 선언했다.[37] **2차 핵실험 후, 북한은 NPT 체제 밖에서의 핵실험이나 미사일 발사는 국제법상 인정되는 정당방위 조치이며, 북한의 핵실험은 자주권과 존엄의 표시라고 주장했다.** 북한은 두 번의 핵실험이 자위적 차원에서 실행됐다는 점을 강조했다.[38]

3차 핵실험부터 북한의 입장은 공세적으로 바뀌었다. 북한은 3

월 26일 조선인민군 최고사령부 성명에서 정당한 자주권의 수호를 위해 '선제공격'을 할 수 있다고 주장했다.[39] **북한은 3월 31일 노동당 중앙위원회에서 '핵 · 경제 병진노선' 입장을 분명히 했다.**[40] **이때부터 '선제 핵공격'과 '핵·경제 병진노선'은 북한의 기본적 핵정책이 됐다.** 4차 핵실험 후, 북한은 수소폭탄 실험의 성공을 주장하면서 '핵 선제 불사용'과 핵이전 불허를 강조했다. 북한은 동북아의 평화와 안정을 위해 미국이 합동군사훈련을 중지하고 북미 직접 협상에 나서라고 촉구했다. **북한은 조선노동당 7차 전당대회에서 '핵무력·경제 병진노선'을 유지하면서 '동방의 핵대국'을 지향한다고 했다.** 미군 철수와 북미 평화협정의 체결도 주장했다.[41]

북한은 5차 핵실험 후 핵탄두의 소형화, 경량화, 표준화 및 규격화가 완성됐기 때문에 각종 핵탄두를 얼마든지 제조할 수 있다고 주장했다. 강력한 핵억지능력을 바탕으로 미국의 도발과 제재에 대응하겠다는 입장을 밝혔다.[42] **북한은 6차 핵실험에서 수소폭탄 실험 성공으로 핵무기의 고도화가 완성됐다고 주장했다.**[43] 11년에 걸친 핵실험으로 북한의 핵개발은 성공했고, 협상에 의한 북한의 비핵화 노력은 '희망 사항'(wishful thinking)으로 끝났다.

30년 이상 계속된 북핵 위기의 역사에서, 북한은 적어도 다섯 차례 이상 국제사회와의 합의를 파기했다. 1991년의 '한반도 비핵화 공동선언', 1994년의 '제네바 합의', 2005년의 '9.19 공동성명', 2007년의 '2.13 조치'와 '10.3 합의', 2012년의 '2.29 합의'가 북한이 지키지 않은 약속들이다. 그런 과정을 통해, 미국은 외교적 교섭만으로는 북핵 문제의 해결이 힘들다는 사실을 깨달았다. 미국이 국내 입법으로 독자적 대북 제재를 강화하는 것은 그런 이유 때문이다. 한국과 일본도 독자적 대북 제재로 유엔의 제재 실패를 보완하고 있다.

[표 1] 북한 핵실험과 안보리 결의 개요

핵실험	1차	2차	3차	4차	5차	6차
시기	2006.10.9	2009.5.25	2013.2.12	2016.1.6	2016.9.9	2017.9.3
출력	0.5~1kt	2~3kt	6~7kt	6~7kt	11~12kt	160kt
지진 규모	M4.1	M4.52	M4.9	M4.85	M5.1	M6.1
안보리 결의	결의 1718	결의 1874	결의 2094	결의 2270	결의 2321	결의 2375
제재 내용	핵·미사일 관련 물품의 거래 금지, 금융자산 동결	무기 금수, 수출 통제, 선박 검색, 물품 압류, 금융거래 규제	금융 제재, 화물 검색, 선박·항공기 차단, 광물 거래 제한, 결의 이행 강화	해운·항공 운송 제재, 모든 무기 수출 통제, 항공유 판매 금지, 광물 수출 금지, 사치품 제재	석탄 수출 제한, 광물 추가 수출 금지, 외교 활동 제한	유류 공급 제한, 해상·검색 차단, 섬유 제품 수출 금지
이행보고서 제출국	111개국	98개국	63개국	111개국	106개국	94개국

출처: 포괄적 핵실험금지조약 기구(CTBTO)와 안보리 자료(UNSCR Small Arms Survey)를 참고하여 필자가 작성.

4. 장밋빛 환상의 종말

(1) '최대 압박과 개입'

2017년 1월 트럼프 대통령이 취임하자 국제정세와 한반도의 안보는 예측 불가의 상황에 직면했다. 동맹관계도 비즈니스로 보는 그의 세계관은 기존 정치 지도자들의 인식과 너무 달랐다. 트럼프 2기의 대외정책은 1기의 연장선에서 이해하고 대처할 필요가 있다.

그는 세계 경찰로서 미국의 역할은 끝났기 때문에 유럽과 아시아의 동맹국은 안보에 무임 승차해서는 안 된다고 주장했다.[44] **그는 유럽의 동맹국이 합당한 안보 비용을 부담하지 않으면 미국은 NATO에서 탈퇴하겠다고 으름장을 놓았다. 한국에 대해서는 방위비를 다섯 배인 50억 불까지 증액하지 않으면 주한 미군을 철수하겠다고 위협하기도 했다. 심지어 한국이 분담금 100억 불을 내야 한다는 극단적인 주장도 2024년 10월부터 하고 있다.**[45]

북한은 2016년 9월 9일 제5차 핵실험 이후 수많은 미사일 발사로 국제사회를 긴장시켰는데, 2017년 2월 12일부터 8월 29일까지 무려 15회의 미사일을 발사했다. 북한이 7월 28일 대륙간탄도탄(ICBM) 급 미사일 화성을 발사하자, 한국은 망설이던 '사드'(THAAD, 고고도 미사일방어체계)의 조속한 설치를 결정했다. 미사일 지침의 개정과 핵잠수함의 도입도 검토했다. 북한의 장거리 미사일 발사는 한국에 그만큼 심각한 위협이 됐다.

트럼프 대통령은 8월 8일 북한이 미국을 계속 위협하면 전 세계가 보지 못한 '화염과 분노'에 휩싸일 것이라고 경고했다. 북한은 다음날 즉각 화성 미사일로 괌에 대한 포위사격을 검토하겠다고 받아쳤다.[46] '화염과 분노'는 그때부터 트럼프 대통령의 '최대 압박과 개입' 정책의 핵심 키워드가 됐다. 그는 북폭(北爆)과 같은 무력공세나 체제 변경(regime change) 등 군사 옵션을 포함하는 최대 압박으로 북핵 문제를 해결하려고 했다.

(2) '미치광이 전략'과 '벼랑끝 전술'의 충돌

'로켓맨'과 '늙다리 미치광이'

트럼프 대통령의 강력한 압박 정책은 리처드 닉슨 대통령의 **'미치광이 이론'**(madman theory)을 벤치마킹한 것이다. 이는 정치 지도자가 취하는 비이성적이고 극단적인 허풍(bluffing) 정책을 말하는데, **'미치광이 전략'**(madman strategy)이라고도 부른다. 닉슨 대통령은 월남전의 종식을 위해 소련 국경 근처에 전략폭격기를 정기적으로 비행시켜 소련을 위협했고, 결국 소련이 북베트남을 설득하여 베트남전쟁의 휴전을 이끌어 냈다. 한국전쟁 당시 이승만 대통령의 반공포로 석방도 미치광이 전략의 일종이라 할 수 있다.

트럼프 대통령은 2017년 9월 유엔 총회에서의 첫 연설에서 김정은 국무위원장을 **'로켓맨'**이라 부르며 대북 강경책을 밝혔다. 그는 "미국은 엄청난 힘과 인내심을 갖고 있지만, 미국이 스스로 또는 동맹국을 방어해야 한다면, 우리는 북한을 완전히 파괴할 수밖에 없을 것이다. 로켓맨은 자신과 정권을 위해 자살 임무를 수행하고 있다"라고 연설했다.[47] 그는 김정은 위원장을 그렇게 부르며 강경책을 폈지만, 나중에는 그 별명을 언급하며 서로의 친분을 과시하기도 했다.[48]

김정은 위원장은 9월 22일 담화에서, "겁에 질린 개는 더 큰 소리로 짖는데, 그는 국가의 최고 지휘권을 가질 자격이 없으며, 정치인이라기보다는 불장난을 좋아하는 사기꾼이자 깡패임이 틀림없다. 트럼프가 무엇을 생각하든, 그는 그 이상의 결과에 직면하게 될 것이다. 나는 반드시, 반드시 미국의 '**늙다리 미치광이**'를 불로 다스릴 것이다"라고 답했다.[49] 그렇게 미국과 북한 사이의 긴장이 최고조에 달한 상황에서, 두 정상이 서로 거칠게 응수한 메시지는 전 세계의 이목을 집중시켰다.

말폭탄 공방

당시 북한은 2017년 11월 29일 화성-15형 대륙간탄도미사일을 발사하고 핵무장의 완성을 선언한 상태였다. 김정은 위원장은 2018년 1월 신년사에서, "우리는 각종 핵운반 수단과 초강력 열핵무기를 시험하여 우리의 총적 지향과 전략적 목표를 성공적으로 달성했으며, 공화국은 마침내 어떤 힘으로도 무엇으로도 되돌릴 수 없는 강력하고 믿음직한 전쟁 억제력을 보유하게 됐습니다. 미국은 결코 나와 우리 국가를 상대로 전쟁을 걸지 못합니다. 미국 본토 전역이 우리의 핵 타격 사정권에 있고 핵 단추가 내 책상 위에 항상 놓여 있다는 것, 이는 위협이 아닌 현실임을 똑바로 알아야 합니다"라는 입장을 밝혔다.

트럼프 대통령도 지지 않았다. 그는 다음날 트위터로 미국의 핵 능력에 대하여 다음과 같은 멘트를 날렸다. "북한의 김정은 위원장은 방금 핵 버튼이 항상 자신의 책상 위에 있다고 밝혔다. 식량부족으로 고통받는 그의 정권의 누군가가 나에게도 역시 핵 버튼이 있다는 사실을 그에게 알려주길 바란다. 그러나 나의 버튼은 그의 것보다 훨씬 크고 강력하며, 그리고 나의 버튼은 분명히 작동한다!"[50]

이와 같이 두 정치 지도자는 전형적인 '스트롱 맨'으로서 외교적 말폭탄을 주고받았다. 핵무기를 완성한 북한은 미국에 대한 핵 억제력을 가졌다는 자신감에서 대화에 나섰다. 미국도 최대 압박이라는 기조하에 대화에 응했다.

(3) '달빛정책'의 실패와 '외교적 춤판'

2017년 5월 문재인 후보가 19대 대통령으로 당선됐다. 문재인 대통령은 집권하자마자 보수정권과는 다른 대북 정책을 내세웠다. 그는 북한이 핵보유국이 됐지만, 협상으로 한반도 비핵화를 이루겠다는 희망을 버리지 않았다. 그는 2017년 7월 베를린 선언에서 한반도 비핵화를 강조하고, 9월 유엔 총회 연설과 2018년 1월 신년사에서 북한의 평창올림픽 참가를 요청했다. 그렇게 **'달빛정책'**, 이른바 대북 유화정책이 문재인 정부의 기본적 외교 방침이 됐다.

김정은 위원장은 적대적 대미 정책에도 불구하고 2018년 신년사에서 평창올림픽 참가와 남북대화를 수락했다. 올림픽이 끝난 후 3월 5일 정의용 안보실장과 서훈 국정원장이 평양에서 김정은 위원장을 만났다. 그리고 정의용 실장은 방미하여 트럼프 대통령에게 '트럼프 대통령을 만나고 싶어 한다'는 김 위원장의 메시지를 전달했다. 미북 정상은 밀고 당기는 협상과 우여곡절을 겪은 후 싱가포르와 하노이, 판문점에서 회담을 가졌다.

정의용 실장은 정상회담의 성사에 중요한 역할을 했다. 트럼프 대통령은 북한의 비핵화 약속과 미북 정상의 회동을 그가 기자들에게 직접 발표하도록 했다. **그러나 정의용 실장이 밝힌 김 위원장의 '한반도 비핵화'는 미국이 생각하는 '북한의 비핵화'와 달랐다. 북한이 주장한 비핵화는 1970년대부터 주장해온 한반도의 비핵화로서, 주한미군의 철수와 한미동맹의 해체가 목적이었다. 그런 차이를 이해하지 못했거나 알고도 모르는 체한 정 실장과 문 대통령은 북한의 의도를 적당히 얼버무리고 정상회담을 밀어붙였다.**

존 볼턴(John Bolton) 안보보좌관은 회고록 '그 일이 일어난 방'에서 다음과 같이 설명했다. **"정의용이 만든 이 모든 '외교적 춤판'(diplomatic fandango)은 김정은이나 미국의 진지한 전략보다는 한국의 통일 의제와 관련돼 있었다. 북한의 비핵화에 대한 한국의 해석은 미국의 근본적 국익과는 무관해 보였다. 그 춤판은 아무런 실체도 없는 위험한 연출이었다."**[51] 그렇게 문 대통령과 정 실장이 벌인 '외교적 춤판'은 비핵화에 대한 '헛된 희망'과 '장밋빛 환상'을 남기고 끝나게 된다.

(4) 미북 정상회담

싱가포르

핵무기를 보유한 북한은 '현상유지'(status quo)를 위해 평화공세에 나섰다. 북한은 한국이 깔아 놓은 '외교적 춤판'을 이용해 미국의 양보를 받아 내려고 했다. 북한은 우선 한국과 4 · 27 정상회담을 열고 '판문점 선언'에 합의했다. 그러나 이 선언에는 '북한의 비핵화'가 언급되지 않았다. 즉 "북측이 취하는 주동적인 조치들이 '한반도 비핵화'를 위한 중대한 조치라는 데 인식을 같이한다"라고만 규정되어 논란의 여지를 남겼다. 전문가들은 이때부터 북한의 비핵화를 회의적으로 보기 시작했다.

북한은 미국과 싱가포르에서의 6 · 12 정상회담 개최에 합의했다. 북한은 2018년 5월 풍계리 핵실험장을 폭파했다. 원색적 표현으로 서로 비난하던 두 정상은 정치적 결단으로 사상 첫 정상회담을 성사시켰다. 그렇게 개최된 1차 미북 정상회담에서, 양국은 '새로운 미북관계를 수립하여 한반도에 평화체제를 구축하고, 한반도 비핵화에 대한 남북한의 판문점 선언을 지지한다'는 공동성명을 발표했다. 그러나 북핵 문제의 해결에 대한 구체적인 성과는 내지 못했다.

하노이

2019년 2월 27일 하노이에서의 2차 정상회담도 아무런 합의 없이 끝났다. 북한이 미국의 '일괄타결 방식'에 의한, 이른바 북핵 문제의 빅딜을 거부한 것이다. 미국은 모든 핵시설의 완전한 비핵화가 아니면 제재를 계속하겠다고 했고, 북한은 영변 핵시설을 폐쇄하는 대신 미국이 제재를 해제해줄 것을 원했다. 미국은 영변 외의 다른 핵시설의 정보를 신고하고 폐쇄할 것을 요구했지만, 북한은 영변만 주장했다. 막판에 트럼프 대통령이 제재의 일부 완화와 영변의 비핵화를 제안했지만, 김정은 위원장은 이 제안도 거부했다. 그렇게 양측의 주장은 접점을 못 찾고 협상은 실패했다.

북한의 거부는 '리비아식 해법'에 대한 오랜 불신에 근거하고 있다. 당시 트럼프 대통령은 김정은 위원장에게 제시한 '빅딜 문서'

에서, '**핵무기와 핵물질의 미국으로의 반출, 그리고 핵시설과 화학·생물전 프로그램 및 탄도미사일과 관련 시설의 완전한 해체**'를 요구했다. 또한 미국은 '**핵 프로그램의 포괄적 신고 및 미국과 국제사찰단의 완전한 접근, 관련 활동 및 새 시설물의 건축 중지, 모든 핵시설의 제거, 핵 프로그램 과학자와 전문가들의 상업적 활동으로의 전환**' 등 네 가지 사항을 구체적으로 요구했다.[52]

미국의 요구는 북한에 대한 '**최종적이고, 완전히 검증된 비핵화**'(**FFVD**)였다. 북한은 이를 '리비아 방식'이라고 주장하여, 절대 받아들일 수 없다고 했다. 양측이 생각하는 비핵화는 너무 달랐기 때문에 협상은 타결되지 않았다. 미국이 영변 핵시설 외에 별도의 우라늄 농축시설의 존재를 언급하자, 북한은 아무런 해명도 하지 못했다.

5. 제재의 성공과 실패

(1) 리비아 모델

제재의 성공

북한이 두 번의 미북회담을 전후하여 가장 반대한 비핵화 정책이 이른바 '리비아 모델'이다. 리비아가 받아들인 비핵화의 방식은 결국 카다피의 몰락을 가져왔으므로, 북한은 결코 이를 수용할 수 없다고 주장하고 있다. 사실 카다피는 2010년 튀니지에서 시작된 '아랍의 봄'과 '재스민 혁명'의 여파로 2011년 10월 시민군에 처형당했기 때문에 비핵화와 무관하다. 리비아의 비핵화 과정과 북핵 문제에 대한 함의를 살펴보자.

2003년 12월, 카다피 정권은 핵무기를 포함한 모든 대량살상무기의 개발과 제조 계획을 완전히 포기하겠다고 선언했다. 그 이후, 미국의 주도로 국제원자력기구(IAEA)와 화학무기금지기구(OPCW) 등에 의해 리비아의 관련 기자재와 핵물질이 폐기되고 확인 · 검증됐다. 폐기하지 못한 기자재와 핵물질은 미국으로 반출됐다.

리비아는 원래 핵비확산조약(NPT), 화학무기금지조약(CWC), 생물무기금지조약(BWC)의 회원국이었으나, IAEA에 신고하지 않고 비밀리에 핵개발을 진행했다. 리비아는 중국, 프랑스, 인도, 소련에 직접 핵무기의 구매를 타진하기도 했고, 그것이 실패하자 파키스탄의 압둘 카디르 칸(Abdul Qadeer Khan)의 네트워크를 통해 핵개발 기술을 도입했다. 다량의 화학무기도 보유하고 있었다. 리비아는 30년 이상 핵개발을 시도했지만, 인적 자원과 과학기술 인프라의 부족으로 결국 성공하지 못했다.

카다피는 2003년 3월 이라크전쟁으로 사담 후세인 정권이 붕괴하는 것을 보고 핵개발을 단념했다. 그는 이라크의 대량살상무기 보유를 이유로 미국이 시작한 전쟁의 결과에 충격을 받았다. 미국과 영국은 베를린 폭파 사건과 팬암기 폭파 사건에서 리비아에 철저하게 책임을 추궁했고, 그 과정에서 영국이 리비아를 설득했다. 오랫동안 미국에 맞섰던 대표적 테러지원국(state sponsors of terrorism)이자 불량국가(rogue state)였던 리비아는 그렇게 핵무기 개발을 과감히 포기하고 생존을 모색했다.

리비아에 대한 미국의 압박 외교는 일방적 제재와 군사력을 사용한 레이건 행정부의 전략, 부시 행정부와 빌 클린턴 행정부의 다자적·혼합적 제재, 영국과 함께 추진한 리비아 핵 프로그램의 성공적 폐쇄라는 세 단계로 분석할 수 있다. 첫째 단계는 실패했지만, 둘째 단계부터 점진적으로 협상이 성공하여 결국 리비아의 비핵화가 이루어졌다. 압박 외교를 뒷받침하는 무력, 균형적 전략, 정치 지도자의 현명한 판단이 비핵화의 성공을 이끌어 냈다고 평가된다.[53]

북한의 반발

북한의 '리비아 방식'에 대한 반감은 존 볼턴 국가 안보보좌관과의 갈등에서 잘 드러난다. 그는 2001년부터 2005년까지 국무부의 군축 · 국제안보 담당 차관으로서 리비아의 핵폐기 절차에 직접 관여했다. 북한은 9.11 테러 이후 부시 행정부가 북한을 '악의 축'(Axis of Evil)인 테러국으로 지정하자, 크게 반발하여 핵개발을 가속화했다.[54]

2003년 7월 30일, 볼턴은 서울을 방문하여 '미국은 북한의 비핵화 협상에의 복귀를 요구하지만, 선제적 보상은 없을 것'이라는 성명을 발표했다. 그는 김정일 위원장을 포악한 독재자라고 비난하고, 북한의 강제수용소의 인권 탄압과 주민들의 참상을 지적하여, 그들의 생활은 지옥과 같은 악몽이라고 주장했다. 북한은 볼턴을 '무례한 인간 쓰레기이자 흡혈귀'라고 비난하며, 협상 상대로 인정하지 않았다.[55] 볼턴은 그 이후 협상에 참여하지 않았고, 2005년 8월부터 유엔 대사가 되어 부시 행정부의 강경 외교 정책을 뒷받침했다.

트럼프 행정부의 안보보좌관으로 복귀한 볼턴은 2018년 1차 미북 정상회담을 앞두고 다시 리비아 방식을 거론했다. 그는 4월 29일 폭스뉴스와의 인터뷰에서 '북한의 비핵화는 리비아처럼 핵무기, 미사일, 핵물질을 모두 포기하는 것'이라는 입장을 밝혔다. 5월 13일 ABC뉴스와의 인터뷰에서는 '북한에 혜택을 제공하기 전에 반드시 항구적이고, 검증 가능하며, 불가역적인 비핵화(PVID)가 이루어져야 하고, 북한의 모든 핵무기는 해체되어 테네시 주의 오크리지(Oak Ridge)로 옮겨져야 한다'고 주장했다.[56]

북한의 김계관 제1부상은 5월 16일 담화에서 '리비아식 핵포기나 CVID, 핵, 미사일, 생화학무기의 완전 폐기와 같은 방식은 수용할 수 없다. 볼턴의 주장은 대국들에 나라를 통째로 내맡기고 붕괴된 리비아나 이라크의 운명을 존엄한 우리 국가에 강요하려는 심히 불순한 기도의 발현'이라고 주장했다. 북한은 2016년 1월 4차 핵실험 후 발표한 정부 성명에서 '북한과 같이 존엄한 국가가 강대국들에 통째로 나라를 바치고 항복한 리비아나 이라크와 같은 운명을 강요받도록 하는 것은 완전히 잘못된 생각이다. 전 세계는 우리나라가 비참한 최후를 맞은 리비아나 이라크가 아니라는 것을 잘 안다.'[57]

이와 같이 북한의 비핵화에 대한 미국과 북한의 인식은 너무나 다르다. **북한의 입장은, 첫째, 리비아나 이라크의 전철을 밟지 않기 위해 핵무기를 일방적으로 포기하지 않을 것이며, 둘째, 미국이 리비아 방식을 북한에 적용하려고 해도 절대 그에 응하지 않겠다는 것이다. 미국이 생각하는 비핵화는 북한이 모든 핵무기, 화학무기, 미사일 등을 먼저 포기하고 검증을 받아야 한다는 것이다.**

현실적으로 과거의 리비아와 현재 북한이 처한 상황은 같지 않다. 리비아는 카다피가 핵 프로그램을 포기했던 2003년까지 핵무기의 개발에 성공하지 못했다. 리비아는 예산을 제외하고 핵개발에 필요한 대부분의 조건을 갖추지 못했다. 북한은 중국과 러시아가 핵개발을 방조 내지 지원했지만, 리비아는 그런 후원자가 없었다. 원유 수출에 의존하는 리비아에 제재는 치명적이지만, 북한은 중국의 경제원조로 어떻게든 버티고 있다. 핵보유국이 된 북한은 미사일과 잠수함 등 핵투발 수단의 수준도 계속 향상시키고 있다.

(2) 파키스탄 모델

핵개발의 시작

북한은 파키스탄을 핵개발의 롤 모델로 벤치마킹했고, 실제로 많은 도움을 받았다. 베나지르 부토(Benazir Bhutto) 총리 재임 시 압둘 카디르 칸은 북한에 우라늄 농축 기술을 전수했고, 북한은 노동 미사일을 제공했다. 네덜란드에서 우라늄 농축 기술을 빼돌린 칸은 파키스탄에서 핵개발 프로그램을 운영했고, 이란과 리비아에도 농축 기술을 판매했다.

파키스탄은 1971년 3차 인도·파키스탄전쟁의 패배와 1974년 인도의 핵실험 성공으로 핵개발에 나섰다. '국가의 존망'이 걸린 위기에 정치 지도자에게 다른 대안은 없었다. 1972년 1월, 줄피카르 알리 부토(Zulfikar Ali Bhutto) 대통령은 이슬라마바드 남서쪽의 물탄(Multan)에서 군부와 과학자들을 불러 핵개발을 결정했다. **그는 외교 장관이던 1965년 외신과의 인터뷰에서, "만약 인도가 핵무기를 보유하면, 우리는 '초근목피'로 연명하든(eating grass) 기아에 허덕이든 반드시 우리의 핵무기를 가질 것이다. 우리에게 다른 선택지는 없다"라고 핵개발 의지를 밝혔다.**[58] **이때부터 '초근목피로 연명하더라도 핵을 갖는다'는 말은 파키스탄 핵개발의 핵심 슬로건이자 상징어가 됐다.**

부토는 핵개발 자금을 모으기 위해 해외순방에 나섰는데, 이슬람 국가에서는 이스라엘의 핵개발을 비난하고, 중국에서는 인도의 위협을 강조했다. 리비아, 사우디아라비아, 이란 등은 부토에게 자금 지원을 약속했고, 중국도 핵기술 이전을 약속했으며, 리비아는 핵개발 자금에 더해 우라늄 광석도 제공하기로 했다.

제재의 실패

국제사회는 1970년에 발효한 NPT 체제하에 15개국이 논의하여 '쟁거위원회'(Zangger Committee)를 결성하고, 이를 통해 핵물질과 장비의 국제적 이동을 규제했다. 1975년 11월 결성된 '핵공급그룹'(NSG: Nuclear Supplier Group)도 핵물질, 장비 및 기술의 이전을 통제하게 됐다. 캐나다나 독일 같은 '핵공급그룹' 국가들은 파키스탄에 대한 핵시설과 기술의 제공을 중단했다.

1976년 6월 미국 의회는 '사이밍턴 수정조항'(Symington Amendment)으로 '대외원조법'(Foreign Assistance Act)을 개정하여 IAEA 규정을 준수하지 않는 파키스탄 같은 국가에 미국의 원조를 중지한다고 결정했다. 파키스탄에 재처리시설을 제공하기로 했던 프랑스의 계획도 미국의 압력으로 취소됐다.[59] 이때 압둘 카디르 칸이 귀국하여 칸연구소(KRL)를 만들어 활동을 시작했다.

8월에 파키스탄을 방문한 키신저는 줄피카르 알리 부토에게 핵개발을 포기하면 A-7 공격기를 제공하겠다고 설득했다. 부토는 키신저의 제안을 거절하고, **"이제 이스라엘과 남아프리공화국까지**

핵무장 능력을 가졌다. 기독교인이, 유대교인이, 힌두교인이 그리고 공산주의자들까지 모두 핵무기를 보유한 셈인데, 왜 무슬림만 그렇게 하면 안 되는가?"라고 하여 파키스탄의 핵개발을 정당화했다.[60]

키신저는 부토에게 '미국의 말을 듣지 않으면 본때(horrible example)를 보여줄 것'이라는 경고를 남겼다. 1977년 7월 쿠데타를 일으킨 무함마드 지아울하크(Muhammad Zia-ul-Haq)는 1979년 4월 부토를 처형했다.[61] 1981년 출범한 레이건 행정부는 이슬람 보수정책을 편 지아울하크를 지지했고, 지아울하크는 일단 핵개발을 중단했다.

그동안 중국은 비밀리에 핵기술을 파키스탄에 이전했는데, 특히 등소평이 실권을 장악한 후인 1982년부터 알제리, 사우디아라비아, 북한에도 미사일을 판매하고 핵기술을 제공했다. 중국으로부터 필수적인 핵기술을 전폭적으로 지원받은 파키스탄은 1983년 3월과 1984년 3월 콜드 테스트에 성공했다.

지아울하크가 1988년 8월 비행기 사고로 사망한 후, 1988년 12월 베나지르 부토(Benazir Bhutto)가 총리로 취임했다. 그녀는 지아울하크가 처형한 줄피카르 알리 부토의 딸이었다. 파키스탄 군부는 핵개발 과정을 부토 총리에게 상세히 보고하지 않았다. 그러나 1993년 두 번째 임기를 시작한 그녀는 1996년 1월 인도가 핵실험을 다시 한다면 파키스탄도 부득이하게 핵실험을 할 수밖에 없다고 공언했다.

1998년 4월 인도에서 힌두 민족주의와 핵실험을 공약한 인도인민당(BJP)의 아탈 바지파이(Atal Bihari Vajpayee)가 총선에서 승리했다. 인도는 그해 5월 11일과 13일 5회의 핵실험을 하고 핵보유국이 됐다고 선언했다. 결국 파키스탄도 그해 5월 28일과 30일 6회의 핵실험을 강행했다. 1996년 11월 총리에서 물러난 부토는 야당 지도자로서 양국의 핵실험을 목격하고, 세 번째 총리직에 도전했다가 2007년 12월 암살됐다.

파키스탄의 선택

파키스탄은 인도의 위협으로부터 국가를 지키기 위해 핵무기를 개발했다. 인구와 영토, 군사력이 열세인 파키스탄에 다른 선택의 여지는 없었다. 파키스탄은 이슬람 국가들의 자금을 지원받고, 강대국 사이에서 외교적 줄다리기를 마다하지 않았다. 파키스탄은 미국의 경제적 지원과 묵인 그리고 중국의 적극적 기술 지원과 협조를 활용했다. 인도를 견제하기 위해 중국은 핵무기를 가진 파키스탄이 필요했다.

핵개발에 성공한 파키스탄은 인도에 대하여 공격적 핵정책을 채택하고 있다. 파키스탄은 비핵보유국을 핵무기로 공격하지는 않지만, 핵보유국인 인도에 대한 선제 핵공격은 부인하지 않았다. 즉 소극적 안전보장(NSA)을 준수하더라도, 인도에 대한 '핵 선제 불사용'(NFU: no first use) 원칙은 선택적으로 적용한다는 것이다. 파키스탄의 핵정책은 인도에 대한 억제에 초점이 맞춰져 있어서 '신뢰적 최소 억제'(CMD: credible minimum deterrence) 전략에 따른다고 할 수 있다.[62] 다만, 군부의 핵무기 통제력이 행정부보다 강하기 때문에 선제적 핵 사용의 가능성을 배제할 수는 없다.

파키스탄은 가난한 국가가 모든 역량을 집중하여 핵개발에 성공한 케이스로, 북한에 절대적인 영향을 미쳤다. 북한은 강대국 인도에 맞서 핵개발에 성공한 '파키스탄 모델'을 중시할 수밖에 없었다. 북한은 파키스탄 방식에 따라 미국의 공인을 받아 제재가 해제되기를 원했다. 반면 미국은 리비아 방식을 적용하여 북핵 문제를 해결하려고 했다. 서로의 '동상이몽'으로 대북 제재는 실패하고, 북한은 핵보유국이 됐다.

미국의 핵개발 이후 핵보유국은 특정 상대국을 견제하기 위해 핵확산에 나섰다. 그들은 동맹국이나 우호국과의 협력 차원에서, 또는 적대국에 대한 방어를 위해 핵기술을 이전했다. 미국의 영국에 대한 지원, 소련의 중국에 대한 지원, 프랑스의 이스라엘에 대한 지원과 협력, 중국의 파키스탄에 대한 지원 그리고 중국의 북한에 대한 지원은 모두 그런 맥락에서 이루어졌다. 그러나 그 동맹은 영원하지 않았고, 핵확산이라는 통제하기 힘든 결과만 남았다. 파키스탄의 핵개발은 '국제사회에는 영원한 적도 친구도 없다'는 냉엄한 현실을 확인하는 실례가 됐다.

6. 완전한 평화와 진정한 평화

북한의 핵개발은 한국전쟁이 끝난 1950년대 중반 소련이 원자력 기술을 이전하면서 시작됐다. 1956년 3월 북한은 30여 명의 물리학자를 두브나(Dubna) '합동원자핵연구소'(JINR: Joint Institute for Nuclear Research)에 파견했다. 북한은 1959년 9월 소련과 원자력협정을 체결하고, 1960년대에 핵연구시설과 실험용 원자로를 영변에 건설했다.[63]

중국이 1964년 핵실험에 성공하자 김일성은 모택동에게 직접 부탁하여 핵개발 기술의 이전을 추진하기도 했다. 그러나 핵개발 기술의 제공에 부담을 느낀 중국은 북한의 요청을 거절했다. 중국은 북한의 경제력으로 엄청난 개발비용을 감당할 수 없다고 했다.

이런 과정을 거치면서 북한은 1986년부터 발전용 원자로의 건설과 우라늄 농축 등 본격적인 핵개발 활동을 시작했다. 여러 국가가 그랬듯이, 북한은 대외적으로 원자력의 평화적 이용을 내세웠다. 그러나 내부적으로는 흔들림 없이 핵무기 개발을 위한 행보에 나섰다. 북한은 온갖 장애와 난관을 극복하고 결국 핵개발에 성공했다.[64]

핵개발에 성공한 북한의 대륙간탄도미사일(ICBM)은 이제 미국 본토까지 위협하는 수준에 도달했다. 북한은 핵무기와 미사일을 포기하지 않겠다는 입장을 분명히 밝히고 있다. **북한은 2012년 헌**

법에 핵보유국의 지위를 명시했고, 2022년 9월 공세적 핵무기 사용의 조건도 법제화했다. 북한은 대륙간탄도미사일 외에 핵잠수함까지 완성하겠다고 공언하고 있다. 2023년 말부터는 남북관계를 '적대적 두 국가 관계'로 보고, 유사시 핵무기의 사용도 불사한다고 한다. 북한의 핵무기는 계속 소형화, 경량화, 표준화되고 있다.

2021년 4월의 아산정책연구원과 미국 랜드연구소의 예측에 따르면, 이미 핵탄두를 50개 이상 보유한 북한은 2027년까지 200개 이상을 갖게 된다.[65] '공포의 균형'이 이루어지지 않는 대치 상황에서, 재래식 무기로 북핵 위협에 효과적으로 대응하는 것은 사실상 불가능하다.[66] 그렇게 되면, 한반도 핵질서의 현상유지는 더 이상 의미가 없다. 이제는 북한의 완전한 비핵화가 비현실적이라는 사실을 인정해야 한다. 냉전의 종식에서 비롯된 '장밋빛 환상'과 '잘못된 희망'을 버려야 한다.

한미 양국이 2023년 4월 26일 워싱턴 선언으로 미국이 제공하는 확장억제를 강화한 것은 고무적이다. 그러나 우리의 안보를 '핵협의그룹'(NCG: nuclear consultative group)을 통해 미국의 정책적 판단에 맡겨야 하는 한계는 여전히 존재한다. 더구나 바이든 대통령과 기시다 총리가 물러난 이후 워싱턴 선언이 제대로 작동할 수 있을지는 불확실해졌다. 윤석열 대통령의 탄핵 사태로 상황은 더 악화됐다.

우리가 독자적 핵억제 능력을 확보하지 않는 한, 이런 상황은 언제든 되풀이될 수 있다. 지금은 강력한 한미동맹으로 확장억제를 강화하는 것이 현실적 방안이지만, 필요하면 독자적 핵억제 능력을 확보할 수 있도록 해야 한다. 트럼프 2기 행정부의 출범은 한국에 위기이자 기회가 될 수 있다.

리처드 닉슨 대통령은 국제사회에서 현실적 평화와 관련하여, '완전한 평화'(perfect peace)의 환상을 버리고 '진정한 평화'(real peace)를 추구하는 것이 필요하다고 했다. **"완전한 평화는 핵무기 없는 세상의 평화를 말하는데, 그것은 현실이 아닌 신화다. 물리학 전공 대학생이 핵무기를 설계하고 핵물질 구입도 어렵지 않은 세상에, 핵무기의 완전한 폐기는 불가능하다. 오히려 그것은 재래식 전쟁의 가능성을 높일 뿐"이라는 것이 그의 생각이다. 그는 핵확산을 막고 핵무기를 통제하면서 분쟁을 억제하는 것이 '진정한 평화'라고 보았다.**[67]

우리도 핵보유국이 된 북한을 '기정사실'(fait accompli)로 받아들이고 대책을 강구해야 한다. 한반도의 비핵화라는 '완전한 평화'가 아니라, 실현 가능한 방안을 통해 '진정한 평화'를 모색해야 한다는 것이다. 북핵 위기는 한반도에 국한되지 않으며 남북한만의 문제도 아니기 때문에, 국제정치의 맥락과 관점에서 넓게 바라볼 필요가 있다.

제 2 장

글로벌 핵군비통제 질서의 동요와 한반도 안보

제 2 장 글로벌 핵군비통제 질서의 동요와 한반도 안보

박 영 준

냉전기와 탈냉전기를 거쳐 미국과 소련 등 핵강대국에 의해 구축된 글로벌 핵군비통제 질서가 2010년대 이후 동요 혹은 붕괴되는 양상이 나타나고 있다. 러시아는 우크라이나와의 전쟁 와중에 CTBT 탈퇴와 미국과 체결한 New START의 종료를 선언했다. 중국도 핵전력을 증강하고 있고, 이에 대응하여 미국도 이미 중거리핵전력폐기조약 결정을 번복하고 있다. 게다가 핵능력을 고도화하고 있는 북한이 러시아와 전략적 포괄적 동반자 조약을 체결하면서, 한국의 핵불안을 가중시키고 있다. 한국은 북한 핵개발뿐 아니라 국제핵군비통제의 동요에도 안보정책적 대응을 서두를 필요가 있다.

1. 문제의 제기

북한의 증대되는 핵능력과 공세적 핵전략 표명이 한국 안보정책에 있어 가장 중대한 현안임은 분명한 사실이다. 다만 한국의 안보를 고려할 때, 보다 구조적인 문제는 탈냉전기 이후 미국과 러시아 등 핵보유 강대국들에 의해 구축되어온 핵군비통제 질서가 붕괴 조짐을 보이고 있다는 점이다. 냉전기에 미국과 당시 소련 등 핵보유 강대국들은 핵무기의 증대가 가져올 위험성을 인식하면서 핵비확산조약(NPT)을 체결한 바 있고, 탈냉전기에 접어들어서 미러 양국은 모스크바 조약이나 New START와 같은 양자 간 핵군비통제 조약도 체결해 왔다. 또한 글로벌 차원에서는 핵실험의 위험성을 방지하고자 포괄적 핵실험금지조약(CTBT)도 체결된 바 있다. 그런데 2010년대 중반 이후 미국, 중국, 러시아 간 신냉전 혹은 제2차 냉전의 상황이 전개되면서, 강대국 간의 핵군비통제 질서가 붕괴되는 조짐을 보이고 있다. 특히 2022년 2월, 러시아에 의한 우크라이나 침공 이후 러시아가 CTBT 탈퇴를 표명하고 미국과 체결한 New START를 갱신하지 않을 것임을 밝히고 있는 점에 주목할 필요가 있다. 또한 탈냉전기를 통해 '최소억제의 핵전략'을 유지해온 중국도 핵전력 증대 방향으로 핵정책을 변화시키고 있는 점도 간과해선 안 된다.

글로벌 핵군비통제 질서의 동요와 붕괴 조짐은 북한발 핵능력 고도화에도 영향을 주고 있다. 2017년까지 6차례의 핵실험을 감행하면서, 핵능력을 강화하고 있는 북한은 2024년 6월, 러시아와 '포괄적 전략적 동반자 조약'을 체결하면서, 제4조에서 쌍방이 전쟁상태 발생시 군사적 지원을 할 수 있음을 명문화했다. **즉 러시아발 글로벌 핵군비통제 질서 동요는 러-북 군사동맹의 부활에 의해 북한의 핵능력 고도화를 더욱 촉진하고, 북-러 나아가 북-러-중의 잠재적 핵 연대 가능성도 노정하고 있는 것이다.** 따라서 한국 안보의 관점에선 북한발 핵위협뿐만 아니라, 글로벌 핵질서의 구조적 변화를 같이 고려하고, 이에 대응하여 한국의 핵정책 방향을 모색해야 하는 것이다.

이와 같은 문제 의식에서 본 고는 냉전기와 탈냉전기를 거치면서, 미국과 소련(러시아) 등이 어떤 과정을 거쳐 핵군비통제 체제를 구축했고, 이러한 핵질서가 2010년대 이후 강대국 경쟁의 도래와 우크라이나 전쟁을 거치면서 어떻게 약화되고 동요되고 있는가를 분석한다. 그리고 이러한 국제핵군비통제 질서의 동요가 북한 핵개발과 연동되면서 한반도 안보에 위협을 가하고 있는가를 검토하기로 한다.

2. 냉전기와 탈냉전기 글로벌 핵군비통제 질서의 형성과 동요

(1) 냉전기 이후 미국-소련(러시아) 간의 핵군비통제 질서 형성

1945년과 1949년 각각 핵실험에 성공한 미국과 소련은 냉전시대의 상호 대립 국면에서 경쟁적으로 핵탄두와 그 운반수단을 증강했다. 이 결과 양국은 1960년대 중반 무렵 각각 3만기 내외에 달하는 핵탄두를 보유한 것으로 평가됐다. 그러나 1962년 양국이 핵전쟁의 문턱에까지 다다른 쿠바 미사일 위기를 겪고 난 후, 양국은 핵실험의 제한, 그리고 당시까지 핵무기를 보유한 미국, 소련, 영국, 프랑스, 중국을 제외한 여타 국가들의 핵개발을 통제하려는 새로운 핵질서를 수립하기 시작했다. 1963년 8월, 미국, 소련, 영국이 대기권, 수중, 우주 등에서 핵실험을 금지할 것을 합의한 부분적 핵실험금지조약(Partial Test Ban Treaty: PTBT), 그리고 1968년에 체결한 핵비확산조약(NPT) 등이 그것들이다. 미소 양국이 핵군비통제를 추진하게 된 데에는 쿠바 미사일 위기 이외에 1950년대 후반 RAND 연구소의 앨버트 올스테터(Albert Wohlstetter) 등 일련의 미국 연구자들이 상호확증파괴(mutual assured destruction: MAD) 개념을 제시한 것이 중요한 역할을 했다. 올스테터는 1958년에 발표한 논문 등을 통해 상대 국가의 제1차 핵가격능력에 대해, 반격을 가할 수 있는 제2차 핵가격능력을 보유한다면, 핵억제가 달성될 수 있을 것이라는 개념을 제시했다.[1] 이와 같은 논리의 연장선상에서 경쟁 당사국들이 상호 제2차 가격능력을 보유하게 된다면 오히려 군비통제 협상이 국가적으로 이익이 될 수 있다는 관점이 도출된 것이다.

1970년대에 접어들어 미소 양국이 데탕트 정책을 추진하면서, 양국은 전략핵과 전술핵의 규모를 축소하는 일련의 군비통제 협의를 본격적으로 개시했다. 1972년 5월, 미국의 닉슨 대통령과 소련의 브레즈네프 서기장은 모스크바에서 정상회담을 갖고 우주에 미사일방어체제를 배치하지 않는다는 ABM조약을 체결했고, 동시에 ICBM과 SLBM 등 전략무기의 규모를 일정 삭감하는 전략무기 제한협정(Strategic Arms Reduction Treaty: SALT)에 합의했다. 1972년의 SALT조약에서는 전략무기인 ICBM과 SLBM만을 대상으로 했으나, 이 시기를 전후하여 미소 양국이 다탄두탄을 개발하고 실전배치함에 따라, 이에 대한 군비통제 필요성이 제기됐다. 1979년 6월, 미국의 카터 대통령과 소련의 브레즈네프 서기장이 서명한 SALT Ⅱ 조약은 양국이 보유하는 ICBM과 SLBM, 그리고 전략폭격기의 상한을 총 2,250개로 제한하고, 이 가운데 다탄두미사일(MIRV) 보유 상한을 1,320기 수준으로 제한했다.[2]

미소 간 핵군비통제는 1985년 이후 소련에서 고르바초프 서기장이 개혁개방 정책을 추진하고, 미국 레이건 대통령이 이에 호응함으로써 더욱 적극적으로 추진되게 됐다. 1986년 레이캬비크 회담을 통해 '핵무기 없는 세계의 비전'을 공동 발표한 두 정상은 1987년에는 중거리핵전력 폐기조약(INF)을 체결하여, 사정거리 500-5,500킬로미터 범위의 중거리 핵무기를 전폐하는 데 합의했다. 또한 냉전체제 해체가 선언되고 소련 연방이 해체된 이후인 1991년, 미국과 러시아는 전략무기 감축조약(Strategic Arms Reduction Treaty: START)을 체결하여, 각각 핵탄두를 6,000기 이내로 제한하고, 운반수단으로 1,600대를 상한으로 할 것에 합의했다. 이와 같은 미러 핵군축 합의의 연장선상에서 1991년 9월, 미국의 조지 부시 대통령은 글로벌 차원에서 미국이 지상과 해상에 배치한 전술핵을 철수한다는 선언을 발표했다.[3] 1996년에는 유엔에서 포괄적 핵실험금지조약(Comprehensive Test Ban Treaty: CTBT)이 채택되어, 냉전시기에 체결됐던 PTBT를 보강하여 153개국이 전면적인 핵실험 금지를 공약하는 이 조약을 비준했다.[4]

2000년대 이후에도 미국과 러시아는 탈냉전의 조류 속에서 협력의 범위를 확대하면서 추가적인 핵군비통제의 합의를 이루어냈다.[5] 2002년 5월, 미국의 부시 대통령과 러시아의 푸틴 대통령은 모스크바조약을 체결하여, 2012년까지 양국이 보유하고 있는 전략핵탄두를 각각 1,700~2,200기 수준까지 감축하기로 합의했다. 2009년 취임한 미국 오바마 대통령은 보다 적극적인 핵군축 입장을 밝혔다. 2009년 4월, 체코의 프라하에서 행한 연설을 통해 오바마 대통령은 '핵없는 세계'의 비전을 제시하면서, 러시아와의 추가적인 핵군비통제 협의를 추진하고, 미국의 안보전략에서 핵무기의 비중을 감소시킬 것을 천명했다. 이와 같은 입장에서 2010년 4월, 오바마 대통령과 러시아의 메드베데프 대통령은 신전략무기감축조약(New Strategic Arms Reduction Treaty: New START)을 체결하여 양국이 보유할 수 있는 전략핵탄두를 1,550기로 제한하고, 발사대를 700대 이하로 제한할 것에 합의했다.[6] New START 체결 이후 미국은 핵탄두 운반수단인 대륙간탄도탄(ICBM) 미니트맨Ⅲ는 420기, 잠수함 발사 탄도탄(SLBM)은 240기, 전략폭격기는 60대 수준

으로 감축을 추진했다.[7]

미국과 러시아 간에 전술핵과 전략핵 분야에 걸쳐 핵군비통제가 진행되는 기간, 미국의 전략문서들에는 러시아와 중국 등 강대국에 의한 핵위협 관련 서술이 모습을 감추었다. 2002년 9월, 부시 정부가 공표한 국가안보전략서는 미국이 수행하는 대테러 전쟁에 러시아가 동반자로서 협력하고 있고, 중국은 민주주의 발전과 경제적 개방을 추진하고 있음을 기술하면서, 강대국들 간에 항구적 전쟁 대신 평화 속의 경쟁 양상이 나타나고 있다고 진단했다. 반면 미국을 위협하는 세력은 실패국가들이나 적대적 소수 세력이라고 지적했다.[8] 2005년 3월, 도널드 럼스펠트 국방장관의 명의로 발표된 미국 국방전략서도 21세기 안보 위협은 러시아나 중국과 같은 강대국이 아니라, 이라크, 아프간, 북한, 그리고 알 카에다와 같은 테러리스트들에 의해 야기되고 있다고 지적했다.[9] 오바마 행정부가 2010년 4월에 발표한 핵태세보고서(Nuclear Posture Review)나 5월에 공표한 국가안보전략서도 미국에 핵위협을 가할 수 있는 세력으로서는 알 카에다와 같은 테러조직이나 북한과 이란 등이라고 지적했다.[10]

그러한 인식하에서 미국은 리비아, 북한, 이란 등 여타 잠재적 핵위협국가들에 대해서도 비핵화 및 비확산 압력을 가했다. 이 결과 2003년 리비아 카다피 정부가 미국 및 영국 등의 압력하에서 핵무기 제조 기술을 포기하는 결정을 내렸다. 이에 따라 파키스탄을 통해 제공받은 4,000여 개 원심분리기와 우라늄 농축 시설등이 해체됐고, 국제원자력기구의 핵사찰을 수용하기로 했다.[11] 1990년대의 제1차 북핵 위기, 그리고 2002년 제2차 북핵 위기를 통해 노정된 북한의 핵개발 시도에 대해서도 6자회담 체제하에서의 국제적인 비핵화 압력이 가해졌다. 이 결과 2005년 9월 19일, 6자회담의 합의를 통해 북한이 비핵화에 응하는 단계에 따라 대북 경제지원이나 미국 및 일본과의 외교관계 수립이 추진되도록 됐다.[12] 이란에 대해서도 미국, 영국, 독일, 프랑스, 중국, 러시아 6개국이 이란과의 협상을 통해, 이란이 5% 이상의 우라늄 농축 중단 및 중수로 건설 중지 조치를 취하고, 나아가 국제원자력기구의 사찰을 수용하는 조건으로, 이란에 대한 무역금수 제재를 해제하고, 자산 동결을 해제하는 방안을 추진했다.[13]

여타 국가들도 핵비확산 움직임에 동참하는 양상이 나타났다. 2014년 3월, 헤이그에서 53개국이 참가하여 개최된 핵안보 정상회의에서 일본은 미국에 대해 무기급 플루토늄 1100파운드와 고농축 우라늄을 양도하는 상징적인 결정을 발표했다.[14] 이 조치가 실질적인 의미는 약하지만, 핵군축에 동참한다는 상징적인 것이었다. 2014년 5월, 유엔에서 개최된 NPT 재검토회의에서는 2009년 발효되기 시작한 카자흐스탄, 키르기스스탄, 타지키스탄, 투르크메니스탄, 우즈베키스탄 등 중앙아시아 5개국에 의한 비핵지대조약이 미국, 러시아, 중국, 영국, 프랑스 등 핵보유국에 의해 승인됐다.

이에 따라 이들 국가들에 의한 핵무기 연구나 개발이 금지되는 대신, 핵보유국들은 이 지역에 대해 핵무기 사용이나 핵위협을 가하지 못하도록 됐다.[15] 이로써 비핵지대는 라틴아메리카, 남태평양 도서국가, 동남아시아, 아프리카에 이어 5개 지역으로 확대됐다.

(2) 2010년대 이후 핵군비통제 체제의 동요

2010년대 전반까지 미국과 러시아 등 핵강국에 의해 주도되고, 그 과정에서 리비아, 이란, 북한 등 잠재적 핵위협국가들에 대해서도 영향력을 발휘했던 **핵군비통제 및 비확산 질서는 2010년대 중반을 기점으로 동요하는 양상을 보이기 시작했다.**

우선 미국, 러시아, 중국 등 핵보유 강대국들 간에 형성된 핵군비통제 질서에 균열이 가해지기 시작했다. 그 기원은 급속한 경제성장을 이룩하며 부상하던 중국에 대해 미국이 군사적 위기의식을 가지며 이에 대응하는 태세를 갖추기 시작한 것에 기인한다. 2012년 12월, 미국 국가정보위원회(NIC)는 '글로벌 트랜드 2030'보고서를 발간하면서, 중국 경제가 2030년 이전에 미국을 추월하게 될 것이고, 팍스 아메리카나 시대는 저물 것이라는 진단을 내놓았다.[16] 경제규모, 인구, 기술투자, 그리고 군비지출의 거의 모든 지표에서 중국이 미국의 그것보다 커질 것이라고 전망한 것이다. 중국의 부상과 도전이 미국에 새로운 위협이 될 것이라는 인식은 국방당국이나 학계에서도 공유되고 있었다. 2012년 초 미 국방부는 국가안보전략의 중점을 대테러전쟁을 수행하던 이라크-아프간 지역에서 아시아-태평양 지역으로 이동한다는 계획을 발표했고, 그 일환으로 파네타 국방장관은 태평양과 대서양 지역 전력배분을 50:50에서 60:40으로 변화시키겠다고 밝혔다.[17] 같은 해 2월, 미 해군 참모총장 그리너트 제독과 공군 참모총장 쉬와츠 대장은 중국의 대함 탄도미사일 DF-21이나 장거리 순항미사일 DH-10, 잠수함이나 폭격기와 같은 전력 증강에 대응하여 해, 공군 전력을 결합한 네트워크화된 종심 공격 전략, 즉 공해전(Air-Sea Battle) 전략을 제안했다.[18] 미국 하버드대학의 그레이엄 엘리슨 교수가 현대 중국의 부상이 역사상 펠로폰네소스 전쟁 이래 기존 패권국가에 도전했던 16개 사례와 마찬가지로 '투키디데스 함정'이 될 것이라는 통찰을 제시했던 것이 바로 이 시기이기도 하다.[19]

미국과 중국과의 경쟁 국면이 본격화되면서, 미국 측에서는 1964**년 핵개발 이래 소위 '최소억제전략' 개념하에서 최소한의 핵능력 보유를 추구해온 중국이 점차 핵능력의 증강을 도모하고 있다는 인식을 갖게 됐다.** 2015년 공표된 중국의 공식 군사전략문서는 중국이 비핵국가들에 대해 선제 핵사용을 금지하겠다는 원칙을 재확인하면서도, '핵능력과 재래식 능력의 결합을 통한 전력구조 개선'의 정책방침을 밝혔다.[20] 또한 2015년 중국이 장거리 미사일 DF-5를 다탄두화(Multiple Independently Targetable Re-entry Vehicle: MIRV)

한다는 결정을 내린 것도 미국의 대중 경계감을 고조시켰다. 미국은 1979년 당시 소련과 체결한 SALT Ⅱ조약에 따라 지상배치 전략미사일의 다탄두화를 규제해왔기 때문이었다.[21]

같은 시기 러시아의 핵정책도 미국의 우려를 낳았다. 미러 양국은 1987년 체결한 중거리핵전력 폐기조약(INF)에 따라 중거리 탄도 및 순항미사일 폐기의 의무를 공동으로 갖고 있었다. 그럼에도 불구하고 **러시아는 2014년부터 중거리 지상발사형 순항미사일 9M729를 개발하기 시작했고, 핵탄두를 탑재할 수 있는 이스칸데르 미사일이나 칼리버(Kaliber) 크루즈 미사일도 개발했다.**[22] 이와 같은 중거리 미사일에 미국에 비해 10배 이상의 수적 우위를 점하고 있던 전술핵을 탑재할 경우를 미국으로서는 우려하지 않을 수 없었다. 러시아는 2010년과 2014년의 군사교리 공표를 통해 자신들이 핵무기를 사용하는 경우는 전면 핵전쟁 발발이나 국가 존망의 위기와 관련되는 재래식 전쟁의 경우 2가지라고 제한을 가한 바 있다. 그러나 푸틴 대통령은 2018년의 의회연설을 통해 러시아의 최신 전략무기들이 미국의 미사일 방어망을 돌파할 수 있다고 설명하면서, 핵전력의 현대화 필요성을 강조하기도 했다.[23] 이와 같은 러시아의 핵전략 관련 정책 변화 조짐은 미국으로서도 경계하지 않을 수 없는 것이기도 했다.

이 시기 이란은 여타 6개국과의 합의를 통해 핵개발이 동결됐지만, 북한과 파키스탄 등 잠재적 핵위협국가들의 동향도 국제핵질서에 불안을 야기시켰다. 북한은 2005년과 2007년의 6자회담 합의에도 불구하고, 후술하듯이 2012년 김정은 집권 이후 연속적으로 핵실험을 감행하면서, 핵능력의 강화를 도모했다. 1998년에 핵실험을 실시하고 핵보유국가를 선언한 파키스탄은 인도와의 핵경쟁을 벌이면서 핵능력 강화를 추진했다. 인도는 문민통제하에서 핵선제불사용 원칙을 명언했으나, 파키스탄은 군부가 핵개발 및 그 운용을 관리하면서, 120여 기 수준의 핵탄두를 10여 년 내에 300기 수준까지 증강할 것으로 전망됐다.[24]

2017년 취임한 미국 트럼프 대통령은 이와 같은 국제핵질서의 동요에 직면하여, 전임자들과 다른 핵정책 변화를 추진했다. 당선인 시기부터 트럼프 대통령은 미국이 핵능력을 재건해야 한다고 주장해 왔다. 이와 같은 입장을 반영하여 2017년 12월에 공표된 국가안보전략서는, 미국이 중국과 러시아와 같은 수정주의적 세력(revisionist power), 이란과 북한 등의 불량국가들(rogue states)에 의해 도전받고 있다고 명언했다.[25] 그리고 이러한 도전에 대응하기 위해 미국이 핵운반 3원 체제의 신뢰성을 유지해야 하고, 핵전력 유지에 방대한 투자를 할 것이라는 방침을 밝혔다.

트럼프 행정부의 핵전력 증강 기조는 미 국방부가 2018년 2월에 공표한 핵태세보고서(Nuclear Posture Review: NPR)에서 보다 구체적으로 표명됐다. 제임스 매티스 국방장관이 서명한 NPR은 러시아와 중국이 새로운 핵능력을 추가하고 있고, 북한은 불법적인 핵무기와 미사일 능력을 증강하고, 이란은 여타 6개국과의 핵포기 합의(Joint Comprehensive Plan of Action)에도 불구하고, 핵개발 기술을 보유하고 있다고 지적했다. 이와 같은 핵위협에 대응하기 위해 2018 NPR은 미국이 유지해온 ICBM, SLBM 전략폭격기 등 전략핵 3원체제를 보다 현대화한다는 방침을 밝혔다.[26] 이외에 비전략 핵전력 B61 탄두의 운반수단이었던 F-15E를 대체하여 스텔스 성능을 가진 F-35를 새로운 핵탑재 운반수단으로 활용한다는 계획도 포함했다.

트럼프 행정부는 핵전략 변화를 추진하면서, 여타 국가들과 이미 체결된 핵합의들을 폐기하거나 이탈하는 정책을 실행했다. 2018년 트럼프 행정부는 이란과 체결한 핵합의에서 이탈한다는 결정을 공표했다. 그리고 이해 10월에는 1987년에 당시 소련과 체결했던 중거리 핵전력 폐기조약(INF)에서의 탈퇴도 표명했다.[27] 또한 2020년 5월에는 탈냉전기였던 1992년, 34개국과 체결했던 오픈스카이(Treaty of Open Skies)조약에서의 탈퇴도 선언했다.[28] 이로써 탈냉전기 이후 미국과 러시아가 구축했던 핵군비통제 체제의 일각이 붕괴되는 결과가 나타났다.[29]

트럼프 행정부의 핵전략 변화에 따라 미국 내에서 핵무기 생산이 가능한 시설들이 재건되거나 신설되기 시작했다. 연간 30개의 소형 핵무기를 생산할 수 있는 뉴멕시코의 로스 알라모스 외에 미국방부와 에너지부는 사우스 캐롤라이나의 사반나(Savannah) 지역에 연간 50개의 소형 핵무기 생산이 가능한 차세대 핵무기 생산시설을 건설하기 시작했다.[30] 트럼프 대통령의 결정에 따른 INF조약 탈퇴에 따라 미국의 방산업체 로키드 마틴과 레이시온 등은 새롭게 중거리 미사일 생산을 위한 시설의 정비에 착수하게 됐다.[31] 트럼프 정부의 핵정책 변화는, 러시아 및 중국의 중장거리 미사일 개발, 북한과 이란 등의 핵능력 증강 등에 대응하기 위한 성격을 갖고 있었지만, 그 자체로 국제 핵군비통제 질서에 균열을 일으키는 요인이 됐다.

3. 러시아-우크라이나 전쟁과 글로벌 핵질서의 균열

(1) 러시아의 핵군비통제 질서 이탈

트럼프 행정부가 추진하던 핵능력 재건 정책은 2021년 민주당의 바이든 대통령 당선에 의해 제동이 걸리게 됐다. 바이든 대통령은 2022년 10월에 공표한 핵태세 보고서를 통해 "핵 비사용을 확대하고 핵전쟁 위험을 감소하는 것"이 미국 핵전략의 목표라고 천명했다.[32] 이와 같은 관점에서 그는 글로벌 질서 차원에서는 핵군축과 비확산을 추구하고, 미국 국내적으로는 트럼프 정부 시기에 추진됐던 핵전력 증강 방침을 철회했다. 이 결과 2022 NPR은 B83-1 중력탄을 퇴역시키고, 핵탑재 해상발사 크루즈 미사일(Sea-Launched

Cruise Missile) 개발 프로그램이 중단되기에 이르렀다.[33]

그러나 바이든 행정부의 글로벌 핵비확산 및 핵군축의 방침에도 불구하고, 러시아와 중국의 핵정책은 이와 반하는 방향으로 전개됐다. 2022년 2월, 우크라이나를 전격적으로 침공한 러시아는 전술핵 사용 가능성을 시사하기 시작했다. 전쟁 개시 직전 푸틴 대통령은 러시아가 가장 강력한 핵보유 국가 가운데 하나이며, 만일 타국이 자신들을 공격한다면 어떠한 침략자라도 패퇴를 경험하게 될 것이라고 호언했다.[34] 또한 푸틴은 나토가 우크라이나를 전폭적으로 지원하고, 우크라이나의 저항이 예상보다 완강하게 전개되자, 나토가 우크라이나에 깊숙이 개입할 경우, 핵전쟁이 발생할 수 있다고 위협하기도 했다.[35]

우크라이나와의 전쟁 과정에서 전술핵 사용 가능성을 위협한 푸틴 대통령은, 기존 핵정책에 실질적인 변경을 가하기 시작했다. 푸틴 대통령은 2023년 2월, 러시아 상하 양원에서의 연설을 통해 미국과 2010년에 체결했던 New START, 즉 양국의 전략핵 배치 상한을 1,550기 수준으로 제한하기로 했던 조약의 만료 기한인 2026년 이후, 갱신하지 않을 것임을 밝혔다.[36] 이 연설 직후 러시아 외무성은 New START 탈퇴 이후에도 러시아가 조약 상한을 넘어서는 핵탄두를 개발하지 않을 것이라고 부연 설명을 했지만, 조약 이탈의 경우 러시아가 전략핵탄두 추가 개발의 규제에서 벗어나게 되는 것은 분명하다. 이 경우 이미 사정거리 500~5,500킬로미터의 전술핵탄두 분야에서 미국에 비해 2,000 대 200의 숫적 우위를 보이고 있는 러시아가 전략핵탄두 분야에서도 미국과의 격차를 벌릴 수 있게 될 것이다. 더 나아가 러시아 의회는 2023년 10월, 1966년 유엔 총회에서 채택된 포괄적 핵실험금지조약(CTBT)의 비준을 철회한다는 법안을 채택했고, 푸틴 대통령은 11월 초에 이 법안을 승인했다.[37] 물론 미국도 상원의 반대로 이 법안이 비준되지 않은 상태였지만, CTBT의 비준 철회로 러시아가 언제라도 핵실험을 할 수 있는 국제법적 제약에서 벗어난 것은 확실하다.

또한 전쟁 와중에 푸틴 대통령은 자신들의 보유 전술핵을 우크라이나와의 전쟁 수행에 협력을 아끼지 않은 벨라루스에 재배치한다는 결정도 내렸다. 즉 2023년 3월, 푸틴 대통령은 러시아 국영 TV와의 회견에서 벨라루스의 요청에 따라 전술핵 및 이스칸데르 중거리 미사일을 배치하기로 결정했음을 밝힌 것이다. 벨라루스에 대한 전술핵 재배치는 유엔 제네바 군축회의에서 한국을 비롯한 44개국이 그 취소를 촉구했음에도 불구하고, 7월까지 완료됐다.[38]

러시아의 New START 이탈 및 CTBT 비준 철회 결정에 따라, 트럼프 대통령 시기에 결정된 오픈 스카이조약 탈퇴와 더불어 탈냉전 시기에 미국과 체결했던 중요 핵군비통제 체제는 거의 붕괴된 상황을 맞게 됐다.

(2) 중국 핵전력의 증대 전망

러시아의 우크라이나 침공을 전후로 하여, 미국 내에서는 중국 핵전력 및 전략에 대해서도 종전과 다른 전망이 제출되기 시작했다. 트럼프 정부 시기였던 2021년에 미 국방부에서 공표한 중국의 군사력 관련 보고서는, 중국이 기존 200여 개 수준의 핵탄두를 2027년까지는 700개, 2030년까지는 최대 1,000개까지 늘릴 것으로 전망했다. 핵탄두의 양적 증대와 더불어 중국이 그 운반수단도 현대화하면서 DF-5, DF-31 등 지상 배치된 ICBM 전력도 늘릴 것이고, 해상 운반수단으로서 진급 원자력 잠수함에 배치된 JL-2 SLBM 미사일을 대체하여 차세대 096급 핵추진 잠수함을 개발하고 JL-3를 탑재하게 될 것이라고 분석했다. 전략폭격기도 기존의 H-6K를 대체한 H-6N을 실전배치하고 있다고 설명했다. 이에 따라 중국의 핵전략이 기존의 최소억제 전략에서 제한적 억제(limited deterrence) 전략으로 변화되고 있다고 분석했다.[39]

이와 같은 분석과 전망은 바이든 정부 등장 이후에도 유지됐다. 2022년 10월, 바이든 행정부의 국방부에서 공표한 핵태세 보고서는 중국이 야심적인 핵전력 팽창 계획을 진행하고 있다고 전제하면서, 중국이 10년 내로 핵탄두 1,000기 수준으로, 그리고 2030년대 중반에는 1,500기 수준의 핵탄두를 보유하게 될 것이라고 전망했다. 그리고 이 시점에서 미국은 전략적 경쟁자 및 잠재적 적대국으로서 러시아와 중국이라는 두 개의 주요 핵강국과 직면하게 될 것이라고 전망했다.[40] 이 보고서는 결론적으로 미국이 러시아와 그러했던 것처럼, 중국과도 핵군비통제 협의를 추진할 필요성을 제기했다.

핵전력을 증강하고 있는 중국은 러시아와의 핵협력도 증진하는 모습을 보였다. 중국이 타이완과 면하고 있는 해상에 고속증식로(fast breeder)를 신규 건설하는 프로젝트를 추진하고 있었다. 이 과정에서, 2023년 3월, 중국 시진핑 국가주석과 러시아 푸틴 대통령은 정상회담을 갖고, 러시아의 국영원자력기업 로사톰(Rosatom)이 중국 핵발전소에 필요한 고농축 우라늄 25톤을 제공하기로 하는 협력 협정을 체결한 것이다.[41]

중국 핵전력 증강 전망이 확산됨에 따라 미국 내에서는 미국, 러시아, 중국을 포함하는 핵 3원 질서(tripolar nuclear system)가 대두한다는 전망이 힘을 얻기 시작했다. 이와 같은 전망하에서 미국이 탈냉전기에 러시아와 그러했듯이 중국과 핵군비통제 협상을 추진하거나, 러시아 및 중국의 핵전력 증강에 대응하기 위해서 미국이 확증파괴 능력을 증강해야 한다는 핵전략론이 대두했다. 허드슨 연구소의 앤드류 크레피네비치(Andrew F. Krepinevich) 선임연구원은 러시아 및 중국의 핵전력 증강으로 유럽의 독일, 아시아의 일본과 한국이 취약성을 드러낼 것이기 때문에, 미국으로서는 러시아와 중국에 대한 현재 수준 대비 2배 이상의 동시적인 확증파괴

능력 확보가 필요하다고 주장했다.[42] 뉴욕타임스는 사설을 통해 미국과 중국 간의 핵군비통제 대화가 실시되어야 한다고 제언했다.[43] 이와 같은 정책 제언들에 대해 바이든 행정부의 제이크 설리번 국가안보보좌관은 미국의 현존 핵전력으로 중국과 러시아에 대한 대응은 충분한 수준이라는 반응을 보였다.[44] 그러면서도 2023년 6월, 중국 및 러시아에 대해 핵군비통제 협의를 제안했고, 중국 측과는 예비 회담을 가지기에 이르렀다. 그러나 회담의 성과는 미미했고, 러시아는 아예 회담 제안에 대해 응하지 않은 것으로 전해진다.

요컨대 탈냉전 시기에 **미국과 러시아 등 핵보유 강국들에 의해 구축된 국제 핵군비통제 질서는, 러시아의 우크라이나 침공 이후 러시아가 New START 탈퇴를 결정하고, 미국이 트럼프 정부하에서 INF조약이나 오픈 스카이조약에서 이탈하면서 거의 붕괴되기에 이르렀다.** 게다가 최소억제전략에 따라 핵전력의 증강에 소극적이었던 중국이 시진핑 체제하에서 러시아와 원자력발전소 협력을 추진하면서, 핵탄두를 증강하고 그 운반수단을 현대화하면서, 핵전력의 규모 면에서 미국 및 러시아와 필적하는 수준에까지 변화하는 양상이 동시에 나타나고 있다. 그러한 측면에서 **글로벌 핵질서는 탈냉전기 구축된 미러 간 핵군비통제 질서를 대체하여, 미중러 3개 핵강국의 병립 질서가 새롭게 구축되고 있다고 볼 수 있다.**

4. 북한 핵능력 및 핵전략의 공세성 증대

미국, 러시아, 중국 등 강대국 간의 핵질서가 급격하게 변화될 조짐을 보이고 있는 가운데, 2006년부터 핵실험을 감행한 북한이 지속적으로 핵능력을 강화하고, 이를 바탕으로 공세적 핵전략을 추구하고 있다. 특히 2019년 북미 간의 하노이 회담이 결렬된 이후 북한이 공세적인 핵전략을 표명하고, 한국과의 관계를 "교전상태하에 있는 적대관계"로 재규정하면서, 우크라이나와 전쟁 중에 있는 러시아와 군사동맹을 부활시키고 있는 점은 한국의 국가안보를 생각할 때, 가장 우선적으로 고려하고 대응하지 않으면 안 되는 사항이다. 이하에서는 북한의 핵능력 강화, 공세적 핵전략으로의 변화와 핵지휘체계의 변화, 그리고 대남 관계의 재규정 및 러시아와의 군사동맹 부활 등을 검토하기로 한다.

(1) 북한 핵능력 고도화

북한은 지리적으로 우라늄 매장량이 풍부한 것으로 알려져 있다. 일제 식민지 시기에 일본 육군이 일본 과학단체인 물리화학연구소 등과 협력하여 자체적으로 원자탄을 개발하려는 시도를 하면서 우라늄 광을 채굴하기도 했고, 1945년 이후에는 소련이 원자탄을 개발하는 과정에서 북한의 우라늄을 채굴해 갔다는 기록도 있

다.[45]

북한 정권은 수립 이후 김일성종합대학에 핵물리학을 연구하는 학자들을 교수로 채용하고, 소련과의 밀접한 협력하에 원자력을 연구하는 국가연구기관을 설치하고, 소련 두브나 원자력연구단지에 북한 연구자들을 연수시키면서 관련 연구인력을 양성했다.[46] 이를 기반으로 영변에 5메가와트 흑연감속 원자로를 설치하고, 이곳에서 추출되는 플루토늄을 재처리하기 위한 방사화학실험실, 그리고 원자로의 연료를 제조할 수 있는 핵연료 가공공장 등을 단계적으로 건설해 나갔다.

영변에 건설한 5메가와트 원자로가 1980년대 후반부터 정상 가동되기 시작하면서, 북한은 이 시기부터 무기급 핵물질인 플루토늄을 확보하고 원자탄 개발에 본격적으로 착수하기 시작한 것으로 보인다.[47] 이 시기인 1987년부터 영변 지역 전체가 노동당 군수공업부가 관할하는 구역으로 이관됐고, 북한이 고폭실험을 실시하기 시작한 시점도 이와 일치한다.[48]

북한은 1994년부터는 파키스탄과의 협력을 통해 추가적인 핵기술을 확보한 것으로 보인다. 즉 북한은 파키스탄에 미사일을 제공하고, 그 대신 파키스탄은 칸 박사가 개발한 원심분리기 P1 완제품 20여 개와 P2 원심분리기 설계도를 북한에 제공한 것이다. 이를 통해 북한은 플루토늄 재처리를 통한 핵물질 확보뿐만 아니라, 원심분리기를 이용한 우라늄 고농축 기술도 습득하게 된 것으로 추정된다.[49] 이러한 고농축 기술의 습득을 바탕으로 북한은 평산과 순천 등에 존재하는 우라늄 광산에서 채굴된 우라늄을 영변과 강선 등에 건설된 우라늄 농축공장에서 농축하면서, 우라늄 기반 핵탄두를 양산할 수 있는 체제를 갖추게 된 것으로 보인다. 즉 북한은 영변 원자력 단지에서 가동되고 있는 5메가와트 원자로를 통해 연간 무기급 플루토늄 6-7킬로그램을 생산하고, 영변과 강선 등지에 설치된 우라늄 농축공장 내의 원심분리기 1만2천개를 통해서 고농축 우라늄(HEU)을 생산해 낼 수 있는 태세를 갖추게 된 것이다.[50]

[그림 1] 지도: 북한 영변 핵시설 현황

북한이 2006년도에 실시한 제1차 핵실험과 2009년도에 실시한 제2차 핵실험에서는 원자로에서 추출한 플루토늄탄이 테스트됐고, 제3차와 제5차 핵실험에서는 고농축 우라튬을 사용한 우라늄탄이

실험된 것으로 보인다. 그리고 제4차와 제6차 실험에서는 핵융합 반응을 통한 수소탄이 실험된 것으로 보인다.[51] 이후 북한은 플루토늄 및 우라늄 기반의 핵탄두를 지속적으로 증강해온 것으로 보인다. 2021년 1월, 북한 지도자 김정은 위원장이 제8차 조선노동당 당대회에서 자신들이 핵탄두 소형화, 경량화의 기술을 발전시켜 전술핵으로 사용하게 됐고, 수소탄 제조 능력도 갖췄다고 주장한 것은 북한 핵능력 고도화를 스스로 자부한 것에 다름아니다. 다음 표는 SIPRI 등 서방 연구기관들이 파악한 북한 핵탄두 및 핵물질 보유 추정량을 도시한 것이다.

[표 2] 북한 핵탄두 보유량 추정[52]

	북한 보유 핵탄두	핵물질 보유량 추정 기반 잠재 핵탄두	비고
2015 Joel Wit and David Albright,	10-16기		2020년대 100여 기 보유 전망
2017년 미국 Defense Intelligence Agency	50기 추정		
2022 SIPRI	20여 기	핵물질 포함 45-55기	
2023 SIPRI	30여 기	핵물질 포함 40-50여 기	

이 표에서 나타난 바와 같이 북한은 2023-24년을 기준으로 핵탄두 30여 기를 보유하고 있는 것으로 추정되며, 보유 핵물질까지 고려하면, 향후 40-50여 기의 핵탄두까지 보유할 수 있는 것으로 보여진다. MIT 대학 핵공학박사이기도 한 함형필 전 국방부 북핵대응센터장에 의하면, 북한은 2030년대까지 현수준의 핵전력을 보다 증강하여 한국을 대상으로 한 전술핵 200여 기, 미국 및 주일미군을 표적으로 한 전략핵 100여 기, 도합 300여 기의 핵탄두 보유를 추진할 것이라고 전망했다.[53] 북한은 이 핵전력을 투발할 수 있는 단중거리 미사일, 장거리 ICBM, 수중발사 SLBM 등의 능력을 병행하여 개발해 왔다.[54] 북한은 이러한 핵전력들을 전략목표에 따라 배분할 것으로 추정된다. 예컨대 한국 등 지휘부의 타격용 약 40기, 한국내 주요 비행기지 타격용 약 80여 기, 항만 타격용 약 40기, 기타 표적 타격 및 전략예비용 약 20-40여 기 정도가 배분될 것으로 추정된다.[55]

(2) 북한 핵지휘체계 정비 및 공세적 핵전략

핵무기를 보유하는 국가는 재래식 전력과 구별하여 핵전력을 운용하는 부대를 신설하고, 그 지휘체계를 별도로 구축하는 경향을 보여주고 있다. 예컨대 구소련의 경우 1950년대에 핵전력이 증강되면서 기존 육해공군과 달리 핵전력을 전담해서 운용하는 전략

로켓사령부를 설치했고, 중국도 1964년 핵실험 성공 이후 2년 뒤에 핵전력을 전담운용하는 제2포병사령부를 신설한 바 있다.[56] 북한도 핵전력을 보유하게 되면서, 기존의 미사일교도대를 개편하여 2014년 전략군으로 격상시키고, 기존의 육해공군과 같은 제4군으로서의 위상을 부여한 바 있다.

북한은 2013년 4월 1일, "자위적 핵보유국의 지위를 더욱 공고히 할데 대하여" 법령(자위적 핵보유국법)을 공표하여, 핵지휘체제와 핵전략을 표명한 바 있다. 2013년 '자위적 핵보유국법'에 의하면, "적대적인 다른 핵보유국이 우리 공화국을 침략하거나 공격하는 경우, 그를 격퇴 보복타격을 가하기 위하여 조선인민군 최고사령관의 최종명령에 의하여서만 사용할 수 있다"고 하여, 북한 보유 핵전력 및 그를 운용하는 핵지휘권은 '조선인민군 최고사령관'이 보유함을 명시하고 있다.[57] 2013년의 이 법은 또한 "적대적인 핵보유국과 야합하여 우리 공화국을 반대하는 침략이나 공격행위에 가담하지 않는 한, 비핵국가들에 대하여 핵무기를 사용하거나 핵무기로 위협하지 않는다"라고 하여, 중국의 핵전략과 같은 선제불사용 원칙과 비핵국가에 대한 핵무기 위협을 하지 않는다는 핵전략을 밝힌 바 있다.

그러나 북한의 핵전략과 핵지휘체계는 2022년 9월 8일에 최고인민회의 제14기 7차회의에서 공표된 '조선민주주의인민공화국 핵무력정책에 대하여' 법령(핵무력법)에 의해 다시 변경됐다. 이 법은 제3조의 1항 및 2항을 통해 "조선민주주의인민공화국 핵무력은 조선민주주의인민공화국 국무위원장의 유일적 지휘에 복종한다.", 또는 "조선민주주의인민공화국 국무위원장은 핵무기와 관련한 모든 결정권을 가진다."고 하여, 인민군 최고사령관이 아닌 공화국 국무위원장이 핵지휘체계의 정점에 있음을 천명하고 있다. 그리고 제3항을 통해 "조선민주주의인민공화국 국무위원장이 임명하는 성원들로 구성된 국가핵무력지휘기구는 핵무기와 관련한 결정으로부터 집행에 이르는 전 과정에서 조선민주주의인민공화국 국무위원장을 보좌한다."고 하여, 국가핵무력지휘기구가 국무위원장의 핵지휘를 보좌한다고 밝히고 있다. 물론 2013년 법령에서 핵지휘권이 부여됐던 조선인민군 최고사령관이나 2022년 법령에서 핵지휘의 권한을 갖게 된 국무위원장 직위가 모두 김정은 보유 직위여서, 실행상 큰 차이가 없긴 하나, 핵운용 결정이 단순 군사적 차원뿐만 아니라, 국무위원장이 관할하는 국가의 외교, 경제, 국내 정치 등과 연관하여 고려될 수 있음을 시사하는 것이 아닌가 한다.[58]

보다 주목할 만한 사실은 핵선제 불사용 원칙을 표명했던 2013년의 법령과 달리 2022년 핵무력법에서는 다음과 같이 선제핵사용의 범위를 5가지 경우로 나누고 있다는 점이다.[59]

① 북한에 대한 핵무기 또는 기타 대량살상무기 공격이 감행됐거나 임박한 경우

② 국가지도부나 국가핵무력지휘기구에 대한 적대세력의 핵 및 비핵공격이 감행되었거나, 임박했다고 판단되는 경우

③ 국가의 중요 전략적 대상들에 대한 치명적인 군사적 공격이 감행됐거나 임박했다고 판단되는 경우

④ 유사시 전쟁의 확대와 장기화를 막고 전쟁의 주도권을 장악하기 위한 작전상 필요가 불가피하게 제기되는 경우

⑤ 기타 국가의 존립과 인민의 생명안전에 파국적인 위기를 초래하는 사태가 발생해 핵무기로 대응할 수밖에 없는 불가피한 상황이 조성되는 경우

이같이 선제핵사용의 범위를 "북한에 대한 핵무기 공격이 임박한 경우," "국가지도부에 대한 핵 및 비핵공격이 임박한 경우," "국가의 중요 전략적 대상들에 대한 군사적 공격이 임박한 경우," "전쟁의 주도권을 장악하기 위해 작전상 필요한 경우," "국가의 존립 위기 사태가 발생한 경우" 등으로 확대한 것은, 중국이 표방하고 있는 "핵선제 불사용 원칙"과도 다르고,[60] 재래식 전쟁과 핵전쟁의 경우에 핵 사용을 표방하고 있는 러시아의 핵전략보다도 선제 핵사용의 범위를 확장하고 있다고 볼 수 있다.[61] 다시 말해 2022년 9월, 북한의 핵무력법은 기존 공산권 국가들의 핵전략 가운데에서도 핵 선제사용의 범위를 가장 넓힌 공세적인 핵전략을 표명했다고 하지

않을 수 없다.

(3) 북한의 대남 관계 재규정 및 러시아-북한 핵동맹 가능성

북한이 핵탄두 능력을 늘리고, 공세적 핵전략을 표명한 것에 더해 한국의 안보에 큰 우려를 던져주고 있는 것은, 2023년 12월과 2024년 1월을 기해, 북한이 기존의 남북한 관계를 재규정하고 있다는 점이다. 북한 김정은 국무위원장은 2013년 12월28일 개최된 노동당 중앙위원회 제8기 제9차 전원회의에서의 연설을 통해 남북관계가 "더 이상 동족관계가 아닌 적대적 두 국가관계"이며, "전쟁 중에 있는 두 교전국 관계"라고 규정했다. 그러면서 "유사시 핵무력을 포함한 모든 물리적 수단과 역량을 동원해 남조선 전 영토를 평정하기 위한 대사변 준비에 박차를 가할 것"을 주문했다. 이와 같은 입장은 2024년 1월에 개최된 최고인민회의 제14기 제10차 회의에서도 재차 반복됐다. 김정은 위원장은 연설을 통해 "조선반도에 병존하는 두 개 국가를 인정한 기초 위에서, 우리 공화국의 대남 정책을 새롭게 변화"시켜야 한다고 주장하면서, 남북관계가 "더 이상 동족관계, 동질관계가 아닌 적대적 두 국가관계이며, 전쟁 중에 있는 완전한 두 교전국 관계"라고 확인한 것이다.[62] 이와 같은 선언에 따라 북한 내에서 기존에 남북관계에 관여하던 '조국평화통일

위원회', '민족경제협력국', '금강산 국제관광국' 등이 폐지된 것으로 알려졌다.

이와 같은 북한의 입장 선회는 탈냉전 시대의 초입이었던 1991년 12월 당시 남북한 당국이 남북기본합의서를 채택되면서 공동으로 규정한 남북관계를 이탈하는 의미를 갖는다. 당시 남북 당국은 남북관계를 "나라와 나라 사이의 관계가 아닌 통일을 지향하는 과정에서 잠정적으로 형성되는 특수관계"로 규정하면서, 한반도에 두 개 주권국가는 허용되지 않는다는 원칙을 밝힌 바 있다.[63]

요컨대 북한은 6차례의 핵실험을 통해 2017년 시점에서 스스로를 핵보유국으로 선언하면서 남북비핵화공동선언에서 이탈했고, 2023년 12월에는 남북관계를 더 이상 동족관계가 아니라 분리된 두 개의 국가이며, 전쟁 중에 있는 두 개의 교전국 관계라고 천명함으로써, 남북기본합의서를 스스로 부정하고 있는 것이다. 이로써 탈냉전기에 정립되어 30여 년 이상 남북관계의 공동규범으로 기능해 왔던 한반도 비핵화공동선언과 남북기본합의서는 형해화된 것이다. 남북관계는 이제 공동의 규범 부재, 무합의시대로 전환됐다고 해도 과언이 아닐 것이다.[64]

남북 비핵화공동선언과 기본합의서에서 이탈하고 있는 북한은, 우크라이나와의 전쟁을 치루면서, 미국과의 New START에서 이탈하고 있는 러시아와의 군사협력관계를 복원하고, 1990년대에 파기된 것으로 알려진 북러 양국 간의 군사동맹관계를 부활시키고 있다. 우크라이나와 전쟁 중에 있는 러시아에 대해, 미국을 위시한 나토 국가들이 우크라이나를 군사적으로 지원하면서 대립적인 구도를 형성하고 있는 가운데, 북한은 철도망을 통해 러시아에 포탄과 미사일을 제공해 왔고, 특히 러시아군이 북한제 미사일을 운용하고 있는 것이 확인되기도 했다.[65]

그에 더해 러시아 푸틴 대통령은 2024년 6월19일, 북한을 전격적으로 방문하여 김정은 위원장과 회담을 갖고, "북한-러시아 포괄적 전략적 동반자 관계 조약"을 체결했다.[66] 이 조약은 제3조에서 "쌍방 중 어느 일방에 대한 무력침략행위가 감행될 수 있는 직접적인 위협이 조성되는 경우 쌍방은 어느 일방의 요구에 따라 서로의 립장을 조률하며 조성된 위협을 제거하는데 협조를 호상 제공하기 위한 가능한 실천적 조치들을 합의할 목적으로 쌍무협상통로를 지체 없이 가동시킨다"고 규정했다. 이어 제4조에서 "쌍방 중 어느 일방이 개별적인 국가 또는 여러 국가들로부터 무력침공을 받아 전쟁상태에 처하게 되는 경우 타방은 유엔헌장 제51조와 조선민주주의인민공화국과 로씨야련방의 법에 준하여 지체없이 자기가 보유하고 있는 모든 수단으로 군사적 및 기타 원조를 제공한다."고 규정하고 있다. 이 조약의 제3조와 제4조 조문만으로도 이 조약이 양국이 1990년대에 폐기한 것으로 알려진 군사동맹관계 부활을 선언한 것으로 볼 수 있다. 특히 제4조는 "자기가 보유하고 있는 모든 수단으로 군사적 및 기타 원조를 제공"한다고 했기 때문에, 러시아가 보유한 핵전력이 북한을 위해 제공될 수 있는 여지를 남기고 있다. 따라서 이번 '러-북 포괄적 전략적동반자 관계 조약'은 러시아에 의한 대북 핵억제 제공, 혹은 러-북 핵동맹의 성립을 의미하고 있다.

러시아 입장에서 보면, 우크라이나 전쟁 와중에 미국과의 New START에서 이탈을 예고하면서 전략핵 증강의 계기를 마련한 러시아가, 유럽에서는 벨라루스에 전술핵을 재배치하고, 아태지역에서는 북한과의 핵동맹을 결성하면서, 미국 주도의 유럽 및 인-태지역 통합억제전략에 대응하는 구도를 형성하고 있다고 볼 수 있다. 북한 입장에서 보면, 한미 간 NCG 체제를 통한 확장억제 태세 강화에 대응하여 러-북 핵동맹 체결을 통해 대응하는 포석을 구사했다고 볼 수 있다. 한국으로서는 향후 북한 핵위협에 대한 대응뿐만 아니라, 북-러 핵동맹 체결을 통해 한반도에 운용될 수 있는 러시아의 핵태세에 대한 대응도 염두에 두지 않으면 안 되는 상황이 도래하고 있는 것이다.

5. 맺는 말

1993년 제1차 북핵 위기가 발생한 이래 한국과 미국을 비롯한 국제사회는 지난 30여 년 간 북핵 대응을 위한 다양한 대응방안을 강구해왔다. 1994년 북한과 미국 간에 개최된 제네바 회의에서는 북한에 경수로를 건설해 주는 대신 북한의 핵활동 동결을 추진한다는 합의가 이루어졌다. 그러나 2002년 제2차 북핵 위기가 발생했고, 이에 대응하여 한국과 미국은 북한, 중국, 러시아, 그리고 일본을 포함한 6자 회담을 개최하여 다자 간 방식으로 북핵 문제를 해결하려 했다. 그럼에도 불구하고 북한 비핵화의 성과를 얻지 못하자, 2018년에는 트럼프 미국 대통령과 김정은 위원장 간 북미 정상회담에 의해 북한 비핵화를 추구하려 했다. 그렇지만 북한의 비핵화에 대해 가시적인 성과를 거두지 못했고, 북한의 핵능력은 앞서 살펴본 것처럼 고도화되고, 그 핵전략은 공세성을 강하게 띠게 됐다.

그에 더해 글로벌 핵질서 차원에서는 냉전기 이후 구축된 미국과 소련 등 강대국 간 핵군비통제 체제가 2010년대를 거쳐 러시아-우크라이나 전쟁 발발 국면에서 결정적으로 동요되고, 붕괴되는 조짐이 나타나고 있다. 이와 같은 강대국 간 핵군비통제 체제의 와해는 러시아-북한 포괄적 전략동반자 조약 체결에 의해 북한의 핵능력 고도화를 더욱 촉진하는 요인이 되고 있다.

이와 같은 상황을 종합적으로 고려할 때, 한국은 북한의 핵능력 증대 및 공세성 강화에 더해, 글로벌 차원에서의 핵군비통제 체제 붕괴 조짐에도 시야를 확대하여, 핵대응전략을 강구해야 한다. 북한 핵억제를 위한 한미동맹 간 확장억제 체제에 더해, 러시아와 중국의 핵전략 변화, 그리고 러시아와 북한 간 핵군사협력 가능성에도 대응하는 핵억제전략을 강구해야 한다. **이를 위해서는 동맹국 미국에 더해 북한 핵위협 및 러시아, 중국 등의 핵위협을 공유하는 여타 우방국들, 예컨대 일본이나 호주 등 인도-태평양 지역 여타 국가들과의 전략대화 및 안보협력이 불가결할 것이다.** 글로벌 핵질서의 동요에 대응하는 한국 안보정책의 범위 및 안보협력의 반경이 보다 확대되어야 할 시기가 이미 도래하고 있다.

제 3 장

한국의 핵억제정책 담론 평가와 대안적 핵대응전략 모색:

한미일 확장억제 연대 혹은 핵공유 구상

제 3 장 한국의 핵억제정책 담론 평가와 대안적 핵대응전략 모색: 한미일 확장억제 연대 혹은 핵공유 구상

박 영 준

핵능력을 고도화하고 있는 북한은 2022년 10월, 핵무력법 제정을 통해 공세적 핵전략을 표명한 데 이어 2023년 12월과 2024년 1월에 걸쳐 한국과의 관계를 전쟁 상태하에 있는 적대적 관계로 규정하고 있다. 이와 같은 북한의 공세적 핵전략 및 핵능력에 대응하여 국내에서는 미국과의 확장억제 태세 강화에 더해, 독자적 핵무장론, 나토식 핵공유 및 전술핵 재배치론 등이 대두하고 있다. 본 고는 일본을 포함한 대미 동맹국들이 연대를 통해 미국이 제공하는 확장억제의 신뢰성을 높이거나, 핵공유 구상까지 논의해야 할 필요가 있음을 제안하고 있다.

1. 문제의 제기

한반도 안보질서가 불안정성을 보이고 있다. 그 핵심 동인은 2017년까지 6차례의 핵실험을 감행한 북한이 핵무력 완성을 선언하고, 극히 공세적인 핵전략과 대남정책 전환을 추구하고 있기 때문이다. 북한은 2006년 10월 이후 6차례 핵실험을 통해 플루토늄 재처리와 우라늄 농축을 통한 핵탄두 개발에 성공하고, 수소폭탄 능력까지 보유했다고 추정되고 있다. 스웨덴의 SIPRI는 북한의 핵탄두 보유를 30-50기로 추정하고 있는 가운데, 국내 연구자들은 2030년대 중반까지 북한이 전략핵 100여 기, 전술핵 200여 기 등 도합 300기의 핵탄두를 보유하게 될 것으로 전망하고 있다.[1] 이와 같은 핵능력 증대를 바탕으로 2022년 9월, 최고인민회의 제14기 7차 회의를 통해 소위 "조선민주주의인민공화국 핵무력정책에 대하여"(이하 핵무력법) 법령을 공표했다. 이 법안은 기존 북한의 정책을 변경하여, 후술하듯이 5가지 경우에 대해 핵선제공격을 할 수 있다는 조항을 명문으로 밝혔다.[2] 게다가 북한 김정은 위원장은 2023년 12월과 2024년 1월의 연설 등을 통해, 남북한 관계는 더 이상 민족관계가 아닌 분리된 국가관 관계이며, "교전 상태하에 있는 적대관계"라는 새로운 규정을 제시했다.[3] 이와 같은 선언은 1991년 남북기본합의서에서 제시된 기존의 남북관계 규정, 즉 '나라와 나라 사이가 아닌, 통일을 지향하는 과정에서 잠정적으로 특수관계'라는 정의를 이탈하는 의미를 담고 있다.[4]

북한의 증대된 핵능력과 공세적인 핵전략 대두에 대응하기 위해 한국 사회 내에서는 기존 핵정책에 관한 검토와 새로운 핵정책론이 봇물처럼 제기되고 있다. 정부는 2023년 4월의 한미정상회담에서 설치가 합의된 양국 간 핵협의그룹(Nuclear Consultative

Group: NCG)의 협의를 통해, 이미 한미 양국이 구축해온 확장억제 (extended deterrence) 태세를 강화하는 기조를 견지하고 있다. 그 일환으로 2024년 7월, 나토 정상회의에 참석한 윤석열 대통령은 바이든 미국 대통령과 '한미 한반도 핵억제 핵작전지침'에 새롭게 서명하기도 했다.[5] 그러나 과연 유사시에 북한의 핵반격 위험성을 무릅쓰고 미국이 한국에 대해 확장억제 태세를 제공해 줄 수 있는가라는 의구심이 한국 사회 일각에서 제기되고 있는 것이 사실이다. **그로 인해 국내에서는 한국의 독자적인 핵무장론, 혹은 미국의 전술핵 재배치와 나토식 핵공유론 등이 제기되어 왔다.** 이와 같은 핵정책 담론들은 2024년 7월, 제22대 국회가 개원되자마자 더욱 가속되고 있는 상황이다.[6]

다만 북한 핵능력 고도화에 더해, 러시아와 중국의 핵능력 증강 추세, 그리고 러시아와 북한의 군사동맹 체결 양상은 북한에 대한 핵억제 정책뿐만 아니라, 보다 포괄적인 핵대응정책을 요구하고 있다. 이와 같은 관점에서, 본 고는 한국 사회에서 제기되고 있는 핵정책 담론들을 살펴보고, 그 유용성과 한계를 평가할 것이다. 그리고 중국과 러시아의 핵전략 변화에 대응하기 위한 미국 내 핵전략 담론 추세를 검토하고, 이를 바탕으로 한국이 추진해야 할 핵정책 방향을 4가지 단계로 나누어 제시해 보고자 한다.

2. 한국의 북핵 대응정책 현황: 한미 확장억제 체제의 진화

북한 핵능력의 고도화와 공세적 핵전략의 추구는 한국의 국가안보에 직접적 위협을 가하고 있는 현실적인 문제이다. 그리고 러시아와 중국의 핵전력 증강 추세와 미중러 등 핵보유 3대 강대국 간의 핵균형질서 변화 가능성은 한국의 국가안보에 잠재적 위협을 가할 수 있는 변수이다. 이와 같은 상황에 직면하여 국내에서는 주로 북한의 핵위협에 대응할 수 있는 정책 옵션들이 집중적으로 제기되어 왔다. 정부는 핵정책과 관련하여 2010년대 이후 한미 간 확장억제 태세 강화를 일관되게 추진해 왔다. 이미 1975년에 핵비확산조약(NPT)에 가입했고, 한미원자력협력협정에 의해 원자력의 평화적 이용을 전제로 미국으로부터 원자력발전소 연료를 공급받고 있는 현실하에서 독자적 핵무장의 옵션을 포기하고, 미국에 의한 확장억제 제공 태세를 강화해 온 것이다. 이하에서는 한국이 미국과 더불어 추진해 온 확장억제 태세 강화의 현황을 소개하기로 한다.

미국은 냉전 초기인 1958년부터 한국에 핵지뢰와 핵대포 등 전술핵을 배치했다.

미국의 전술핵은 1960년대 말과 1970년대 초반에는 760기 이상이 배치되기도 했으나, 미소 간의 데탕트 시기 이래 점차 감소하여 1980년대에는 100여 기 수준으로 축소됐다. 그러다가 탈냉전

시대를 맞이하여 미국이 러시아와 핵군비통제를 실시하면서, 1991년 조지 부시 대통령의 결정에 의해 글로벌 범위에 걸친 전술핵의 축소와 철수가 진행됐고, 이에 따라 1991년을 기해 40개의 포병용 W-33 핵폭탄과 60여 개의 공군 전투기용 B-61 핵폭탄이 철수하게 됐다.[7] 당시 노태우 대통령이 미국 전술핵이 한반도에 하나도 남아 있지 않다는 선언을 한 것이 이 시기였다.

1970년대 한국은 당시 닉슨 행정부의 주한미군 철수 동향에 대한 대응으로 박정희 대통령의 주도에 의해 독자적 핵무장을 추진한 바도 있다. 박정희 대통령은 청와대 경제2수석비서관의 조사 결과를 바탕으로 플루토늄 기반 원자탄 제조를 결심하고, 캐나다 및 프랑스의 지원을 받아 원자로를 건설하고, 플루토늄 재처리를 할 수 있는 시설들의 건설을 서둘렀다.[8] 그러나 한국의 독자 핵무장 시도는 1974년 인도의 핵실험 이후 미국이 핵비확산 정책을 동맹국들에 요구하고, 특히 한국의 핵개발 시도를 중단하려는 압박을 가해옴에 따라 1970년대 중반 이후 성사될 수 없었다.

한국 핵개발 시도가 저지된 시점에서 한국은 1975년 NPT를 비준하면서 국제적 핵비확산 조류에 동참했고, 미국은 1978년 한미 국방장관 간의 연례회담인 SCM 공동성명을 통해 한국에 대해 핵우산(nuclear umbrella)을 제공한다는 점을 명문화했다.[9] 이후 미국은 한미 정상이나 국방장관 간 회담을 통해, 줄곧 한국에 대해 핵우산을 제공한다는 점을 표명해 왔다.[10]

미국이 '핵우산'이란 용어 대신에 한국에 대해 '확장억제(extended deterrence)'를 제공한다는 점이 표명된 것은 2006년 10월에 한국 측 윤광웅 국방장관과 미국측 럼스펠트 국방장관이 참가하여 워싱턴에서 개최된 한미 간 제38차 연례안보협의회(SCM)의 공동성명이었다. 당시 한국은 2006년 9월에 실시된 북한의 제1차 핵실험에 대응하여, 2006년 10월 19일에 개최된 한국측 이상희 합참의장과 미국측 피터 페이스 합참의장 간의 제28차 한미군사위원회(MCM)를 통해, 북한 핵에 대응하는 핵우산의 구체적 보장책을 요청했다. 이에 대해 미국측은 한미연합사령관에게 핵우산 구현방안을 마련하라는 전략지침을 하달했다.[11] 그리고 다음 날 개최된 윤광웅 국방장관과 럼스펠트 미 국방장관 간의 SCM 회의에서 미국 측은 14개 항의 공동성명 가운데, 한국에 대한 핵우산 제공과 관련해 확장억제 능력의 지속을 포함한다고 밝힌 것이다.[12]

이와 같은 확장억제의 개념은 다음 해인 2007년 11월에 한국 김장수 국방장관과 미국 게이츠 국방장관 간의 제39차 한미안보협의회(SCM) 공동성명에서도 재확인됐다. 즉 한미 양국은 북한의 대량살상무기 및 장거리 미사일의 지속적 개발과 확산 위협이 한미동맹에 대한 도전이 되고 있음을 확인하면서, 미국이 핵우산 제공을 통한 확장억제의 지속으로 한국에 대한 방위공약을 이행할 것임을 재천명한 것이다.[13] 이후 한미 양국은 2009년 SCM의 공동성명에서는 미국이 핵 및 재래식 전력, 미사일 방어체제 등을 통해 확장억제를 제공한다는 내용을 추가하여, 확장억제의 수단을 보다 구체화했다. 그리고 2011년 3월에는 한미 양국 간 확장억제의 수단과 실행에 대한 구체적 협의를 담당하는 확장억제정책위원회(EDPC)의 제1차 회의를 개최했다. 이 회의체는 2015년 한미 양국의 미사일 대응능력위원회와 통합하여 억제전략위원회(DSC)로 확대됐다가, 다시 2016년에는 한미 양국의 외교 및 국방차관보급이 참가하는 확장억제전략협의체(EDSCG: Extended Deterrence Strategy and Consultation Group)로 격상됐다.[14] 요컨대 확장억제란 북한의 핵위협에 대응하여, 미국이 한국에 대해 핵전력은 물론, 재래식 전력 및 미사일 방어체제 등을 동원하여 핵우산을 제공한다는 방어공약이다.

다만 북한의 핵능력 고도화, 특히 미국 본토를 타격할 수 있는 ICBM 능력의 발전에 따라 미국 본토가 핵공격을 당한다고 하더라도, 한국에 대해 확장억제 능력을 제공할 수 있을 것인가에 대한 문제가 한국측에서 제기됐다.[15] 그리고 이러한 논자들에 의해, 후술하듯이 한국의 독자적 핵무장론이나 나토식 핵공유 체제와 같이 한국에 전술핵을 재배치해야 한다는 주장 등이 이어졌다. 이에 대해 한미 양국은 미국이 제공하게 될 확장억제의 신뢰성을 높이기 위한 추가적인 조치를 강구하게 됐다.

2023년 4월 26일, 윤석열 대통령은 워싱턴에서 미국 바이든 대통령과 정상회담을 갖고, 워싱턴선언 공표를 통해 미국측이 제공하게 될 확장억제의 신뢰성을 높이기 위한 추가적 조치에 합의했다.[16] 이 문서에서 윤 대통령은 한국이 핵비확산조약(NPT)과 한미 원자력평화적 협력협정을 준수한다는 점을 확인하면서, 한국 사회 일각에서 거론되던 독자적 핵무장 가능성을 배제했다. 그러한 전제하에서 양국은 "확장억제를 강화하고, 핵 및 전략 기획을 토의하며, 비확산 체제에 대한 북한의 위협을 관리"하기 위한 새로운 핵협의그룹(Nuclear Consultative Group:NCG) 설치를 선언했다. 이를 통해 한미 양국은 유사시 미국이 수행하는 핵작전에 대해 한국이 재래식 전력을 지원하는, 재래식-핵전력 통합(CNI) 체제를 구축하면서 공동 실행 및 기획을 추진하고, 이와 관련한 연합교육과 훈련을 확대하기로 했다. 또한 전략핵잠수함을 포함한 미국 전략자산의 한반도에 대한 정례적 전개를 증대시키고, 신설되는 한국 전략사령부와 한미연합사, 그리고 미국 전략사령부 간의 연합 기획과 훈련 등을 확대하기로 했다.

국방대 부총장을 역임한 한용섭 명예교수는 한미 간 NCG의 창설이 합의된 직후, 한국이 취할 수 있는 핵정책 옵션으로는 미국의 확장억제 실행력 강화 방안이 가장 현실적이라고 분석했다. 그에 의하면 확장억제 체제하에서 미국이 태평양이나 한반도에 배치한 핵전력의 구성과 수량 등에 대해 정보를 공유하고, 핵 사용 관련 시나리오와 공동 개발, 핵지휘통제 및 의사결정 과정에 한국군 장성의 참여를 제도화할 것을 향후 과제로 제기했다. 또한 핵작전에 관한 공동 연습을 실시하고 유사시 핵공격의 표적을 공동 선정하는 과정에도 참여할 필요가 있다고 제언했다. 그리고 이와 같은 한국형 핵공유 체제가 나토형 핵공유보다 나을 수 있다고 분석했다.[17] 이와 같은 한미 공동의 핵정책 제안이 2024년 7월에 한미 양국이 책정한 핵억제 및 핵작전 지침에 반영된 것으로 보여진다.

이후 미국의 핵잠수함 등이 한국에 기항하고, 한미 양국, 혹은 한미일 3국 간에 미사일 방어훈련이나 프리덤 엣지와 같은 다영역 작전 훈련이 실시되는 등 한미 간의 확장억제 태세가 강화되는 양상이 증대됐다. 특히 한미 양국 간에 설치된 핵협의그룹(NCG)은 2024년 7월까지 3차례의 회의를 개최했고, 그 논의 결과를 담은 "한미 한반도 핵억제 및 핵작전 지침(United States and Republic of Korea Guidelines for Nuclear Deterrence and Nuclear Operations on the Korean Peninsula)"을 2024년 7월 11일, 한국 조창래 국방정책실장과 미국 비핀 나랑 차관보가 서명하고, 이를 윤석열 대통령과 미국 바이든 대통령이 승인하기에 이르렀다. '한미 핵억제 및 핵작전 지침'에 따르면 북핵 위기 발생 시 한미 양국은 다음과 같은 4가지 단계에 걸쳐 핵억제 및 핵작전의 태세를 갖추게 된다.

(정보공유) 한미 정보 공유 확대, 보안 절차 및 통신체계 구축
(협의) 한미 정상 간 즉각적 협의를 보장할 수 있는 절차, 체계 정립
(공동기획) 한미 핵 재래식 통합 공동기획 및 핵억제 심화

교육 시행

한국 범부처 확장억제 관계관 대상 미국의 정례적인 핵억제 심화 교육 제공

(공동실행) CNI 방안을 적용한 연습 및 훈련 시행[18]

즉 제1단계에서 한미 양국은 북핵 관련 정보를 공유하게 되며, 2단계에서는 한미 정상 간 즉각적 협의를 수행할 수 있는 절차를 수립하게 된다. 제3단계에서는 한미 간 핵 및 재래식 전력을 통합하여 기획하고 억제할 수 있는 태세를 갖추게 되며, 제4단계에서는 핵 및 재래식 전력을 통합한 연습 및 훈련을 실행하게 된다. 보다 중요한 점은 미국의 ICBM, SLBM, 전략폭격기 등 전략자산들에 대해 한반도의 확장억제를 수행하는 임무를 배정하게 되며, 미국이 핵운용을 하는 과정에서 한국측이 기획 과정에 참여하게 된다는 것이다. 이와 같은 핵작전 지침은 나토가 운용하고 있는 NPG에 필적하는 동맹 간 핵억제 및 핵운용 태세를 구현하고 있다고 볼 수 있을 것이다.

미국은 한국뿐만 아니라, 유럽의 나토 국가들, 그리고 인도-태평양 지역에서 일본이나 호주 등에 대해서도 확장억제 제공 공약을 해왔다. 그래서 동맹국에 대한 확장억제 공약의 신뢰성을 담보하기 위해서 2012년경부터 한국이나 일본 등 동맹국 관계자들에게 미국이 제공할 수 있는 핵전력 관련 시설을 공개해왔다. 예컨대

2012년과 2013년에는 한국과 일본 관계자들에게 네브라스카주 오파트 기지의 전략사령부 본부, 몬테나주의 ICBM 발사 기지, 워싱턴주 키토사프의 전략핵잠수함 기지 등을 공개했다.[19] 또한 로렌스 리버모아 연구소 등 핵개발 관련 연구소도 한국 측 관계자들에게 공개하고 있다.

3. 국내 대안적 핵정책 담론의 대두

한국과 미국 정부가 NPT 체제의 틀 속에서 확장억제 체제를 강화해 오고 있지만, 최근 국내 일각에서는 미국의 확장억제 제공에 대한 신뢰성의 문제가 제기되고 있는 것이 사실이다. 과연 미국이 로스앤젤레스나 뉴욕이 북한의 대륙간탄도탄 공격을 받을 위험성이 증대됨에도 불구하고, 한국에 대한 확장억제를 제공할 수 있겠는가 하는 의문들이 그것이다. 이러한 인식에서 **한미확장억제 강화론에 대한 비판적 대안으로 한국의 독자적 핵무장론, 나토식 핵공유 및 전술핵 재배치론, 그리고 한국-일본 등의 핵협력론 등이 제기되고 있다.**

(1) 한국 독자적 핵무장론

거듭된 미국의 확장억제 제공 공약, 그리고 NCG의 창설과 "핵억제 핵작전 지침"공표에도 불구하고, 국내 일각에서는 독자적 핵무장론을 지지하는 여론이 응답자의 60-70%를 상회하는 현상이 지속되고 있다. 한국에서 독자적 핵무장을 주장하는 대표적 논자인 세종연구소의 정성장 박사는 2016년 1월, 북한이 수소탄을 사용한 제4차 핵실험을 실시했다고 주장한 이래 한국의 독자적 핵무장론을 제기하기 시작했고, 핵자강그룹을 조직하여 이 주장을 확산시키고 있다. 정성장은 자신의 핵자강론이 남북한 핵균형을 달성해야만, 북한의 핵전쟁 가능성과 한반도 핵 전면전 위협을 제거할 수 있으며, 이를 통해 남북 협력이 재개될 수 있는 조건이 된다고 주장한다.[20]

정성장 박사는 한국이 4단계에 걸쳐 핵무장을 추진해야 한다고 주장한다. 제1단계에서는 국가안보실에 북핵 대응 문제를 다루는 제3차장실을 신설하고, 일본 수준의 핵잠재력을 갖춰야 한다고 주장한다. 특히 1988년에 개정된 미일원자력협정과 2015년 개정된 한미원자력협정을 비교하면, 우라늄 20% 미만 저농축 허용이라는 점에서는 동일하지만, 그 절차에 있어 한일 간에 불균형이 존재하고, 사용후 핵연료 재처리에 관해서도 일본에 대해서는 자유로운 재처리가 허용되고 있지만, 한국에 대해서는 파이로프로세싱의 전반부 공정에 한해서만 포괄 동의가 부여되는 격차가 존재한다고 분석한다. 따라서 1단계에서는 미일원자력협정 수준으로 한미원자력협정을 개정해, 일본 수준의 핵잠재력을 갖춰야 한다고 주장한다. 제2단계에서는 북한 핵위협 고도화에 따라 국가 비상사태 발생 시 NPT 탈퇴를 추진하고, 제3단계에서 미국을 설득하여 미국 묵인하에 핵무장을 추진하며, 제4단계에서 남북 핵균형 실현을 이룩하고 이후 북한과 핵군축 협성을 추진할 것을 제안한다.[21]

한국의 독자적 핵무장론에 대해서는 미국 다트머스 대학의 대릴 프레스(Daryl G.Press)와 제니퍼 린드(Jennifer Lind) 교수도 같은 주장을 전개한 바 있다. 부부 학자인 이들은 2021년 10월, 워싱턴포스트에 기고한 칼럼을 통해, 북한의 핵능력 정교화에 비교하여 한국은 미국의 확장억제 제공에 대한 신뢰성 문제에 직면하고 있다고 지적하고 있다.[22] 이들은 미국이 나토 국가들과 달리 한국에 대해 핵공유하는 것에 관심을 보이지 않다고도 지적하면서, 회원국이 그 국가의 최고이익이 위협받는 비상한 상황에서 탈퇴할 수 있다고 규정한 NPT 제10조에 따라, 한국의 핵개발 선택이 합법적이고 정당화될 수 있다고 주장한다. 한미동맹의 취약한 기반을 고려할 때, 한국의 독자적 핵무기 개발은 하나의 옵션이 될 수 있을 것이며, 그 운반수단으로 탄도미사일 탑재 잠수함 전력이 이상적인 플랫폼이 될 수 있다고 제안한다.

한국 핵전략포럼의 사무총장인 율곡 김(Yulgok Kim)도 영문 기고문을 통해 북한의 6차례 핵실험을 통해 남북한 간 비핵화 공동선언이 무효화됐다고 진단하면서, 한국은 미국이 제공하는 확장억제에 대해 신뢰성을 갖기보다, 독자적으로 핵무장을 추구할 필요가 있다고 주장한다. 그는 한국이 핵능력을 갖는다고 해서, 일부에서 우려하듯, 한미동맹이 와해되지는 않을 것이며, 오히려 한미동맹은 핵무기 기반 동맹으로 발전할 수 있을 것이라고 낙관한다.[23]

이상과 같은 한국의 독자적 핵무장론은 다수 국민 여론이 지지를 보내고 있어, 국민감정에 부응하는 핵정책론이라고 평가된다. 또한 군사적 견지에서는 북한 핵능력 강화에 군사적으로나 심리적으로 대응하기 위한 유효한 핵대응 정책론이라고 생각된다. 다만 핵개발의 루비콘강을 건너기 위해서는 몇 가지의 중요한 장애물이 존재하는 것이 사실이다. 국제적으로 1975년에 가입한 NPT 제10조의 적용 대상이라는 점을 들어 탈퇴를 결행해야 하고, 한미 간에 평화적 원자력 개발을 목적으로 개정한 2015년의 한미원자력협정을 파기해야 한다. 이 경우 20여 기 이상에 달하는 한국 원자력발전소의 연료 공급에 당장 차질이 발생한다. 그 밖에 국내적으로도 평화적 목적에 한해 원자력을 이용한다는 원칙을 천명한 1958년 제정의 원자력기본법 등을 변경해야 한다.[24] 국제규범 및 국내 관련 법규 개정을 추진하는 과정에서 극도로 양극화된 한국 정치 구조 속에서 초당파적인 합의가 이루어질지 의문이고, 이를 돌파할 국내 정치세력의 정치력 여부도 의문이다.

설령 정치적 결정이 이루어진다고 하더라도, 플루토늄을 재처리하거나 우라늄을 농축하여 무기급 물질을 만들어 낼 수 있는 시설이나 과학기술적 기반의 여부도 고려해야 하고, 이런 과정을 관리해 낼 전문가들의 확보 여부도 생각해 봐야 한다.[25]

(2) 나토식 핵공유와 전술핵 재배치론

한국의 핵대응 정책의 일환으로 꾸준히 제기되고 있는 것이 나토식 핵공유 체제와 전술핵 재배치론이다. 냉전기 유럽 내 나토 국가들은 1957년 시점에서 소련의 핵위협에 대응하여 미국이 나토에 배치한 전술핵을 토대로 핵공유에 합의했다. 이후 미국과 나토 국가 간에 핵공유그룹(Nuclear Planning Group)의 협의체가 창설됐고, 상호 협의를 통해 현재는 나토 회원국 가운데, 벨기에, 독일, 이탈리아, 네덜란드, 터키 등 5개국에 미국이 총 100여 기의 전술핵탄두를 배치하고, 유사시에는 이를 각국 공군기에 탑재하여 목표물에 핵투하의 임무를 달성할 수 있는 체제를 구축하고 있다.[26]

이와 같은 나토식 핵공유 체제, 즉 전술핵 재배치를 한국도 추진한다는 핵정책론이 전성훈 박사나, 아산정책연구원 등의 연구기관, 그리고 홍준표 등의 정치인들에 의해 꾸준히 제기되고 있다. 전성훈 등은 미국의 전술핵을 재반입하여 나토와 같은 핵공유협정을 한국과 체결하면, 미국의 확장억제 공약에 대한 불신은 근원적으로 해소될 수 있을 것이라고 낙관한다.

아산정책연구원의 최강 원장 등도 미국 랜드연구소의 브루스 베넷 등과의 공동연구를 통해 미국이 현재 보유 중인 200여 개의 전술핵무기 일부를 한국에 재배치할 것을 주장한다.[27] 현재 미국이 보유 중인 전술핵무기 총 200여 기 가운데 100여 기는 나토에 배치되어 있고, 나머지 100여 기는 예비전력으로 미국 본토에 배치되어 있기 때문에, 한국에 배치할 미국의 전술핵무기 여력이 충분치 않은 것이 현실이다. 이러한 점을 감안하여 아산정책연구원과 랜드연구소는 다음과 같이 단계적으로 북한 핵전력 증강에 대응하는 전술핵 재배치 또는 핵보장 강화방안을 제안하고 있다.

제1단계: 군산 및 오산기지 미국 핵무기 저장시설 현대화
제2단계: 태평양 전개 미국 핵잠수함 탑재 핵무기 전부 또는 일부를 북한 표적 용도에 투입
제3단계: 미국이 해체를 계획하고 있는 100여 기 전술핵무기를 한국의 비용으로 현대화하여 미국에 보관하되 한국 지원에 사용하기로 공약
제4단계: 제한된 수의 미국 전술핵무기를 한국에 배치, 준비된 저장시설 보관[28]

보다 구체적으로 아산정책연구원과 미국 랜드연구소의 공동보

고서는 미국의 B61-12 전술핵탄두 현대화 계획에 대해 한국이 20억 내지 30억 불의 비용을 지원하고, 이 가운데 8개 내지 12개의 핵탄두를 한국에 배치할 것, 그리고 미국 보유 탄도미사일 잠수함 1척을 한국 지원용으로 용도를 지정하여 주변 해역에 배치할 것 등을 제안하고 있다.[29]

전술핵 재배치 연구를 주도하고 있는 최강 아산정책연구원장은 다른 기고문을 통해, 미국이 유럽에서는 나토식 핵공유 체제를 통해 전술핵을 재배치하고 있는데, 북한 핵위협이 증가되고 있는 한국에 대해서 이 구상에 소극적인 것은 논리적으로 맞지 않는 것이라고 주장한다. 그는 미국의 전술핵무기는 군사적 대응 시간을 고려해 미 본토보다는 한국에 배치되어야 하며, 이럴 경우에만 북한에 대한 선제타격이 가능하다는 시그널을 보내게 되어, 북한의 도발을 억제할 수 있는 "공포의 균형"이 가능해진다고 설명하고 있다.[30]

미국의 전술핵 재배치, 혹은 나토식 핵공유 체제론은, 독자적 핵무장론에 비해 한국이 NPT를 탈퇴하거나, 한미원자력협정을 파기할 부담이 없이, 북핵 대응 능력을 갖출 수 있다는 점에서 보다 적절한 대안이라고 생각된다. 다만 후술하듯이 미국 보유 전술핵이 200여 기에 불과하고, 이 가운데 100여 기는 나토 국가들에 할당되어 있는 것이 현실이다. 미국 본토 배치 전술핵 100여 기에 대해 우리가 비용을 들여 현대화 작업에 참가하는 것을 미국이 용인

할지도 의문이다. 기본적으로 미국 배치 전술핵의 수적인 증강 결정이 없는 한, 현실성을 갖기가 쉽지 않다. 또한 미국 전술핵을 군산이나 오산기지를 현대화하여 재배치할 경우, 중국의 집중적인 표적이 될 수 있다는 우려가 제기되기도 한다.[31]

(3) 한국-일본-호주 확장억제 협력론

다른 논자들은 북한의 핵능력 개발에 따라 위협에 처하게 된 국가들로서 미국의 확장억제에 의존해 온 국가들이 한국뿐 아니라, 일본과 호주 등도 있음에 착안하면서, 한국과 일본, 나아가 한국-일본-호주 간의 확장억제 연대론을 주장한다. 박휘락의 경우 일본도 한국과 유사하게 북한의 핵위협에 노출되어 있어, 미국의 확장억제에 의존하고 있다고 관찰하면서, 북핵 위협 대응에 관한 한 '운명공동체'라고 할 수 있는 한국과 일본이 협력해야 할 필요가 있다고 주장한다.

구체적으로 한국과 일본이 미국의 잠수함에 탑재된 핵무기를 괌에 위치시키면서, 한미일이 사용계획을 공유할 수 있을 것이고, 나아가 한국과 일본이 공동으로 핵개발을 추진할 경우에도 국제사회의 압력을 극복하는 것이 한국 단독으로 핵개발 추진하는 것보다 용이할 것으로 전망한다. 이러한 한미일 핵공유, 혹은 한일 핵협력을 위해 한일 양국은 서로의 영공을 개방하여 공군기와 항공자위대기종들이 자유롭게 사용할 수 있어야 하고, 필요한 정보와 군수지원을 공유할 수 있어야 한다는 대담한 제안도 하고 있다.[32]

필자도 북핵 대응을 위해서 미국에 확장억제를 공동으로 의존하고 있는 한국과 일본, 그리고 호주가 확장억제 공유 혹은 협력을 위한 협의체를 구성할 필요가 있다고 제안한 바 있다.[33] **한국, 일본, 호주 등이 미국의 확장억제 신뢰성을 높이기 위한 제안을 단독으로 하는 것보다는 공동으로 제안할 경우, 보다 협상력을 가질 수 있을 것이다. 또한 북핵 위협에 공동으로 직면하고 있는 국가들로서 북핵과 미사일에 관련한 정보를 공유하는 것도 북핵 억제를 위한 기반이 될 수 있을 것이다.** 극단적인 경우에 한국이 핵무장의 선택을 할 경우에도, 일본 등과 협력한다면 미국을 포함한 국제사회로부터 보다 용이하게 이해를 구할 수도 있을 것이다.

4. 제2기 트럼프 행정부의 핵전략 변화 가능성

한편 한국의 향후 핵정책을 추진하는 데 있어 고려하지 않으면 안 될 사항은 미국 핵전략의 변화 가능성이다. 2024년 11월 5일, 미국 대통령 선거에서 공화당의 도널드 트럼프 전 대통령이 민주당의 카멀라 해리스 부통령을 이기고 차기 대통령에 선출됐다. 트럼프 차기 대통령은 2017년 제1기 임기 시에도 그러했지만, 중국을 미국의 최대 안보 위협으로 설정하고, 그에 대응하기 위해 바이든 행정부 시기와 달리 해군력을 포함한 미국 재래식 전력은 물론 핵 전력의 증강을 추진하게 될 것으로 예상된다.

바이든 행정부는 2022년 10월에 공표한 핵태세보고서(Nuclear Posture Review: NPR)에서 이전 트럼프 행정부 시기의 NPR에서 제시한 방향과 달리 전략핵이나 전술핵의 증강 계획을 유보하고, 핵 군축 및 핵비확산의 관점에서 기존 전략핵과 전술핵의 현상 유지 방침을 제시한 바 있다. 그런데 NPR 2022에서도 우려했듯이 중국의 핵전력이 2030년대 이후 1,500기까지 증강할 것으로 예상되고, 우크라이나와 전쟁 중인 러시아가 2026년 이후 New START를 갱신하지 않는다는 방침을 표명하면서 NPR 2022가 트럼프 차기 행정부에서는 대폭 수정될 것이다.

이미 제이크 설리번 국가안보보좌관을 비롯한 바이든 행정부의 담당자들은 2023년 여름과 11월, 2회에 걸쳐 중국 및 러시아를 포함한 핵보유 강대국들 간의 핵군비통제 협상을 타진하기 시작했다.[34] 그런데 러시아는 응하지 않았고, 중국도 핵군비통제 협의에 소극적인 반응을 보인 것으로 알려지고 있다. 중국과 러시아가 미국의 핵군비통제 제안에 냉담한 가운데 2024년 6월, 백악관 국가안보실의 군비통제 및 군축 담당 프라나이 바디 선임보좌관은 미국 군축협회 연례회의 기조연설을 통해 북한, 중국, 러시아 등의 급속한 핵군비 증강 추세가 중단되지 않는다면, 미국도 핵무기 배치를

늘리지 않으면 안 될 것이라고 주장한 것으로 전해졌다.[35]

전통적으로 핵비확산 및 핵군축을 지론으로 견지해온 민주당 인사들로부터도 기존의 핵비확산 기조에 대한 변경 검토가 제기되고 있는 가운데, 공화당 인사들이나 트럼프 전 대통령의 측근들 사이에서는 보다 과감한 핵전략 기조 변화를 주장하는 견해가 이미 대두한 바 있다. 미시시피주의 공화당 상원의원으로 상원 군사위원회 위원이기도 한 로저 위커(Roger Wicker) 의원은 현재 미국의 적대국들인 중국, 러시아, 북한 등이 각각 군사력을 급속히 증강하고 있고, 우크라이나에서 전쟁을 벌이고 있고, 핵전력을 늘리면서 전쟁 준비를 추진하고 있는데, 미국의 육해군 및 해병대 전력은 제대로 준비가 되어 있지 않고 있다고 진단했다. 이러한 현상 진단에 따라 그는 고조되는 군사위기에 대응하여 해군은 향후 2030년대 중반까지 357척의 함선 증강을 목표로 추진해야 하며, 공군도 향후 5년 간 340대의 전투기 추가 증강을 추진해야 한다고 주장했다. 핵무기 현대화 프로그램도 재개해야 한다고 밝히면서, 이와 같은 전력증강 사업에 소요되는 국방예산 550억 불 이상의 신규 편성을 주장했다.[36]

제1기 트럼프 행정부에서 국방관련 요직을 맡았던 인사들은 아예 한국과 일본 등 인도-태평양 지역 주요 미국의 동맹국들에 확장억제 제공을 약속하고, 이들 국가들의 핵옵션을 제한하는 것은 미국의 국가이익에 반한다는 주장도 제기하고 있다. 트럼프 정부

시기에 국방부 부차관보를 역임한 엘브리지 콜비(Elbridge Colby) 박사는 2024년 5월 21일, 국방대 서울캠퍼스에서 필자와 인터뷰를 가진 바 있다.[37] 이 인터뷰에서 그는 바이든 행정부가 한국이나 일본 등 동맹국들에 대해 확장억제 공약을 지속하고 한국과의 NCG를 구축하려는 정책은 불합리(absurd)한 것이라고 단언했다. 그에 의하면 확장억제 공약을 한국, 일본 등 동맹국에게 남발하게 된다면 미국에 대한 북한발 전략핵공격 가능성이 높아지게 되고, 이는 미국 우선주의(America First) 정책에 반하는 것이라고 주장했다. 그는 미국 내 로스앤젤레스 등 5개 도시가 북한 등의 전략핵 공격을 받을 수 있는 위험성이 있음에도 불구하고, 미국이 한국 등 동맹국에 대해 핵우산 및 확장억제를 제공해야 하는가라고 반문했다. 그런 입장에서 그는 미국으로서는 한국 등의 독자적 핵옵션을 허용하는 것이 국가 이익에 더 기여하는 정책 방향이라고 주장했다. 단 그는 주한미군의 철수는 고려하지 않는다고 했다. 미국의 제1 및 제2 위협은 중국과 러시아이며, 북한은 그 다음 고려 대상이 된다고 보았는데, 주한미군의 주 임무는 중국 견제로 변경되어야 하고, 한반도에 계속 주둔할 필요가 있다고 주장했다. 이 경우 한국군은 북한에 대한 독자적 억제 능력을 강화할 필요가 있다고 했다.

이와 같은 미국 공화당 인사들의 최근 발언들을 종합할 때, **차기 트럼프 행정부하에서는 중국과 러시아의 핵태세 변화를 재평가하고, 이를 바탕으로 미국의 핵전략 및 NPR을 근본적으로 재검토할 것으**

로 예상된다. 트럼프는 2017년 대통령 취임 이후에도 핵전력 증강 방향을 분명하게 밝힌 바 있다.[38] 이와 같은 지론에 따라 바이든 행정부 시기 소극적이었던 전략핵 및 전술핵의 증강을 추진할 가능성이 높다. 동맹국들에 대한 전술핵 재배치, 경우에 따라 한국과 일본 등 동맹국들의 독자적 핵능력 강화에 관해서도 전향적인 판단을 할 가능성을 배제할 수 없다. 한국으로서는 미국 대통령 당선자 및 그 측근들의 핵정책 방향을 고려하여, 글로벌 및 한반도 핵질서의 불안정에 대응할 수 있는 핵정책을 추진해야 할 것이다.

5. 향후 한국의 핵정책 방향 제언: 한미일 확장억제 연대 혹은 핵공유 구상

이상에서 한국 핵정책에 관한 기존 정책론들을 개관해 보았다. 그리고 미국 차기 트럼프 행정부에서 추진될 수 있는 핵전략 방향들도 전망해 보았다.

한국의 핵정책은 우선 북한의 핵능력 고도화와 공세적 핵전략에 대응하면서도, 글로벌 범위에서 러시아와 중국의 핵전력 증강 및 국제 핵군비통제 이탈 동향에 대해서도 주의하지 않으면 안 된다. 그리고 미국과의 동맹을 견지하면서, 한국의 핵정책 방향을 설정해 가야 한다. 그러한 관점에서 다음과 같은 4가지의 단계, 혹은 과제들을 지속적으로 추진해야 할 것이다.

제1단계, 현재 미국 정부와 2023년 4월의 한미정상회담에서 발표한 '워싱턴 선언', 그리고 2024년 7월에 합의한 NCG의 '한반도 핵억제 핵작전 지침'의 틀에 따라서, 한미동맹 차원의 확장억제태세를 최대한 강화해야 한다. 이를 위한 소과제로서 다음과 같은 과제를 수행해야 한다.

첫째, 한국의 재래식 전력과 미국의 핵전력의 통합억제태세, 즉 CNI(Conventional Nuclear Integration) 태세를 효율적으로 구축해야 한다. 한국의 재래식 전력은 우선 한국형 미사일방어체계(KAMD), 킬 체인(Kill Chain), 대량 응징보복능력(KMPR) 등이 될 것이다. 이와 같은 전력이 미국이 제공하게 될 핵전력과 긴밀히 결합되어, 최대한의 대북 억제태세를 구현하고, 유사시 결정적이고 압도적인 승리를 거둘 수 있도록 준비를 갖춰야 한다.

둘째, 이를 위해 한국에서 최근 창설된 전략사령부와 미국의 전략사령부 간의 긴밀한 협조 태세를 구축해야 한다. 한국 전략사령부는 합참의 통제하에 3K 전력을 통합적으로 운용하게 될 것이다. 미국 전략사령부는 핵탄두를 관리하면서, 그 운반수단으로 ICBM, SLBM, 전략폭격기 등의 전력을 운용하고 있다. 양국의 전략사령부의 협조태세 구축을 위해 한국 전략사령부의 요원들이 미국 전략사령부에 연락장교 등으로 파견되어, 그 전략기획과 운용 과정에 참가하는 체제를 갖추어야 할 것이다. 마찬가지로 미국 전략사 요원들도 한미연합사나 한국 합참에 파견되어 연합운용태세에 만전을 기해야 할 것이다. 한국의 각군 대학이나 합동대학 등에는 미국의 핵전략 및 핵태세에 대한 전문적인 교육과정을 갖추어, 한국의 육, 해, 공 장교들이 미국의 핵전략 기획 및 운용에 직접 참가하여 최대한의 확장억제태세를 구축하는 기초적인 소양을 제공해야 할 것이다.

제2단계, 향후 예상되는 미국 재래식 전력 및 핵전력 증강에 한국이 동맹국으로서 기여하는 방법을 모색해야 한다. 현재 미국 내에서도 중국 및 러시아의 핵전력 증강 및 국제 핵군비통제 질서 이탈에 대비하여, 육해공 재래식 전력이나 핵전력을 증강해야 한다는 정책론이 활발하게 대두하고 있다. 트럼프 차기 행정부는 이러한 경향을 분명하게 드러낼 것이다. 한국은 세계 수준의 첨단 방위산업 능력을 살려 미국의 재래식 전력 증강을 지원하고, 나아가 미국의 핵전력 증강 방침이 가시화될 경우, 한국의 핵잠재력도 강화해 나가는 선제적인 조치를 실시해야 한다. 이를 위한 구체적인 과제는 다음과 같다.

첫째, 미국 해군 능력의 증강을 위해 한국이 조선산업 능력을 살려, 미국 본토에 조선소를 건설하고, 미국 해군이 운용할 함선을 건조하는 사업을 적극 추진한다. 미국은 2017년 트럼프 정권 시기에 중국의 증강되는 해군 전력에 대응하기 위해 355척 규모의 해군 함선 건조계획을 발표한 바 있다. 그러나 2023년 11월 시점에서 미 해군은 이에 미달하는 291척 규모의 함선을 보유하고 있다. 미국의 함선 증강계획이 목표를 달성하고 있지 못한 것은 미국 조선업이 기술적으로나, 경제적으로 부진에 빠져 있기 때문이다. 미국 해군 전력이 중국 해군 전력에 비해 열세에 놓이게 되는 것은 인도-태평양 지역의 해양질서 불안정을 초래할 수 있고, 한국의 해양수송로 보호나 국가안보를 위해서도 불리한 결과를 초래할 수 있다. 따라서 부진에 빠진 미국의 함선 증강계획을 지원하기 위해서라도 한국 조선업계가 미국 본토에 조선소를 건설하여 미국 해군에 함선을 공급해야 하며, 한국 현지의 조선소는 미 해군 함선에 대한 수리 역할을 확대해야 한다.[39]

그런 점에서 국내 조선업체 한화해양이 미국 필라델피아의 필리 조선소 지분 100%를 인수하여, 미 해군에 함정을 건조, 공급할 수 있는 기반을 마련한 것은 다행스런 일이다. 이를 토대로 한국 조선업계는 미 해군을 상대로 한 군함 보수 및 정비 사업(MRO)도 확대해야 한다.[40] 이미 미국과 일본은 지난 2024년 4월 10일의 정상회담을 통해, 일본 조선업계가 요코스카 주둔 미 제7함대의 함선 보수를 담당하도록 합의한 바 있다. 한국 조선업계도 같은 권리를 갖게 된다면, 한미동맹이 방산 분야에서도 더욱 공고하게 되며, 미국 해군 전력의 증강에 기여하게 되어, 인도-태평양 지역의 안보에도 긍정적인 영향을 줄 것이다.

둘째, 한국의 병기산업 능력을 살려 미국의 155미리 포탄 생산 능력을 강화하는 데 기여해야 한다. 미국의 포탄 생산 능력은 탈냉전기 이후 크게 위축되어 매달 1만4천발 규모까지 축소됐다.[41] 2022년 2월, 러시아-우크라이나 전쟁 발발 이후 155미리 포탄에 대한 수요가 크게 증대됐으나, 미국 내 생산량은 펜실베이니아와 텍사스 소재 3개 지역 155미리 포탄 생산시설을 가동해도 매달 수요량 10만발에 미달하고 있다고 한다.[42] 이 과정에서 미국은 호주 및 터키 방산업체와의 생산협력을 추진하고 있고, 여론에서는 일본 및 폴란드에 대해서도 무기 생산을 의뢰해야 한다는 주문이 제기되기도 한다.[43]

이러한 미국의 현황을 고려해, 한국의 무기생산 방산업체들이 우수한 생산능력을 바탕으로 미국의 155미리 포탄이나 재래식 무기 증산에 기여하는 방안을 찾아야 한다. 터키나 호주의 방산업체처럼 미국 방산업계와의 생산 협력을 확대하는 것이 필요하다. 이같이 함선이나 포탄 등 미국 재래식 전력의 생산에 한국 방산업계가 기여하는 방법을 확대한다면, 그 자체가 한미동맹을 공고히 하는 것이고, 우리의 강점인 방위산업 능력을 활용해 동맹국 미국을 지원하는 결과로 이어질 것이다. 한미동맹 간 신뢰도가 높아지고, 미국에서의 한국에 대한 좋은 평가를 얻어낼 수 있을 것이다.

제3단계, 한국은 미국 트럼프 행정부가 추진할 것으로 전망되는 에너지 정책, 특히 원자력발전소의 증설과 소형원자로 건설 사업에 적극 협력해야 한다. 트럼프 행정부는 미국 제조업 진흥을 중점 목표로 추진하고 있고, 이를 위해 저렴하게 전기를 공급하겠다는 정책 공약을 제시한 바 있다. 그 일환으로 원자력발전소의 증설과 소형 원자로(SMR) 건설 사업을 적극 추진할 것으로 예상된다.[44]

이와 같은 정책 방향에 대해 원자력발전소 건설과 그 안전관리에 관해 기술과 경험을 갖고 있는 한국이 적극 지원하고 참가하는 노력을 기울일 필요가 있다. 이와 같은 협력에는 일본도 동참할 수 있다. 한국과 미국, 그리고 일본은 각기 원자력발전소 20여 기, 100여 기, 50여 기를 운용하면서, 전력 생산량의 상당 부분을 원자력발전소에 의존하고 있다. 다만 원자력발전소의 핵연료에 대해서는 미국도 탈냉전기 이후 러시아와의 협력 기조에 따라 러시아 국영기업 Rosatom에 의존해 왔고, 이점은 한국과 일본도 마찬가지이다.

다만 러시아-우크라이나 전쟁이 장기화되는 가운데, 미국 국내에서는 러시아에 원자력발전소의 연료를 의존하는 현황에 대한 재검토가 이루어지면서, 러시아에 대한 농축 우라늄 의존도를 줄이고, 미국의 독자적인 우라늄 농축 시설 및 원자력발전소 연료 생산을 추진하고 있다.[45] 러시아 로사톰에 대한 원자력발전소 의존도가 높은 한국과 일본도 역시 대러 의존도를 낮추어야 할 필요성이 있다. 때문에 한국이 미국 및 일본과 공동으로 미국과의 원자력협력협정에서 규정된 우라늄 농축 범위 내에서 공동으로 원자력발전소 연료를 생산, 연구하는 컨소시엄을 구성해, 러시아 Rosatom에 대한 의존도를 줄이는 노력을 경주할 필요가 있다. 특히 원자력발전소 안전관리에 대해 기술과 경험을 갖고 있는 한국이, 원자력발전소 사고를 경험한 미국과 일본의 원전 안전관리에 대해 협력하는 방안도 필요할 것이다. 이와 같은 원자력발전소의 핵연료 생산 및 안전관리에 대해 한미일 공동협력의 범위를 확대하는 것이, 서로의 이익이 될 뿐 아니라, 한국의 잠재적 핵능력 강화에도 이어지게 될 것이다.

제4단계, 미국에 대한 확장억제 공약을 공유하고 있는 한국과 일본, 그리고 호주 간에 확장억제 강화를 위한 공동의 연대를 구성할 필요가 있다. 특히 한국과 일본은 중국의 핵전력 증강, 러시아의 New START 탈퇴 등에 따라 미국의 핵전력 규모와 태세가 중국 및 러시아의 합계 핵전력 및 태세에 비추어 열세를 보일 수 있다는 우려를 미국 측에 공동으로 전달할 필요가 있다. 미국의 핵전력 및 핵태세가 중국과 러시아, 나아가 북한도 포함한 전체주의 진영의 그것에 비해 열세를 보인다면, 미국이 제공을 약속한 확장억제의 신뢰성도 저하될 수 있다. 이러한 문제는 한국과 일본에 공동의 안보위협이 될 것이다.

따라서 한국, 일본, 호주 등 미국의 확장억제에 의존해온 국가들 간에 확장억제 협의체를 만들어, 국제 핵질서의 변화에 대해 정보를 공유하고, 미국 주도의 확장억제 태세가 신뢰성을 가질 수 있도록 수시로 미국에 관련 정책을 제언할 필요가 있다. 미국의 전략핵이나 전술핵 능력을 중국과 러시아의 합계 전력에 대응할 수 있도록 확대해야 하며, 그 배치 지역도 한국, 일본, 호주 등의 안보에 기여할 수 있도록 선정해야 할 것이다. 그러한 점에서 일본의 신임 이시바 시게루 총리가 미일 간 핵공유 구상을 제안한 것을 전향적으로 검토할 필요가 있다. 이시바 총리의 구상은 미국이 전술핵을 괌에 배치하면, 일본 항공자위대 등이 그 운용에 참가하는 형태로 미일 간 핵공유 체제를 구축하자는 것이다.[46] 이와 같은 구상에 대해 한국과 일본이 보다 구체적인 협의를 갖고, 미국에 대해 공동의 핵공유 체제를 제안하는 방식도 검토할 만하다. 경우에 따라 미국으로부터 확장억제 제공을 받고 있는 호주의 참가도 가능할 것이다. 한국 단독으로 정책 제안하는 것에 비해, 한국과 일본이 공동으로 한일호 확장억제 연대, 나아가 한미일호 핵공유 체제 구상을 제시할 경우, 보다 실효성 있게 미국을 설득할 수 있는 협상력을 가지게 될 것이다.

북한의 핵능력 고도화와 공세적 핵전략의 표명, '교전상태하의 적대적 관계'라고 남북관계를 재규정한 것, 러시아와 북한과의 군사동맹 부활은 한반도의 안보질서와 핵질서를 근본적으로 동요시키고 있다. 러시아의 New START 이탈 표명과 벨라루스에 대한 전술핵 재배치, 북한과의 군사동맹 관계 부활, 중국의 핵전력 증강 등은 글로벌 핵질서를 심각하게 교란하고 있다. 이와 같은 한반도 및 글로벌 핵질서의 동요는 지난 30여 년 간의 탈냉전 시기에 경험할 수 없었던 것이며, 냉전 시기 미소 대립과 핵경쟁보다 더욱 복잡하고 심각한 안보 위기의 징후라고 할 수 있다.

한국은 그동안 국내적으로는 3축 체계의 강화, 대외적으로는 한미동맹하에서의 확장억제 태세 강화로 북한 핵위협에 대응해 왔다. 그러나 글로벌 중추국가의 위상으로 부상한 한국의 국제적 지위 상승을 고려할 때, 중국과 러시아의 핵전략 변화 및 핵능력 증대도 한국의 국가안보를 위해 도외시해선 안 될 상황이 됐다.

한국도 북핵 대응뿐만 아니라 글로벌 핵질서 안정을 위해 기존 핵정책의 분야와 적용 범위를 확대할 필요가 있다. 이 과정에서 글로벌 포괄적 전략동맹의 위상을 보이고 있는 한미동맹, 그리고 2023년 캠프 데이비드 정상회담을 통해 가동되기 시작한 한미일 안보협력 체제 등을 우리의 확대된 핵정책의 토대로 삼아야 할 필요가 있다. 본 논문에서 제기한 함선이나 포탄 등 미국 재래식 전력 증강을 위한 한미 간 협력 확대, 러시아 로사톰에 대한 의존도를 줄이기 위한 한미일 원자력발전소 핵연료 생산 및 안전관리 등에 대한 협력, 나아가 한국-일본-호주 간의 확장억제 협력연대 구상 등은 우리가 지금까지 가보지 못한 안보정책, 핵정책의 영역이기도 하다.

변화하는 안보 환경에는 변화된 대응이 필요하다. 안보 환경의 변화에 기민하고 과감하게 대응하지 못할 때, 오히려 안보 위협 요인들은 더욱 증폭되어 한국의 번영과 평화를 위협할 수도 있다는 경각심을 가져야 할 시기이다.

제 4 장

슈퍼 트럼피즘 시대 한미 확장억제의 발전방향

제 4 장 슈퍼 트럼피즘 시대 한미 확장억제의 발전방향

조 비 연

본 장은 북핵 위기에 대한 대응방안으로 한미 확장억제를 살펴보았다. 워싱턴 선언 이후 한미 확장억제의 발전경과를 조명했으며, 특히 핵협의그룹(NCG) 창설과 재래식·핵통합(CNI) 개념이 대두된 배경과 함의를 이해할 수 있다. 한편, 신북러조약과 미국의 대선결과로 인해 나타날 수 있는 한계점을 조명하며 대응방향으로 완벽한 거래주의와 신속·유연·전진 재배치(agile·flexible·forward redeployment)를 통한 한미 재래식·핵통합(CNI) 구현방안을 제시했다. 신속·유연·전진 재배치란 미국의 전술핵을 냉전시기처럼 한 곳에 고정배치하는 것이 아니라 필요에 따라 배치할 수 있는 관련 시설을 먼저 갖추고 유사시 탄력적으로 배치·운용하는 것을 의미한다.

1. 북핵 위협과 확장억제

한국은 미국의 주요 군사동맹국으로서 동아시아 역내 위협에 대하여 미국의 확장억제를 통한 핵우산과 첨단전략자산, 독자적으로는 재래식 군사력을 바탕으로 한 억제전략을 발전시켜왔다. 하지만 2010년대 북한의 핵미사일 능력이 고도화되어 미국의 본토까지 타격할 수 있게 되는 등 북한이 사실상의 핵보유국으로 자리 잡게 되면서, 미국의 확장억제 공약과 한국의 군사전략에 대한 다양한 연구가 천착되고 있다. 특히 **북한의 핵문제가 30년이 넘게 지속되는 상황에서 북한의 핵위협은 나날이 공세화되고 있다.**

2022년 러시아가 우크라이나를 무력으로 침공한 이후 북한은 처음으로 선제적 · 자동적 핵사용 가능성을 명시한 공세적 핵교리를 선언했고, 한국을 명백한 적으로 규정하며 전술핵무기의 대량생산과 실전배치를 통한 핵공격 가능성도 서슴없이 과시하는 형국이다. 또한, 2024년 북러가 신조약을 체결하고 북한의 파병까지 이루어지면서, 북한의 핵재래식 능력을 획기적으로 제고할 수 있는 러시아의 기술이전 가능성도 배제할 수 없는 상황이다. 급변하는 안보환경에 비례하여 국내 조야에서는 미국의 전술핵 재배치, 나토와 같은 핵공유 체제, 일각에서는 한국의 독자 핵무장 필요성까지도 제기된다.

그러나 **최근 한미 확장억제의 발전 경과를 살펴보면, 한미는 북한의 남침과 핵사용을 억제하기 위한 각고정려의 노력을 기울여 왔다.** 예컨대, 미국은 북한의 전술핵 위협이 가시화되는 배경에서 2018 · 2022년 핵태세검토보고서를 통해 북한의 어떠한 핵사용도 용납될 수 없으며 핵을 사용하고도 김정은 정권이 살아남을 수 있는 시나리오가 없다는 '김정은 정권의 종말'에 대한 새로운 수준의 선언적 · 군사적 정책도 마련했다. 또한, 2023년 한미는 워싱턴 선언을 계기로 미국의 핵억제에 특화된 핵협의그룹(NCG: Nuclear Consultative Group)을 창설하며, 확장억제의 실행력 제고를 위한 재래식 · 핵통합(CNI: Conventional-Nuclear Integration) 개념을 중심으로 한 조치들도 이행해나가고 있다. 그럼에도 불구하고, 2024년 11월 트럼프 대통령의 재당선은 트럼프 1기 당시 그가 보여주었던 동맹에 대한 노골적 거래주의(naked transcationalism)의 귀환을 상징한다. 윤석열-바이든 행정부 시기 이루어진 확장억제 조치들의 지속가능성은 불투명하다.

이러한 배경에서, **본 장에서는 한미 확장억제의 발전 경과, 워싱턴 선언 이후 일명 한미 '일체형 확장억제' 구현을 위한 어떠한 노력이 이루어져왔는지 조명했다. 특히 한미가 고안한 '재래식·핵통합(CNI)' 개념을 소개하고 트럼프의 귀환으로 인한 불확실성을 극복하는 방안으로 CNI 개념을 접목한 신속·유연·전진 재배치(agile·flexible redeployment)를 대안으로 제시해보았다.**

2. 한미 확장억제, 어디까지 왔는가?

(1) 북한 위협과 한미 확장억제

한미 확장억제의 발전 경과는 2006년 북한의 첫 핵실험 이후 나타난 선언적·제도적·작전적 차원의 3가지 축을 중심으로 정리할 수 있다. 먼저, 선언적 차원에서 한미는 북한이 첫 핵실험을 감행한 2006년부터 그동안 한미 공동성명에서 명시해 온 미국의 "핵우산(nuclear umbrella)" 제공원칙[1]을 "핵우산 제공을 통한 확장억제"라는 문구로 처음 구체화하기 시작했다.[2] 이어 2009년 북한이 2차 핵실험을 감행한 이후에는 "미국의 핵우산, 재래식 타격능력 및 미사일 방어능력"을 포함한 "모든 군사력"을 동원해 확장억제를 제공한다고 명시하며 현재까지 이와 같은 선언적 정책을 유지해오고 있다.[3] 북한의 도발에 대하여 미국의 모든 수단을 확장억제 공약으로 구체화하여 확장억제의 신뢰성을 높이는데 방점이 있다.

제도적 차원에서의 발전은 2009년 북한의 2차 핵실험과 2010년 북한의 천안함 피격 및 연평도 포격으로 인한 군사적 긴장이 고조되는 가운데 본격화됐다. 한미 양국의 최초 확장억제 협의체인 '확장억제위원회(EDPC: Extended Deterrence Policy Committee)'의 경우 2010년 10월 제42차 안보협의회의(SCM: Security Consultative Meeting)를 통해 한미통합국방협의체(KIDD: Korea-US Integrated Defense Dialogue) 산하에 설립됐다. 김정은 체제하에서 북한의 핵미사일 위협이 가중되면서 2015년 KIDD 산하 별도로 운영되던 EDPC와 미사일대응능력위원회(CMCC: Counter Missile Capability Committee)를 통합 · 격상하여 국방부 정책실장 급의 '억제전략위원회(DSC: Deterrence Strategy Commitee)'를 신설했다. 나아가, 2016년 북한의 연이은 4차 · 5차 핵실험의 배경에서 한미 국방외교(2+2) 차관급 협의체인 '한미 확장억제전략협의체(EDSCG: Extended Deterrence Strategy & Consultation Group)'가 신설됐다. 2010년대를 배경으로 한미 확장억제를 위한 협의체는 국방 실무차원에서의 DSC와 범정부(국방 · 외교) 고위급 수준의 EDSCG가 중첩된 이중 체계를 갖추게 됐다.

이러한 제도화를 기반으로 확장억제의 작전적·실행력 차원의 발전이 이루어졌다. 예컨대, 2010년 EDPC 출범을 계기로 한미는 2011년 10월 제43차 SCM에서 미국의 확장억제 전략을 한반도 상황에 특화한 '한미 맞춤형 억제전략(TDS: Tailored Deterrence Strategy)'을 개발하고, TDS의 이행력 제고 및 심화발전을 위한 '한미 확장억제수단운용연습(TTX: Tabletop Exercise)'을 실시하게 됐다.[4] 북한의 핵미사일 위협을 '탐지(detect) · 교란(disrupt) · 파괴(destroy) · 방어(defend)'할 수 있는 일명 '4D' 작전 개념도 마련했다. 요약하면, 한미는 2006년 이후 북한의 핵미사일 위협이 고도화되는 배경 속에서 선언적 차원의 확장억제 공약을 정례적으로 협의하고 구체화할 수 있는 협의체를 제도화했으며, 이를 토대로 미국의 대한반도 확장억제의 실행력을 확보하고 발신할 수 있는 공동의 억제와 대응전략의 초석을 마련했다.

그럼에도 불구하고, **한미 확장억제의 주요 한계는 다음과 같은 지점에서 지속됐다. 첫째, 북핵 위협의 공세화 및 실질화이다.** 김정은 위원장의 지난 행보를 살펴보면, 북한은 2019년 하노이 회담이 결렬된 이후부터 미사일 다종화를 명분으로 한 도발을 재개하면서 2021년부터는 전술핵 구축 및 실전배치를 추진해왔으며,[5] 2022년 9월에는 신핵무력정책법을 제정하며 처음으로 핵을 방어가 아닌 위기 시 '근본 이익'을 지키기 위해 핵을 선제적 · 자동적으로 사용한다는 공세적 핵교리를 공식화하기에 이르렀다.[6]

또한, 북한은 2022년부터 한국을 "명백한 적"으로 규정하며 전술핵무기의 대량생산과 한국에 대한 공격 가능성을 수시로 엄포하고,[7] 전술핵탄두 탑재가 가능한 단거리탄도미사일 KN-23 및 초대형 방사포 KN-25를 활용한 전술핵운용부대 훈련(핵반격가상종합훈련)도 실시하고 있다.[8] 북한의 궁극적인 목적은 전술핵의 실전배치 및 제한적 핵사용 가능성을 과시하면서 미국 확장억제 공약의 신뢰성을 시험(probing)하는 데 있다. 한반도에 대한 제한적 공격에도 미국이 위협을 감수하고 한국에 대한 확장억제 공약을 이행할 것인가? 변화된 북한의 핵전략 및 능력에 대한 억제력을 유지하기 위해서는 미 확장억제 공약, 공동협의(제도), 2013년 작성된 TDS, 공동훈련 등의 지속적 발전이 요구됐다.

둘째, 제도적 차원에서의 한계이다. DSC 및 EDSCG 모두 전시가 아닌 평시 협의체라는 점에서, 북한의 핵능력 고도화로 인한 핵위기, 핵사용에 특화된 사항에는 적용이 제한되는 점이 한계로 지적됐다. 또한, 정례화·상설화 차원에서의 미비점도 지적됐다. 2016년 창설된 EDSCG의 경우 총 2회 개최 이후 문재인 정부에서는 운용이 중단된 바 있다.

이러한 배경에서, 국내 일각에서는 미국의 전술핵 재배치부터 나토식 핵공유 체제의 도입,[9] 한국의 독자적 핵무장 가능성까지 고려해야 한다는 주장이 제기됐다. 2022년 5월 취임한 윤석열 대통령은 2023년 1월 11일 국방부 업무보고 석상에서 한국이 "전술핵을 배치하거나 자체 핵옵션을 검토"할 수 있다고 언급했다. 물론 "북핵 위협이 더 심각해지면"이라는 전제 조건을 달았지만, 이는 과거 박정희 대통령 이후 처음으로 대한민국 현직 대통령이 한국의 '자체 핵무장' 필요성을 언급한 것이었다.

(2) 워싱턴 선언과 한미 '일체형 확장억제'로의 이행[10]

이상의 배경에서 한미 양국은 미 확장억제 공약의 신뢰성 및 실행력을 제고하기 위한 노력을 이어갔다. 먼저, 선언적 차원에서 미국은 2022년 핵태세검토보고서(NPR: Nuclear Posture Review)를 통해 북한의 "어떤 핵공격(Any nuclear attacks)"도 용납(unacceptable)

될 수 없으며, "김정은 정권의 종말(end of Kim regime)"로 이어질 것이라고 재확인했다. 특히, "김정은 정권이 핵을 사용하고도 생존할 수 있는 시나리오는 없다"[11]고 적시하면서, 전술핵위협을 가시화하는 북한에 대한 미국의 확장억제 의지를 재강조했다. 이러한 선언적 정책은 2023년 4월 한미가 합의한 워싱턴 선언 및 공동성명에서 지속 확인됐다.[12]

제도적 차원에서는 중단됐던 EDSCG의 재활성화가 이루어졌으며, 워싱턴 선언을 계기로 한미 핵협의그룹(NCG: Nuclear Consultative Group)이 새롭게 창설됐다. 제도적 활성화를 토대로 2023년 한미는 변화된 북핵 위협환경을 반영하도록 TDS를 개정했으며, NCG를 통한 선언적 · 작전적 차원의 발전도 이루어졌다. 다음 절에서 후술하는데, 워싱턴 선언 이후 한미 확장억제 발전 방향의 핵심은 '재래식 · 핵통합(CNI: Conventional-Nuclear Integration)'이다. NCG가 추진 중인 주요 과업(workstreams)들은 공세화된 북핵 위협에 대한 확장억제의 신뢰성 및 실행력을 제고하기 위한 '한미 한반도 핵억제 · 핵작전 지침' 수립(NCG 공동지침), 핵을 포함한 민감정보 공유를 위한 보안절차 및 통신체계 구축, 위기 시 및 전시를 위한 핵협의절차 마련, 핵 및 전략기획에서의 협의 제고, 전략적 메시지 제고, 연습 · 시뮬레이션 · 훈련 · 시설투자 등을 아우른다, [표 3]. 미국이 약속한 '모든 수단,' 한미의 재래식과 핵전력을 한미가 함께 통합 · 이행 · 구현할 수 있도록 관련 기획 · 협의 · 훈련을 강화함으로써 한미의 강력한 공동대응 의지를 전달하고, 궁극적으로 북한의 도발을 억제하는 것이 핵심이다. 전술핵 위협을 통해 한미 확장억제의 와해를 시도하는 북한에 대응하여 한미는 '일체형 확장억제' 구현을 통해 북한의 어떠한 핵사용과 도발도 용납될 수 없음을 발신한다.

[표 3] 한미 핵협의그룹(NCG) 운용 현황 요약

제1차 NCG 회의(2023년 7월 18일) (제도적 차원) NSC 차장급 고위급 수준으로 개최 (제도적 · 실행력 차원) NCG 지침, 보안 및 정보공유 절차(민감정보 공유를 위한 보안절차 및 통신체계 구축 추진에 합의), 위기 시 및 전시 핵 협의 절차, 핵 및 전략기획, 한미 핵 재래식 통합(CNI), 전략적 메시지, 연습 · 시뮬레이션 · 훈련 · 투자 활동, 위험감소 조치 합의 (실행력 차원) 한반도 주변 미 전략자산 전개 빈도 확대 및 가시성 강화 방안 논의 ⇨ (1) 결과적으로 2023년 말까지 총 11차례 전략자산 전개 달성, (2) 이 중 7월에는 핵추진잠수함 켄터키함이 42년 만에 기항, (3) B-52 전폭기가 최초로 한국 공군기지 착륙
제2차 NCG 회의(2023년 12월 15일) (제도적 차원) NSC 차장급 고위급 수준으로 지속 개최 (실행력 차원) CNI를 위한 한반도 내 미 핵전력 운용 개념 협의 (제도적 · 실행력 차원) NCG 공동지침(한미 한반도 핵억제 · 핵작전 지침) 마련 추진 합의 ⇨ 이후 2024년 2월 12일 한미 국방실장(차관보) 급 주재로 NCG 프레임워크 문서 서명 완료
제3차 NCG 회의(2024년 6월 10일) (제도적 차원) 2024년부터 NCG 업무를 NSC에서 국방부로 이관하여 구체화 추진했으며, 제3차 NCG 회의는 한미 국방실장(차관보 급) 주재로 개최 (제도적 · 실행력 차원) NCG 공동지침 문안 검토 (동맹 간 핵억제 정책 및 태세 유지 및 강화하기 위한 원칙과 절차 마련), 민감정보 공유, 핵협의 절차, CNI, 전략자산 전개, SC 등 분야 지속 협의

2024년 7월 10일 한미 대통령 공동성명으로 한미 한반도 핵억제 핵작전 지침 발표[13]
(선언적 차원) 3회 NCG를 통해, NCG 공동지침 최종 발표
(제도적 · 실행력) 이를 적용한 2024년 7월 말 한미 간 TTX 실시

3. 한미 확장억제의 미래: 재래식 · 핵통합(CNI)

(1) CNI 개념과 한미 확장억제

워싱턴 선언 이후 윤석열-바이든 행정부에서 추진된 한미 확장억제는 재래식 · 핵통합(CNI: Conventional-Nuclear Integration) 개념을 통해 집약적으로 이해할 수 있다. 현재 미국, 한국, 또는 나토 차원에 공식적인 개념은 없지만, CNI는 미국이 1950년대부터 소련의 위협에 대응하여 핵전력과 재래식 전력을 작전에 통합적으로 활용하여 재래식 전력만으로는 달성할 수 없는 억제력을 구현하기 위한 접근으로 발전되어 왔다.[14] 또한, 2000년대 미국 공군에서부터 CNI 개념이 구체화되기 시작한 것으로 알려진다. 2000년대 당시 미국은 9/11 이후 핵사용 의지에 대한 신뢰성 문제에 직면했다. 특히, 미국의 핵전력은 전략사령부가 모두 통제하고 지역사령부와도 정보 공유가 제약되어왔기 때문에, 사실상 핵전력이 어떻게, 언제 운용되는지는 미군 내에서도 제한됐으며, 결과적으로 미국의 핵사용 의지, 실행력에 대한 문제 제기가 이루어졌다. 이를 해소하기 위

해 미국은 재래식 전력이 핵전력과 통합적으로 운용된다는 CNI 개념을 수립했다.[15]

한미가 추진 중인 CNI 개념은 미국과 나토 동맹국의 핵공유 체제를 통해 더 적확히 이해할 수 있다.[16] 간략히 요약하면, 나토의 핵공유 체제는 미국이 유럽 내 다섯 개 국가(벨기에·독일·이탈리아·네덜란드·터키)에 배치한 핵무기 B61-3 및 B61-4 중력폭탄 100여 기와, 일곱 개 동맹국의 이중용도 전투기(DCA: Dual-Capable Aircraft)를 투발수단으로 운영하는 형태로 구성돼 있다. 그리고 나토 핵공유 체제하에서 핵무기의 사용 결정은 핵기획그룹(NPG: Nuclear Planning Group)의 만장일치 결정, 미국 대통령과 영국 총리의 핵사용 승인에 의해 이루어진다.

다만, 핵폭탄은 미군이 전적으로 관리하며, 이를 활성화할 수 있는 보안코드와 권한도 미국 대통령 고유의 권한이므로, 실제 핵사용의 최종 결정은 미국이 가진다고 할 수 있다. 다시 말해, '핵공유'가 미국의 핵전력을 동맹국들이 사용할 수 있는 권한(nuclear control)을 공유하는 듯하지만, 실상은 훨씬 복잡하다. 미국의 핵탄두 사용권한은 여전히 미국 대통령 고유의 영역이지만, 이러한 핵탄두의 운반을 지정 동맹국의 재래식 전투기(DCA)가 수행하고, 운반 역할을 맡지 않는 동맹국들은 이러한 전략자산의 전개 임무를 공중에서 지원할 수 있도록 하는 스노우캣(SNOWCAT: Support of Nuclear Operations with Conventional Air Tactics) 훈련과 작전에 참여하는 것이다.

또한, NPG는 원칙적으로는 나토 국가(현 32개국)를 대상으로 하며, 의사결정 과정에서는 비핵보유국도 발언권을 가지는 것으로 알려진다. 물론 '암묵적 동의(silent consent)' 방식으로 그 절차가 간소화될 수는 있다. 참고로, 나토 핵공유 체제를 구성하는 주요 국가와 전력 현황은 [표 4]와 같다.

[표 4] 나토 핵공유 체제 현황

국가	공군기지	핵탄두(수량)	투발수단(항공기)
벨기에	클라이네 브로겔(Kleine Brogel)	B61-3/-4 (15)	F-16
독일	뷔셀(Buechel)	B61-3/-4 (15)	PA-200
이탈리아	아비아노(Aviano)	B61-3/-4 (20)	F-16(US)
	게디(Ghedi)	B61-3/-4 (15)	PA-200
네덜란드	폴켈(Volkel)	B61-3/-4 (15)	F-16
터키	인시를릭(Incirlik)	B61-3/-4 (20)	F-16
그리스	아락소스(Araxos)	(0) *1978~2001(20)	LTV A-7 Corsair II
영국	라켄히스(Lakenheath)	(0) *1954~2008(110) *B61-12(?)	F-15 F-35
총 6개국	총 6개 기지 실배치 + 2개 기지 저장시설 보유	100+	F-35로 전환중

출처: 저자 작성, NATO, "NATO's nuclear deterrence policy and forces"(2022.7.6.); Hans M. Kristensen, "Lakenheath Air Base Added to Nuclear Weapons Storage Site Upgrades," FAS(2022) 참조.

국내외 조야에서는 이러한 핵공유 체제를 북핵에 대한 대안으로 논의해왔다. 특히 박근혜 정부 시기 류제승 전 국방부 정책실장은 나토 사례를 기반으로 한 한반도 적용방안을 검토하도록 조치했으며, 그 이후 북한 위협 고도화에 따라 한미 간에 핵공유 체제 구축 필요성을 주장해온 것으로 알려졌다.[17] 미국 조야에서도 아시아판 핵공유 체제 등 역내 확장억제 강화를 위한 대안이 논의됐다. 2019년 미 국방부 산하 국방대학교가 발표한 『21세기 핵억제력』 보고서를 보면, 북한의 급변사태 발발 시 "일본과 한국 등 특별한 아시아 파트너 국가들과 비전략핵무기를 공유하는 잠재적이고 논쟁적인 새 개념을 강력히 고려해야 한다"고 적시되어 있다.[18] 2021년 2월 공개된 연구보고서 『핵확산 방지와 미국의 동맹국들에 대한 안전보장』도 '아시아판 핵기획그룹(ANPG: Asian Nuclear Planning Group)'의 창설을 제안한 바 있다.[19]

그러나, **전술했듯이, 나토의 핵공유 체제를 자세히 들여다보면, 동맹 간 핵 운용, 기획, 의사결정, 운반과정에서의 협력은 보장되지만, 미국도 최종 핵사용 결정은 동맹국과 공유하지 않는 점에서 내재적 한계가 불가피하다.**[20] 또한 나토 당사국들은 오히려 한미와 같은 양자 차원의 확장억제 차원의 조치들을 대안적 구조로 평가한다는 점에서 나토 핵공유 체제의 실효성 문제도 있다.[21] 핵공유 체제 관련국으로 거론되는 일본의 경우 역내 핵공유 체제에 대한 미온적 반응을 보인다는 점도 유념해야 할 부분이다.

한미가 NCG 차원에서 새롭게 제시한 CNI 개념은 이러한 나토 핵공유 체제의 '실상'에 대한 이해를 기반으로 발전한 것이라고 할 수 있다. 전술했듯 나토 핵공유 체제는 미국의 핵전력을 동맹국이 '공유'하는 것이 아니라 미국이 배치한 핵폭탄과 나토 동맹국의 재래식 공중전력의 '통합 체제'라고 보는 것이 적확하다. 특히 러시아-우크라이나 전쟁 이후 나타난 주요 변화를 살펴보면 미국은 유럽에 배치된 핵전력의 현대화 및 동맹국 재래식 지상 및 공중전력과의 공동훈련 확대를 통해 러시아에 대한 억제력을 강화하고 있지만 핵사용 권한 부분은 여전히 독자적 통제하에 두고 있다. **다시 말해, 나토식 핵공유란 미국의 핵탄두 및 동맹국의 투발수단이라는 하드웨어와, 이 두 가지의 통합성의 심화를 위한 공동훈련 및 협의와 같은 소프트웨어로 구성되어 있다고 할 수 있다.**

보다 과거로 거슬러 올라가면, 미국은 나토 핵공유 체제의 신뢰성을 확보하기 위한 목적으로 1960년대 다양한 하드웨어 및 소프트웨어 중심의 해법을 모색한 바 있다.[22] 먼저, 나토의 비핵국가들이 미국의 핵탄두를 운반할 수 있도록 하는 이중열쇠(dual-key) 체계가 이때 처음 제시됐으며, 1962년부터 1966년까지 약 2배 정도 늘어난 미국의 핵전력을 배치함으로써 미국의 핵사용 의지를 가시화하는 하드웨어 중심의 해법이 모색됐다.

그러나 이러한 조치들에도 불구하고 나토 동맹국들은 여전히 실질적인 핵사용에 있어서 결정적인 사용 시기, 표적, 방식 등의 부분에서는 동맹국들의 역할과 참여의 범위가 제한된다는 한계를 인식하며, 미국과의 협의와 정보공유를 심화하는 '소프트웨어' 중심의 해법을 모색하기 시작했다. 예컨대, 기밀 정보의 공유를 위한 보안점검과 전달 규칙을 수립해 '제한정보(Restricted Data)'를 동맹국에 제공할 수 있게 한 코드명 'NACIN(이후 CABAL로 변경)'을 가동시켰으며, 이에 따라 미국 핵무기의 수량, 유형, 위력, 배치 및 표적 관련 정보를 제공하고 결과적으로 나토 동맹국의 입장에서는 미국의 보장조치를 감독할 수 있게 됐다. NCG와 주로 비교되는 나토의 NPG가 창설됐다(1966년). 요약하면, 확장억제의 신뢰성을 제고시키기 위해 나토 동맹국들의 재래식 전력과 미국의 핵전력의 통합성을 구현하려는 CNI 차원의 노력이었다.

이에 비추어 볼 때, 윤석열 정부와 바이든 정부에서 추진되고 있는 확장억제 차원의 노력들은 NCG의 제도화와 이를 통한 한미 차원의 CNI의 구현이라고 할 수 있다. 한미는 2023년 7월 18일 NCG 출범회의 이후 발표된 공동언론 발표문에서 "보안 및 정보공유 절차 개발; 위기 및 유사시 핵 협의 및 소통 체계; 관련 기획, 작전, 연습, 시뮬레이션, 훈련 및 투자 활동에 대한 협력 및 개발 등 한반도상 핵 억제 및 대응능력을 강화하기 위한 다양한 업무 체계를 확립했다"고 밝힌 바 있다. 또한, 본 회의를 통해 "미국의 핵 작전에 대한 한국의 비핵 지원의 공동기획과 실행을 논의하고, 한반도 주변 미국 전략자산 배치의 가시성 제고 방안을 논의"했다.

이어서 2023년 12월 개최된 제2차 NCG 회의에서 NCG의 주요 과업을 "한미 핵 및 재래식 통합(CNI)"으로 명명했다. 미국측 NCG 공동성명에는 '재래식 · 핵통합(Conventional-Nuclear Integration)'으로 적시되어 있다. 공동성명에서는 CNI가 핵운용지침, 보안 및 정보공유 절차, 위기시 및 전시 핵 협의절차, 핵 및 전략기획, 전략적 메시지, 연습 · 시뮬레이션 · 훈련 · 투자 활동, 위험감소 조치와 같은 NCG의 과업(workstreams)들과 함께 명명되며 미 전략자산과 한국군의 재래식 지원 역할을 통합하는 것으로 적시되어 있으나, 사실상 NCG가 제시한 핵운용지침을 포함한 여러 과업들은 나토가 우크라이나 전쟁을 계기로 강화하고 있는 미국의 핵탄두와 나토 동맹국의 재래식 투발수단인 전투기의 통합 체제를 강화하는 것과 매우 유사하다.

전술했듯이, 북핵에 대한 한미의 새로운 전략문서인 TDS도 개정됐다. 요약하면, 한미는 워싱턴선언과 NCG의 출범을 계기로 한미 재래식 수단과 미국 전략사령부의 핵전력의 통합성을 강화시키기 위한 정보공유, 공동 기획 및 실행방안, 공동훈련, 전략자산 전개, 위기 시 정상 간의 확장억제 소통 채널을 만드는 문제까지 협력 분야를 제도화하게 됐다.

핵사용에 대한 공유는 이루어지지 않지만, 미국의 핵전력과의 통합성을 제고하는 CNI가 유의미한 이유는 크게 세 가지이다. 첫째, 동맹국의 입장에서는 독자적으로 관리·결정되어온 미국의 역내 핵전

략·작전에 대한 정보공유, 협의, 이해의 확충을 모색해볼 수 있다. 둘째, 그 과정에서 동맹국의 재래식 역할을 확대·구체화하여 동맹국의 자체 역량을 제고시킬 수 있다. 셋째, 미국의 확장억제 공약에 대한 자물쇠 효과(lock-in effect)도 모색할 수 있다. 미국의 전략 · 작전에 대한 한국의 역할을 구체화하고 조정할수록 위기 시 미국의 전략 · 작전의 이행을 촉구할 수 있다. 확장억제를 제공하는 미국의 입장에서는, 핵현대화에 집중하는 가운데 동맹국의 재래식 투발수단을 활용하여 발생 가능한 전력공백을 우회할 수 있으며, 안전보장 결의를 동맹국과 적국 양쪽에 효과적으로 발신하는 장점이 있다.

(2) 한미 CNI 실현을 위한 도전과제

한미 CNI 개념이 확장억제의 발전을 위한 대안적 개념으로 자리잡아가는 가운데 한미가 직면한 도전과제들이 있다. 첫째, 트럼프의 재집권에 의한 NCG 및 한미 확장억제 전반의 유동성이다. 트럼프 2기 행정부의 외교정책은 "노골적 거래주의(naked transactionalism)"로 점철될 것으로 전망되는 상황에서,[23] CNI의 진전 및 진전을 대가로 치뤄야 할 부분에 대한 전략적 판단이 요구된다. 기실, 현재 윤석열-바이든 정부하에서도 한미 CNI를 추진하는 데 있어서 전략적 목표에서의 차이점이 노정되어왔다. 예컨대, 한국의 최우선 순위는 민감정보인 미국의 핵전략 및 전력 운용에서의 정보공유, 한국군의 재래식 역할 구체화 및 참여 확대를 통해 (1) 미국의 안전보장에 대한 신뢰성 강화 및 자물쇠 효과(lock-in) 확대, 그리고 (2) 한국군 자체의 역량강화를 모색하는 것이다.

반면 미국은 동맹보장 강화를 통해, (1) 확장억제 전반의 신뢰성을 제고하고, (2) 핵비확산체제 유지하며, 그리고 (3) 주한미군이 실질적으로 부족한 재래식 전력을 한국군과의 통합성 강화를 통해 보완하여 한반도뿐만이 아닌 대만 등 인도-태평양 역내 유사사태에 대비하는 것이다. 트럼프 2기의 슈퍼 트럼피즘, 노골적 거래주의에 따라 한국 재래식 역할 범위의 과도한 확장이 요구될 수 있으며, 결과적으로 CNI 개념으로 인한 미국의 지역전략에서의 과도한 연루 가능성을 배제할 수 없다.

둘째, 한미 CNI의 대상인 미 핵전력에 대한 부분이다. 한미가 추구하는 CNI, 확장억제의 신뢰성 강화를 위해서는 미국의 전술핵 현대화 및 적정한 수량 확보는 필수적이다. 특히 한반도의 지리적 규모를 고려하면, 대량살상이 불가피한 전략핵보다는 전술핵이 중요하다. 그러나 전술했듯이, 미국의 전술핵 전력은 현재 사실상 수량이 부족하고 이를 위한 현대화 프로그램은 지연이 불가피한 실정이다. 예컨대, 미국 전략사령관 앤서니 코튼은 2024년 3월 21일 미 하원 군사위원회 청문회 중, 미국이 현재 "하나가 아닌 두 개의 핵무장 적국에 대응(to ensure that I can cover, not only one nuclear adversary but two)"해야 하지만 미국의 "핵3축 체계 모두가 수명 초과 상태(all three legs of the triad are past system life)"라고 지적한 바 있다.[24] 핵전력의 질적 · 양적 확대에 대한 초당적 인식이 형성되고 있지만 예산 및 시설의 제약은 핵현대화의 속도를 더디게 하는 상황이다. 2025년 미 국방예산은 이러한 다양한 현대화 요구에도 불구하고 소폭 증가하는 것으로 그쳤다. 특히 미국 핵전력 현대화의 대표 프로그램인 차세대 ICBM인 센티넬 개발 프로그램의 개발비도 오히려 감소되는 추세였다(FY24 $43억→FY25 $37억).

셋째, 러시아-우크라이나 전쟁을 배경으로 대두된 북러관계 문제도 있다. 북한은 러시아-우크라이나 전쟁을 기회로 2024년 러북 간에 신조약을 체결했다. 조약은 러북 어느 일방이 공격을 당할 경우 "지체없이 자기가 보유하고 있는 모든 수단으로 군사적 및 기타 원조를 제공"(제4조)한다고 적시하면서 사실상 1961년 북소동맹조약의 자동개입조항을 복원했다. 북한의 러시아 파병을 배경으로 더욱 심화되는 북러관계는 미국의 북한에 대한 확장억제 의지를 복잡하게 하는 요인으로 작용할 수 있다.

넷째, CNI가 구현하는 통합성의 근본적인 한계 문제도 있다. 재차 강조했듯이, 나토의 핵공유 체제도 미국의 전술핵과 나토 동맹국의 DCA를 통합하기 위한 NPG, 공동훈련에 한정된다. 즉 한국이 CNI 개념을 통해 한미 정보공유 체계, 보안 체계, 핵지침, 공동훈련의 확대를 모색할 수 있으나 조야에서 꾸준히 제기되는 수준의 '핵공유,' 미국의 핵작전에서의 참여도와 결정권은 일정 부분 제약이 있을 것이다.

마지막으로, **트럼프 시기 CNI의 지속적 구현이 요구되는 배경에는 CNI를 통한 확전과 위기관리의 필요성도 증대될 것으로 전망되기 때문이다.** 밥 우드워드가 2019년 출간한 『공포: 백악관의 트럼프(Fear: Trump in the White House)』에 따르면, 트럼프는 "오바마는 전쟁을 피할 수 있기를 열망했지만, 외과 수술식의 정밀타격을 통해 북한의 핵 위협을 제거할 수 있을지 결정해야 하는 순간이 왔다고 결심"했다고 한다.[25] 트럼프만이 아니라 오바마 행정부에서도 2016년 북한이 5차 핵실험을 강행한 이후 북한의 모든 핵무기와 관련 시설을 일거에 제거할 수 있는 방안에 관해 보고하라고 지시한 것으로 알려진다. CNI는 미 확장억제의 실행력 확보를 위함도 있으나 한반도 위기 상황에 대한 미국의 독자적 작전이 아닌 한미 협의, 공동대응, 정보공유를 보장하기 위함도 있는 것이다.

이상을 고려하여, **한미 맞춤형 CNI의 구현을 위해 한국이 견지해나가야 할 몇 가지 원칙은 다음과 같다. 첫째, 미국의 전술핵 현대화를 적극 지지할 필요가 있다.** 특히 최근 B61-13, SLCM-N 등 신형 핵전력을 개발하고 있는 미국의 핵현대화를 지지하고, 결과적으로 미 전략자산 전개의 가시화, 궁극적으로 미국의 확장억제하 활용 가능한 핵전력의 확보를 위한 전략적 노력이 요구된다.

둘째, 방위비 분담금 인상이 불가피할 시 나토식 CNI 구현을 가속화할 필요가 있다. 예컨대 전략자산의 전개/확보를 위한 직접적 기여방안을 강구하여 실질적인 미 핵전력의 암묵적 할당(earmarking) 및 '핵동맹(nuclear alliance)'으로서의 지위 확보도 모색할 필요가 있다. 통합대상인 미 핵전력의 유형, 투발수단의 구체화 및 점진적 확대도 필요하다. 미 핵전력(전술핵전력) 및 한반도 전개를 위한 투발수단의 현대화 지원 및 참여 방안을 강구하는 것도 고려할 필요가 있다.

셋째, 지속성 확보가 매우 중요하다. CNI의 심화를 위한 NCG 공동지침, 민감정보 공유 절차, 핵협의 절차, 전략자산 전개, 전략적 메시지 등 NCG 주요 과업(workstream)의 지속적 발전이 요구된다.

넷째, CNI의 지리적·작전적 범위나 범주의 설정도 필요하다. 한국의 입장에서는 북핵을 우선순위로 설정하고 한국의 전략사와 미국 전략사-인태사-주한미군 간의 전시와 평시 지휘관계 및 구조에 대한 조정이 필요하다.

4. 슈퍼 트럼피즘 시대 한미 맞춤형 CNI 구현방향

(1) 완벽한 거래주의의 모색

슈퍼 트럼피즘 속에서 한미 맞춤형 CNI 구현 및 지속성 확보를 위해서는 완벽한 거래주의가 요구된다.[26] 트럼프의 재선과 12·3 이후 국내정치환경이 급변하면서 확장억제를 포함한 다양한 분야에서의 예측가능성이 어려워졌지만, 미국이 처한 현재 국내외적 상황을 고려한다면 한국의 국익에 부합한 대응방향을 모색할 수 있을 것으로 판단된다.

한미의 국내 여건과 별개로 현재 미국이 처한 안보환경을 요약하는 키워드는 '다극/다영역 위기'(multipolar/multi-domain crises)와 '동시 분쟁'(simultaneous conflicts)이다. 2024년 상원 청문회 중 앤서니 J. 커튼 전략사령관의 발언이 이를 압축적으로 보여주는데, 그는 미국이 현재 러시아와 중국이라는 '두 개의 핵경쟁국에 직면'(confronted by two major nuclear powers as strategic competitors)' 하고 있으며, 복수의 핵무장한 기회주의적 적국과의 동시 분쟁에 직면(near-simultaneous conflicts with multiple nuclear armed, opportunist adversaries)하고 있다고 평가했다. 러시아-우크라이나 전쟁 이후 급변하는 국제질서 속에서 러시아와 중국의 핵현대화로 인한 두 개의 핵강국(two nuclear peers)의 도전, 이스라엘-하마스 전쟁 발발로 인한 중동 정세의 악화, 북한의 핵미사일 고도화 및 북러공조로 인한 한반도 정세의 악화는 냉전 이후 미국이 직면해야 하는 최대 위협이자 도전이다.

물론 트럼프의 재선으로 인해 러시아-우크라이나 전쟁의 종식과 그로 인한 북러공조의 약화도 전망된다. 하지만 미국이 유지해온 전략적 안정성은 러시아와 북한만이 아니라 중국의 핵현대화로 인해서도 약화되고 있다. 트럼프가 당선 직후 임명에 나선 내각 인사들이 반중 매파로 이미 포진된 것을 고려하면 미중 간의 경쟁은 다시 악화될 것이다.[27] 또한, 중국은 이미 전 세계 9개 핵무장 국가 중 가장 크고 빠르게 핵현대화를 추진 중에 있다. 미 국방부의 2021년 보고서는 향후 2027년 시점에서 중국이 핵탄두 약 700개, 2030년 시점에는 약 1,000개를 확보하게 될 것으로 전망했다.[28] 중국의 고체연료 기반 ICBM의 개발, ICBM 사일로 지속적 확장, 중거리탄도미사일(IRBM) 전력의 확충, SLBM이 탑재되는 잠수함의 현대화(Type 094), 공중기반 핵전력의 확충 추세(중국은 최근 폭격기에 핵 작전 임무를 재할당했으며 공중 발사 탄도미사일(ALBM)을 개발 중) 등은 중국이 더 이상 최소억제(minimum deterrence)가 아닌 미국과의 핵균형을 목적으로 하고 있다는 판단의 기준이 되고 있다.

이에 더해 북한의 비핵화도 사실상 어려운 실정이다. 2018년 하노이 회담 결렬 이후, 북한은 합의 불발의 책임을 한미 탓으로 돌리고 2020년부터 "적대 세력들의 제재 해제 문제 따위에는 이제 더는 집착하지 않을 것"이라는 입장을 견지하고 있다.[29]

이러한 다극 위기와 동시 분쟁에 대한 바이든 행정부의 대응 방향은 동맹·파트너 국가들과의 협력 강화였다. 예컨대, 미 2022 국방전략서는 미국의 지역전략은 동맹 · 파트너 국가들과의 협력을 통해(anchoring our strategy in allies and partners in advancing regional goals) 구현된다고 적시한 바 있다. 동맹 · 파트너 국가들과 핵억제에 대한 협의를 강화하고 작전 측면에서 재래식과 핵전력의 동시성

(synchronizing)을 발전시키면서, 결과적으로 적국에 대한 억제는 동맹 · 파트너 국과들과의 협력을 기반으로 한 '직접적이고 집단적인 비용 부과'(deterrence by direct and collective cost imposition)를 통해 달성한다는 것이다.[30]

특히, 자체 핵전력의 질적 · 양적 확대가 제한되는 상황에서, **바이든 행정부의 전략적 우선순위는 크게 세 가지로 나타났다. 첫째, 핵에 대한 동맹국의 의존도를 낮추는 것이다. 둘째, 동맹국의 재래식 전력과의 통합성(CNI)을 제고하는 것이다. 셋째, 동맹보장 차원에서 핵의 가시성을 높이되 유연성을 견지하는 것이다.** 이상의 목적을 달성하자면, 미국의 입장에서 가장 유효한 지역 차원의 확장억제 조치는 첫째, 동맹국과의 공동위협인식 구축, 둘째, 소다자 · 다자훈련의 확대, 셋째, 확장억제 관련 협의의 활성화(양자 · 소다자 중첩)일 것이다.

그렇다면 트럼프 2기에서는 이러한 우선순위가 어떻게 달라질까? 혹은 유지될까? 먼저 핵에 대한 절대적 수량제한을 고려하면, 동맹국에 대한 전술핵 재배치와 같은 조치들은 트럼프 2기에서도 실현 가능성은 낮을 것이다. 2016년 박근혜 정부가 북한의 5차 핵실험에 대응해 미국 전략자산의 한반도 상시 또는 순환 배치를 요구했으나, 미국은 이를 전략자산이 고정되고 예산이 부담된다는 이유로 거부했고, 결과적으로 미국의 전략자산을 '지속적으로' 그리고 '수시로' 전개하는 것으로 절충한 바 있다. 다만, 노골적 거래주의의 표방 시 한국의 직간접적 투자 및 거래를 통한 이러한 조치가 아예 불가능하지는 않을 수도 있다. 한편, 동맹을 근본적으로 무임승차자로 보는 트럼프의 입장에서는 이미 한국에 대한 안전보장 조치를 '과도(too much)'하다고 보고, 현재 수준의 유지를 대가로 한국에 추가적 부담을 부과할 수도 있을 것이다.

(2) 신속·연성·전진 전술핵 재배치 추진

그렇다면 이러한 트럼프 시대에 부합한 맞춤형 CNI의 구현 방향은 무엇일까? 본 절에서는 미국의 제한된 핵전력 상황과 과도한 방위비 분담의 요구 가능성을 고려하여 **미국 전략자산의 전개를 적정 수준에서 상징적으로 구체화하는 '신속, 유연, 전진 전술핵 재배치'를 대안으로 제시하고자 한다.**[31] 이는 러시아-우크라이나 전쟁의 배경에서 미국의 전술핵 재배치가 추진되고 있는 영국 내 미 공군기지의 사례를 접목한 대안이다.

미국과학자연맹(FAS)의 맷 코다와 한스 크리스텐슨은 2022년부터 유럽 내 미군의 주요 예산을 추적하며, 미국이 과거 전술핵을 배치했던 영국 라켄히스 공군기지를 관련 목적을 위해 재활성화하고 있다고 주장해왔다.[32] 라켄히스 기지는 1990년대 33개의 지하시설을 기반으로 약 110개의 B61 계열 중력폭탄을 배치했던 곳으로, 2008년 모든 핵전력이 철수된 이후에는 '임시 폐쇄된 상태

(mothballed)'로 유지되어 온 것으로 알려진다.[33]

물론 2022년 당시에는 크리스텐슨을 포함한 상당수의 전문가들이 미국이 과거처럼 전술핵을 고정 재배치하기에는 어려울 것으로 보았다. 재배치로 인한 군사적 · 정치적 · 경제적 비용과 위기 고조 가능성을 고려할 때, 유사시 한시적으로 활주로를 사용하거나 임시 배치가 가능한 정도의 '연성 재배치'가 될 것으로 전망됐다.[34] 전술핵폭탄을 과거처럼 고정 배치하지는 않더라도 미국의 핵탄두를 실은 전폭기와 전투기가 뜨고 내릴 수 있는 것만이 아니라 과거 핵무기의 저장시설을 현대화해 필요에 따라 유럽 내 배치한 핵무기의 위치를 변경한다는 것이다. 이는 경쟁국의 손익계산을 복잡하게 하고, 유사시 임시 · 순환 · 고정 배치를 실질적으로 조율할 수 있는 유연성을 확보할 수 있을 것으로 기대됐다. 중국이 미사일 사일로를 전역에 건설해 실제 핵무기 위치에 대한 전략적 모호성을 높이는 것과 마찬가지인 원리이다.

최근에는 러시아-우크라이나 전쟁의 장기화 추세 속에서 미국의 고정 재배치 가능성도 다시 제기되고 있다. 예컨대, 코다와 크리스텐슨은 최근 연구에서 회계연도 2024의 미 공군 예산과 2023년 3월 미국 국방부 의회 청문회에서 언급된 "안전보장 숙소(surety dormitory)"란 용어에 주목했다. "안전보장(surety)"이란 미 국방부 및 에너지부에서 핵무기를 안전하고 확실하게 통제할 수 있는 능력을 지칭하는 용어이며, 이것이 최근 영국 라켄히스 공군기지에 대한 2024 예산에 적시되어 있다는 것이다. 구체적으로 2024 예산을 살펴보면, "잠재적 안전보장 임무를 위해 증가하는 공군 인력과 두 F-35 편대 배치로 인해 이를 수용하기 위한 숙소가 상당히 부족"하다고 적시되어 있으며, 총 5천만 달러를 예산으로 책정하고 있다.[35]

물론 "잠재적 안전보장 임무(potential surety mission)"라고 적시되어 있는 것을 보아 공식적인 재배치는 아직 이루어지지 않은 것으로 판단되나, 2024년 6월부터 2026년 2월까지 해당 숙소 건설이 진행되면 실질적인 재배치가 이루어질 것으로 전망되고 있다.[36] 다만, 트럼프 2기가 재집권하는 시점에서 동맹국을 위한 신형 핵전력을 이곳에 고정 배치할 수 있을까? 자국 우선주의 및 거래주의적 측면에서는 러시아-우크라이나 전쟁 이전의 연성 재배치 형태가 될 가능성이 높아보인다.

이 사례를 한국에 접목하면, 한국도 미국의 전술핵무기, 예컨대 트럼프 시기 개발된 신형 B61-12 저위력 핵무기(중력폭탄)를 유사시 순환·임시·고정 배치할 수 있는 핵저장시설을 구축하는 것을 미국과 협의해 볼 필요가 있다.

이는 군사적 효용성, 실현 가능성 차원에서 비판받는 전술핵 재배치가 아니라 시설만을 먼저 갖추는 것으로, 미국의 입장에서는 전술핵폭탄을 고정 배치해야 하는 부담이 없으며, 한국의 입장에서도 재배치로 인한 과중한 방위비 분담 요구를 일부 회피할 수 있는 것이다. 그래서 미국 전략자산 전개의 구체화를 통해 한미 CNI를 지속적으로 발전시키고 유사시에는 한시적으로라도 핵무기를 저장·배치할 수 있게 하여, 전략자산 전개의 치명성, 동맹의 결속력, 확장억제의 확고한 의지를 발신할 수 있을 것이다. 나아가, 거래주의를 기반으로 나토식 CNI와 같은 한국의 이중 용도 전투기의 활용이 가능하다면, 트럼프 2기에 한국의 전투기가 미국의 투발수단으로 활용될 가능성을 '비상운용 기반' 마련 차원에서 타진해볼 수도 있을 것이다. 현재 한국이 보유한 F-35A는 B61-12를 운반할 수 있는 DCA는 아니다. F-35A와 전술핵의 체계 통합이 가능하도록 미국의 허가, 관련 장비, 소프트웨어 및 인력 등을 발전시켜 비상운용 기반을 선제적으로 준비하고, 한반도 인근·괌·미국 본토 등지에서 한미가 모의 핵탄두를 장착하고 투하하는 훈련을 하는 것도 유의미할 것이다. 한반도 상황과 북한의 다양한 핵무기 사용에 대한 한미 공동 대응 계획과 훈련을 지속적으로 긴밀하게 발전시켜야 할 것이다.

5. 결론

2023년 1월 윤석열 대통령의 자체 핵옵션 발언은 한국의 핵무장에 대한 지지 여론과 맞물리며 국내외 조야에서는 한국의 핵무장이 임박(imminent) 또는 불가피(inevitable)할 것으로 전망되기도 했다. 그러나 2023년 4월 한미가 워싱턴 선언을 합의하고 한미 핵협의그룹을 창설하면서 북핵에 대한 한미의 확장억제 차원의 대응은 지속됐다.

하지만 한미간 각고정려의 노력에도 불구하고 트럼프의 재집권과 국내정치적 상환으로 인해 다시금 불확실성을 마주하게 됐다. 본 장에서 다루었듯, 트럼프 2기는 1기 때보다 더 심화된 핵다극체제, 동시 핵경쟁시대를 맞이하게 될 전망이다. 중국과 러시아라는 두 개의 핵강국에 더해 이스라엘-하마스 전쟁으로 인한 중동지역의 핵무장 가능성도 높아졌으며, 북한의 핵미사일 능력의 고도화 및 북러공조로 인해 비핵화 가능성도 거의 사라졌다.

미국의 핵현대화가 어느 때보다 시급한 가운데 미국은 쇠퇴하는 국제비확산 규범의 지속을 위한 동맹보장을 하루아침에 버릴 수도 없는 실정이다. 트럼프 재집권 시 한국의 핵무장을 허용할 수 있다는 트럼프 '측근'들의 발언이 언론에 보도된 바 있으나, 그 가능성은 여전히 불명확하다. 미국의 전술핵 재배치 가능성도 여전히 제한적이다. 가장 큰 요인은 예산 제약이다. 현재 미국의 핵현대화는 중러 핵경쟁시대에 우선순위를 두고 있는 상황이다. 미국이 주력하는 차세대 센티넬 ICBM 프로그램의 예산 감축, 차세대 잠수함 확보 지연, 트럼프의 재집권으로 인한 AUKUS의 좌초 가능성도 제기되고 있다.

한국의 전략적 선택이 핵무장, 핵잠재력과 같은 독자적 노선이 아니라면 한국은 트럼프의 노골적 거래주의에 부합한 그랜드 바게인을 제시해야 할 것이다. 한미 CNI의 지속성 확보 차원에서 미국의 핵현대화를 계속 지지하고, 미 전략자산 전개의 가시화를 위한 적정 수준의 반대급부를 고민해야 할 것이다. 또한, 방위비 분담금 인상이 어려울 경우 전략자산 전개/확보를 위한 직접적 기여 방안을 강구하여 실질적인 미 핵전력의 암묵적 할당(earmarking) 및 '핵동맹(nuclear alliance)'으로의 지위 확보도 모색할 필요가 있을 것이다. 또한, 다음 장에서 다루건데, 핵잠재력의 병행 발전도 요구된다. 한국은 북핵 위기의 직접적인 피해자로서 최소억제전략의 일환으로 핵잠재력을 높일 수밖에 없다는 불가피성을 피력하는 동시에, 비확산 문제의 선도자로서 책임감 있는 국제사회의 일원이라는 정체성을 강조함으로써 정당성을 마련해나가야 할 것이다.

제 5 장

한국의 핵잠재력 확보를 위한 그랜드 바게인

제 5 장 한국의 핵잠재력 확보를 위한 그랜드 바게인

조 비 연

본 장은 한국의 핵잠재력 확보방안을 다룬다. 북핵미사일 위협과 트럼프의 재선 가능성을 중심으로 워싱턴 선언 이후에도 국내 조야에서는 핵잠재력에 대한 논의가 이어져왔다. 본 장에서 살펴보건데 한국의 핵잠재력 현황, 한미동맹, 핵비확산체제를 살펴보면 일본 옵션도, 국제사회의 지지를 기반으로 한 핵잠재력 확보도 사실상 어려운 것이 한국의 현실이다. 한국의 핵잠재력을 한국의 핵무장을 위한 경로(pathway)로 보는 동맹과 국제사회의 의구심을 해소하기에는 쉽지 않다. 본 장에서는 핵잠재력 개념과 한국 내 핵잠재력 확보 경로로 논의되는 다양한 대안적 사고들의 한계를 소개하고, 한국 핵잠재력 확보방안으로 거래주의에 입각한 '그랜드 바게인'을 제시해보았다. 그랜드 바게인이란, 미국과 국제사회가 한국의 비확산의지를 전적으로 신뢰할 때까지 기다리는 것이 아니라, 경제안보, 에너지와 같은 영역에서 거래적 접근을 취하는 것을 의미했다.

1. 한국과 핵잠재력

핵잠재력(nuclear latency)**이란 핵무기를 생산/확보하지 않고 있**

지만 유사시 핵무기를 개발할 수 있는 능력을 의미한다.[1] 2023년 워싱턴 선언 이후 한미 핵협의그룹(NCG: Nuclear Consultative Group)이 새롭게 출범하고 미 전략자산의 전개가 활성화되는 등 확장억제 차원에서 괄목할 만한 성과가 이루어졌으나, 북한의 공세화되는 핵위협과 트럼프의 재선으로 인한 동맹관계의 불확실성은 한국의 핵잠재력 확보 필요성에 대한 논의에 다시 불을 지피는 실정이다.

확장억제의 불완전성과 핵은 핵으로 대응해야 한다는 기본 전제를 바탕으로, 현실적으로 어려운 자체 핵무장의 대안으로 핵잠재력 확보가 제시되고 있다. 특히 핵잠재력를 주장하는 안보전문가 다수는 완벽한 핵비확산 체제의 준수 · 추구 속에서 사실상 핵개발 능력을 모두 갖춘 '일본 옵션'을 한국이 따라야 할 모델로 제시한다. 혹자는 한국이 이러한 능력을 갖추려면 '핵잠재력'이란 용어 자체를 사용하지 않아야 한다며, 전략적 접근의 필요성을 주장한다. 이외에도 동맹과 국제사회의 암묵적 지지를 바탕으로 한국의 핵잠재력 확보가 가능하다고도 평가한다.

그러나 본 장에서 살펴보건대, 한국의 핵잠재력, 한미동맹, 핵비확산 체제의 현황을 고려하면, 일본 옵션이나 국제사회의 지지를 기반으로 한 핵잠재력 확보는 사실상 어렵다는 것이 한국의 현실이다. 한국이 일본처럼 핵비확산 체제를 선도하여 핵잠재력에 필요한 조건들을 갖추어 나가는 것, 즉 산업을 통해 이 문제를 풀어야 한다는 것은 장기적인 로드맵이 요구되며, 한국의 핵잠재력 확보 노력을 한국의 핵무장을 위한 경로(pathway)로 보는 동맹과 국제 사회의 의구심을 해소하기는 쉽지 않다. 이러한 배경하에서, 본 장에서는 핵잠재력 개념과 한국 내 핵잠재력 논의 동향을 살펴보고, 한국의 실질적 핵잠재력 수준을 짚어보았다. 또한 최근 한국 내 핵잠재력 확보 경로로 논의되는 다양한 대안적 사고들의 한계를 소개하고, 한국의 핵잠재력 확보 방안으로 새로운 대응 방안을 제시해보았다.

2. 핵잠재력이란 무엇인가?

(1) 기본 개념과 구성 요소

핵잠재력이란 통상 핵무기를 생산하거나 확보하지는 않되 핵무기를 개발할 수 있는 능력을 지칭한다. 보다 기술적 차원에서는 핵물질을 생산할 수 있는 우라늄 농축과 플루토늄 재처리 능력을 의미하기도 한다.[2]

이러한 핵잠재력이 북한의 위협에 대한 대응 방향으로 대두되는 배경에는 핵잠재력이 적에 대한 억제의 수단으로 역할을 한다고 보기 때문이다. 예컨대, 억제란, "적에게 공격으로 인한 이익보다 보복으로 인한 비용과 위험이 더 크다는 것을 전달함으로써 공격을 방지"하는 것을 의미한다.[3] 애리엘 레바이트(Ariel Levite)는 핵잠재력은 적국의 공격에 대한 손익계산에 상당한 영향을 미치며, 사실상의 억제력(virtual deterrence)을 발휘한다고 주장한 바 있다.[4]

물론 핵기술을 가진 것만이 아니라 이러한 핵기술을 군사적으로 사용하고자 하는 명확한 의지, 동기, 정책결정이 수반되지 않고는 적에 대한 억제력이 발휘되지 않는다는 지적도 있다.[5] 한미 핵협의그룹의 미국 측 대표 역할을 맡았던 비핀 나랑(Vipin Narang) 전 국방부 우주정책 수석부차관보는 과거 개인 연구에서 핵기술 자체만으로는 적의 행동을 억제하는 것은 불충분하다고 평가한 바 있다.[6]

그러나 국가가 가진 핵기술은 소위 '잠재적 · 보험적 억제력'으로 보는 절충적 시각이 필요하다. 비핀 나랑이 지적한 것처럼, 국가가 평시에 핵기술을 보유한 것만으로는 적의 행동을 완전하게 억제하지는 못할 수 있다. 그러나 국가의 총력을 요구하는 위기상황이나 국가비상사태를 상정하면, 결단의 순간 핵무기를 개발할 수 있는 잠재력의 확보 유무는 곧 그 국가의 잠재적 군사적 옵션이며, 얼마나 빠르게 핵무기를 실전배치 · 운용할 수 있는지 여부가 적의 공격에 대한 손익계산에 결정적인 영향을 미칠 것이다.

따라서, 보다 적확한 핵잠재력의 정의와 구성요소는 핵물질, 핵기술만의 확보만이 아니라, 결단의 순간 핵폭탄을 만드는 데 필요한 여러 가지 요소들에 대한 능력과 기술의 확보 유무로 총체적으로 바라볼 필요가 있다. 예컨대, 안드레아스 퍼스보(Andreas Persbo)는 핵잠재력을 단순한 핵물질 생산 능력의 유무가 아니라 핵으로의 전환주기를 단축시킬 수 있는 능력의 '스펙트럼(spectrum)'에 따라 그 잠재력의 정도를 평가할 수 있다고 적시한 바 있다.[7] 핵잠재력의 구성요소는 통상 지칭되는 핵물질의 생산/확보 관련 기술(우라늄 농축과 재처리 기술)만이 아니라 관련 인프라의 확보 유무, 투발수단의 확보 유무, 정밀타격을 위한 정보감시정찰자산(ISR)의 확보 유무 등을 복합적으로 평가해야 한다.[8]

(2) 핵잠재력에 대한 논의 동향

그동안 한국의 핵잠재력에 대한 연구는 상당 부분 금기시되어 왔다고 할 수 있다. 해외에서는 한국을 일본과 대만을 비롯하여 결정을 내리면 가까운 미래에 핵무기를 확보할 수 있는 "잠재적 핵보유국(latent nuclear powers)"으로 평가하기도 했지만,[9] 핵잠재력에 대한 국내 연구는 상당 부분 북한이 핵의 평화적 이용을 빌미로 핵기술을 확보하게 된 이중 전략에 대한 연구, 북한의 핵개발 전략과 능력을 파악하기 위한 수준에서 주로 이루어졌다.[10]

그러나 북한이 핵미사일 능력의 고도화를 기반으로 사실상 핵보유국으로 자리매김하는 상황에서 국내 조야에서는 핵잠재력에 대한 연구가 활발해지고 있다. 북핵 위협에 대한 억제전략으로 핵잠재력을 한국의 잠재적 · 보험적 억제력으로 추구해야 한다는 필자의 제언을 포함하여 금기시되던 군사적 차원에서의 핵잠재력 논의가 이어지고 있다. 특히 최근에는 북한이 러시아와 군사동맹에 준하는 '포괄적 전략 동반자 관계에 관한 조약'을 체결한 상황에서 도널드 트럼프 대통령의 당선으로 인한 확장억제의 불확실성이 다시 대두되면서 핵잠재력에 대한 목소리가 더욱 높아지고 있다.

워싱턴 선언 이후 한미 차원의 확장억제 제고를 위한 다양한 노력이 이루어졌으나, 트럼프의 동맹경시, 거래주의적 접근으로 인한 안전보장 의지의 약화 가능성, 주한미군의 축소 가능성, 천문학적 수준의 방위비 분담금 요청 가능성 등으로, 한국이 오롯이 미국의 확장억제에만 의존할 수 없는 상황이 됐다.

이례적인 변화는 국회에서도 나타났다. 2024년 7월 9일 국민의힘 유용원 의원은 '무궁화포럼'을 발족하며 한국의 핵잠재력 확보를 위한 정례적 정책토론회를 개최하고 있다. 무궁화포럼은 박정희 대통령 시절 핵개발 시도를 소재로 한 김진명 작가의 『무궁화 꽃이 피었습니다』와 군 장성들이 받는 교육인 '무궁화 회의'의 이름에서 따온 것으로, 인류 최초의 핵무기를 개발한 미국의 맨하튼 프로젝트와 같은 상징성을 담고자 했다. 현재 핵잠재력 확보를 위한 초당적 협력을 목적으로 약 30명의 여야 의원이 포럼의 공식 멤버로 활동하고 있다.

한편, 최근 국민의 힘의 당대표를 뽑는 과정에서 핵잠재력을 넘어선 핵무장에 대한 노골적인 논의도 이루어졌다. 예를 들어, 나경원 의원은 자신이 대표가 되면 "핵무장을 당론으로 추진"하겠다고 선언했다. 또다른 당대표 후보인 윤상현 의원은 한국이 당장 핵무장을 할 수는 없지만, 한국도 핵을 보유하되 북한의 핵을 포기하면 한국도 동시에 포기한다는 '제한적 핵무장'을 주장했다. 한동훈 전 비상대책위원장도 당권에 도전하며 한국도 일본처럼 "마음만 먹으면 언제든 핵무장을 할 수 있는 잠재적 역량"을 갖추어야 한다고 말했다. 북한과의 관계 개선을 우선순위로 한국의 핵무장을 반대해온 야당 일각에서도 최근에는 핵무장에 대한 주장이 제기된다. 예컨대 안규백 민주당 의원은 한국의 자체 핵무장은 현재로서는 불가능하고 트럼프로 인한 안보리스크에 대한 대응으로서 핵무장도 부적절하다는 입장이지만, 트럼프의 주한미군 철수 등과 같은 "막다른 길"에서는 핵보유를 "고민해볼 수 있고, 국민적 동의를 받아볼 수 있다"고 전했다.[11]

3. 한국의 핵잠재력 현황과 3가지 환상

(1) 한국의 핵잠재력 현황

국내외에서 한국의 핵잠재력에 대한 논의가 활성화되는 가운데, 한국의 현재 핵잠재력 수준은 어느 정도일까? 앞서 언급한 핵잠재력의 개념과 구성요소를 바탕으로 한국의 핵잠재력 수준을 평가하면 다음과 같다. **먼저, 한국은 핵탄두를 생산할 수 있는 무기용 핵물질이나 생산 기술은 보유하고 있지 않다.** 2021년 7월 9일 기준으로 총 24개의 원자력 발전소가 운영 중으로 민간 핵시설은 지속적으로 발전되어 왔으나, 핵물질 확보에 필요한 우라늄 농축이나 재처리를 위한 전용 시설은 없다.[12] 핵잠재력을 갖추자면 고농축 우라늄이나 재처리를 통한 플루토늄을 확보할 수 있어야 하는데, 이는 새로운 설비를 갖추거나 외부로부터의 반입이 없이는 불가능한 상황이며, 특히 핵비확산조약(NPT)과 미국과의 원자력협정을 위배하지 않고는 사실상 어렵다. 한미 원자력협정에 따라 한국은 미국산 우라늄을 20% 미만으로만 농축할 수 있는 경로는 확보했지만, 군사적 목적으로의 사용은 할 수 없다. 원자력발전소를 가동하고 나서 보관하고 있는 사용후핵연료를 재처리하는 방안도 논의되지만, 이러한 재처리 시설 확보도 사실상 어렵다.

보다 구체적으로 살펴보면, 핵무기를 만들기 위해 사용할 수 있는 연료는 크게 2가지가 있다. 첫째는 고농축 우라늄(HEU)이고, 둘째는 원전에 사용된 농축 우라늄을 재처리해서 만드는 플루토늄이다. 그러나 상업용 원자로에 쓰이는 우라늄은 고농축이 아니다. 물론 2000년대 초에 한국도 핵연료 개발 과정에서 농축 실험을 한 적이 있다. 레이저로 극소량의 우라늄을 증기화해 농축하는 방법이었는데, 문제는 당시 실험을 통해 농축한 우라늄은 고농축인 90%에도 미치지 못했고 획득된 양도 0.2g에 그쳤다. 2015년 일본 마이니치신문은 해당 실험의 평균 농축도를 10%, 최대 농축도를 77%로 보도한 바가 있다. 핵탄두 1발을 만드는 데 약 20kg의 고농축 우라늄이 필요하지만 이는 효율성이 매우 낮다. 이춘근 명예연구위원은 이런 방법으로는 1년 내내 시설을 가동해도 175g에 그치고, 약 20kg을 얻으려면 설비 110대 이상이 필요하다고 평가한 바 있다. 특히 90% 이상으로 농축시켜 20kg을 만들려면 설비 680대 이상이 필요하다고도 했다.

한국은 재처리 시설도 아직 없거니와 재처리 시설을 확보했다고 해도 무기용 플루토늄을 추출하는 것이 단기간에는 불가능하다는 지적도 있다. 북한의 경우에는 핵개발을 위해 원자로를 짧게 가동하여 재처리를 통해 플루토늄을 추출하지만, 한국은 에너지원을 목적으로 원전을 가동하기 때문에 한번 연료를 넣으면 훨씬 오랜 기간 가동을 시켜야 하고, 오래 가동될수록 여러 가지 불순물들이 들어가기 때문에 쉽지 않다는 것이다. 또한, 재처리 자체 문제도 여전하다. 핵무기를 만들려면 사용한 핵연료를 질산에 녹여 핵연료만 뽑아내는 습식 재처리(퓨렉스, PUREX)를 해야 하는데, 한국은 한미 원자력협정에 의해 관련 기술은 개발할 수 없는 상황이다(현재로서는 파이로 프로세싱이라고 불리는 건식 재처리 기술 연구 일부만 허용된 상황이다). **물론 영국이나 프랑스 등 제3국으로 보내 재처리를 할**

수는 있지만, 그 과정에서 발생하는 플루토늄은 당연히 들여올 수 없다.

이상의 상황에도 불구하고, **여러 해외 연구들이 한국의 핵잠재력을 상대적으로 높이 평가하는 배경에는 한국의 첨단 미사일, 항공우주 기술, 고체 연료 기술을 "본질적으로 핵무기를 탑재할 수 있는" 능력으로 평가하기 때문이다.**[13] 한국이 러시아의 기술협력을 통해 2013년 성공적으로 발사한 2단 추진체를 비롯한 3단 우주 발사체의 개발 과정, 높은 수준의 반도체 및 정밀 공작기계, 재래식 기폭장치 기술을 한국의 핵잠재력으로 평가할 수 있다.

구체적으로, 한국은 북한의 핵미사일에 대한 대응으로 다양한 미사일 능력을 개발해왔다. 한국이 자체 개발한 현무 탄도미사일(현무-2A · B · C) 및 순항미사일(현무-3A · B · C)이 대표적이며, 2020년 3월에는 2017년에 처음 공개된 현무-4 고폭력 미사일(최대 1kt)의 개발에도 성공했다. 이는 무거운 중금속 탄두로 지하를 뚫고 들어가 파괴하는 벙커버스터로 알려져 있으며 미군이 보유한 최고 위력의 벙커버스터인 GBU-57의 2~3배에 달하는 것으로 전해진다.[14] 2021년에는 현무 시리즈의 개량형으로 추정되는 잠수함발사탄도미사일(SLBM) 실험도 공개됐다. 이러한 다양한 미사일 능력은 비록 비핵탄두에 제한되지만, 한국의 높은 기술 수준을 상징한다. 한국의 현재 기술 수준으로는 기폭장치를 만들거나 플루토늄 주변을 에워싸는 고성능 폭약 등을 제조하기는 어렵지 않은 것으로 알려져 있다. 국가적 수준에서 추진할 경우, 핵개발에 최소 6개월에서 2년 정도가 소요될 것이라는 평가도 있다.[15]

한편, 한국의 다양한 미사일 능력은 핵탄두의 투발수단으로서 한국의 핵잠재력으로 볼 수도 있다. 현무 탄도미사일 2A · B · C 및 현무 순항미사일 3A · B · C는 각각 300km · 500km · 800km, 순항미사일은 500km · 1000km · 1500km 수준으로 북한 전역을 타격할 수 있다. 이외에도, 한국은 독일의 공중발사형 KEPD-350 Taurus 순항미사일을 구매했으며, 이를 탑재할 수 있는 F-35A 스텔스 항공기 40대에 통합하는 과정에 있다. 현무-4 고폭력 미사일의 후속형이 개발된다면 사거리가 대폭 늘어난 1,000~3,000km급 중거리 탄도미사일(MRBM)로 개량되어 배치가 가능할 전망이다. 나아가, 이번에 취역한 신형 도산 안창호급 잠수함은 이미 SLBM을 6발 탑재할 수 있는 수직발사대(VLS)가 장착되어 있는바, 이번에 실험에 성공한 SLBM의 탑재 가능성을 배제할 수 없다.

한국은 일본과 같은 핵물질 생산 능력은 없지만, 탄두 제조를 비롯한 첨단 미사일의 확보를 바탕으로 제한적인 핵잠재력으로 활용할 수 있다. 한국을 핵잠재국으로 평가하는 국내외의 인식을 전략적으로 활용하여 이러한 투발수단 및 기폭능력을 한국의 핵잠재력으로 발신할 수도 있다.

나아가, 한국은 미사일 외 다양한 투발수단을 확보해나가고 있다. F-35와 같은 차세대 전투기와 첨단 무인기 도입사업을 추진

중이며, 아직 정부 간 공식 협의는 없었지만, 3만 톤급의 경항모,[16] 핵추진잠수함과 같은 새로운 해양플랫폼도 논의 대상이다. 2021년 초 핵잠의 작전요구성능(ROC)이 확정된 것으로 보도됐고, 이에 따르면 한국은 10여 발의 SLBM을 탑재할 수 있는 4천 톤급 핵추진잠수함을 목표로 하는 것으로 알려진다. 핵추진잠수함은 한국의 기존 디젤·전기 추진의 재래식 잠수함보다 잠항 시간이 길다는 점에서 한국의 해양력에서의 투사력, 재래식 응징(보복)적 능력을 강화시키는 동시에 이번에 개발된 SLBM보다 훨씬 큰 탄두중량과 멀리 나가는 현무-4의 SLBM형이 탑재될 가능성도 논의된 바 있다.

반면, 한국이 독자적으로 북한 영토를 감시하거나 탐지할 수 있는 능력은 여전히 제한적이다. 한국은 2000년대부터 주한미군 및 미군의 의존성이 불가피했던 첨단 정보감시정찰자산 능력을 강화하고 그 분야에서의 독자성을 높이기 위하여 그 필요성을 강조해왔다. 특히 전작권 전환 논의와 2010년 천안함 및 연평도 포격사태, 북한의 핵미사일 실험은 이스라엘산 Green Pine Radar 2대, 첨단 미국산 Global Hawk 고고도 장거리 UAV 4대 확보, 자체 설계 UAV 개발과 도입에 가장 중요한 매제가 됐다. 이러한 독립적인 첨단 ISR 능력은 한국군의 효과적인 KAMD, 킬체인, KMPR 3축 체계 운용에도 직결된다. 하지만 최근 위성사업인 '프로젝트 425'는 현재 진행형이다. 미군 및 주한미군의 정보공유 없이는 실시간 24시간/365일의 감시 및 탐지는 여전히 어려운 것으로 알려진다.

미사일 방어망 부문에서도 한국은 지리적 종심과 한중관계 고려, 미사일 방어전력의 비용 대비 효율성의 문제, 주한미군이 이미 배치하고 있는 PAC-3 전력을 고려하여, 일본에 비해 제한적 미사일 방어망을 구축해왔다. 2006년 북한의 첫 핵실험을 기점으로 독일로부터 PAC-2를 도입, 이후에도 북한의 핵미사일 실험이 지속되면서 기존 PAC-2의 PAC-3로의 성능개량 및 새로운 PAC-3 도입을 추진해왔으나, 최근에는 가장 상층에서 적의 탄도탄을 요격하는 SM-3 → 주한미군이 배치하고 있는 사드 → 한국이 개발하고 있는 L-SAM → 패트리어트 또는 한국산 M-SAM이 차례로 요격하는 4중 미사일 방어 시스템을 구상해왔다. 하지만, SM-3의 도입 지연, 자체 개발된 L-SAM의 성능 제약이 지적되면서 제한적 미사일 방어망을 구축하고 있다.

요약하면, 한국은 **핵잠재력 확보를 위한 일부 능력이 아예 부재한 것은 아니지만, 무기용 핵물질을 확보할 수 있는 기술이나 경로가 없다는 점이 가장 큰 제약 요인**이라고 하겠다.

(2) 핵잠재력 확보경로에 대한 3가지 환상

한미 원자력협정의 개정

이상의 배경에서 한국의 핵잠재력 확보에 대한 논의는 핵물질에 대한 경로 확보에 대한 대안 모색을 중심으로 이루어지고 있다. **현재 대두되는 대안은, 미국과의 원자력협정의 개정을 통해 동맹을 기반으로 추진하는 방안이다.** 2015년 개정된 한미 원자력협정의 골자는 다음과 같다. 첫째, 미국으로부터의 사전 동의 없이 사용 후 핵연료를 부분적으로 재처리할 수 있다. 이는 파이로 프로세싱 기술을 포함한 다양한 연구 활동을 자유롭게 수행할 수 있도록 했다. 둘째, 미국산 우라늄의 20% 미만 저농축이 가능해졌으며, 원전 연료의 안정적 공급을 위한 협력 방안이 마련됐다. 셋째, 한국의 원자력 수출을 촉진하기 위해 핵물질, 원자력 장비 및 부품의 제3국 재이전 장기 동의를 확보하고, 수출입 인허가를 신속히 처리하는 방안이 포함됐다. 넷째, 한미 상설 고위급위원회를 신설하여 사용 후 핵연료 관리, 원전 연료의 안정적 공급, 원전 수출 증진, 핵안보 등 다양한 분야에서 전략적 협력 체계를 강화했다. 다섯째, 협정 전문에 NPT 당사국으로서의 평화적 원자력 이용 권리를 확인하고, 양국 간 원자력 협력을 확대함에 있어 주권의 침해가 없어야 한다는 내용을 명시했다.

핵심 부분은 한미 원자력협정에서 핵물질 재처리에 대한 제한이다. 구체적으로 협정 본문과 합의의사록에 이러한 제한 사항이 포함되어 있다. 1974년 협정에서는 한국이 미국의 사전 동의 없이 핵연료의 농축과 재처리를 하지 못하도록 제한했다. 이는 한국이 독자적으로 핵연료를 재처리하거나 농축하는 것을 방지하기 위한 조치이다. 2015년 개정 협정에서도 이러한 제한은 유지되며, 사용 후 핵연료의 재처리와 관련된 연구 활동은 미국의 사전 동의가 필요하다.

이러한 금지 조항 때문에 핵연료를 미국의 승인 없이 재처리할 수 없다. 핵잠재력 경로 확보를 위해서는 한미 원자력협정이 개정되어야 한다고 논의되는 배경이다.

그러나 한미 원자력협정의 개정은 매우 어렵다. 첫째, 미국이 한국에 대해 가지고 있는 핵확산의 우려 때문이다. 미국은 핵비확산조약(NPT)을 준수하고, 핵무기 확산을 방지하기 위해 한국의 독자적인 재처리 및 농축 활동을 제한해왔다. 북핵 위협에 대한 대응으로 핵잠재력을 추진하는 한국에 대해서 아무리 핵무기의 개발과 보유가 아닌 제한된 핵잠재력을 추진한다고 하여도 설득력을 갖기에는 매우 어렵다. 둘째, 미국은 한국의 핵잠재력 확보 시 한국만이 아니라 한반도 주변과 동아시아 지역 내 핵잠재력 확보 요구, 이로 인한 역내 군비 경쟁 가능성도 우려한다. 핵물질 관련 기술과 시설에 대한 엄격한 비확산 통제를 유지하고 있는 배경이다.

일본 옵션에 대한 환상

한미 원자력협정 개정과의 연장선상에서, 국내 조야에서는 한국의 핵잠재력 확보 방안으로 '일본 옵션'을 제시한다, [표 5]. 일본은 P5 국가를 제외하고 비핵국가 중 유일하게 우라늄 농축과 재처리 기술, 즉 완전한 핵연료주기를 갖춘 국가이다. 결정을 하면 최소 6개월에서 1년, 최대 5년 이내에 핵무기를 개발할 수 있는 핵잠재국으로 평가되는 배경이다.[17] 일본이 완전한 핵연료주기를 갖추게 된 것은 미국이 재처리 활동을 허용했기 때문이다. 이미 일본은 1968년 체결된 미일 원자력협정을 통해 사용 후 핵연료를 재처리할 수 있는 권한을 얻었으며, 1988년 개정된 협정에서는 일본 내에 재처리 시설, 플루토늄 전환 시설, 플루토늄 핵연료 제작 공장 등을 두고 플루토늄을 보관할 수 있는 '포괄적 사전 동의'를 얻었다.

[표 5] 일본의 핵잠재력 현황

핵물질, 기술, 시설 - 일본은 2020년 말 기준, 국내외에 총46.1톤의 플루토늄 보유 * (물질 및 연료주기) 국내 민간 핵시설에 약 8.9톤, 영국에 약 21.8톤, 프랑스에 약 15.4톤. P5 국가들을 제외하고 유일하게 무기용 핵물질을 생산할 수 있는 완전한 핵연료 주기 확보 * (투발수단 확보 완료) 일본은 공격을 위하여 사용되는 무기는 보유하지 않는다는 입장으로 대륙간탄도미사일이나 경항모는 허용되지 않는 것으로 해석되어왔으나, 2000년대 이후 중국과 북한의 위협을 중심으로, 일본은 주요 법제 정비를 포함한 재래식 전력을 확충해왔으며, 일본의 민간 로켓 기술 및 최근 추

진 중인 스탠드오프 장거리 순항미사일, 이즈모함 개조 등은 상대적으로 부재했던 일본의 미사일 및 투사능력을 증대시키며 유사시 투발수단의 활용가능성 불배제
비핵, 핵비확산 기조 * 첫째, 공식적 군사적 핵 프로그램을 추진한 기록이나 사례가 없다는 점과, 둘째, 원폭 이후 반핵을 위한 시민사회 운동, 사회 전반에 팽배한 '핵기피현상,' 셋째, 국제사회 핵비확산 의제를 적극 지지 및 선도 * 평화헌법 9조를 기반으로 한 전후 전수방위 원칙, 1967년 사토 에이사쿠 총리가 일본은 핵무기를 만들거나, 보유하거나, 반입하지도 않는다고 선언한 '비핵3원칙(非核3原則),' 1988년 7월 발표된 미일 원자력협정 등 * 일본은 현재 핵무기 관련 NPT(1970년 서명, 1976년 비준), 포괄적 핵실험금지조약(CTBT), IAEA 보장조치, 원자력공급국그룹(NSG) 쟁거위원회, PSI 가입 · 준수를 통해 핵비확산 체제 참여 및 선도 * IAEA를 통한 가시적 성과 주목할 필요: e.g. IAEA의 운영을 위한 예산 중 16% 이상을 일본이 부담해왔으며, 2024년 기준 약 2천만 달러를 IAEA 감시단체(watchdog) 활동을 위해 지원 예정 * 이외에도 일본은 '유일한 전쟁 피폭국'이란 정체성을 기반으로 국제비확산 체제 주도 → 결과적으로 동아시아 비핵국가 중 역내 가장 높은 수준의 핵기술 국가임에도 핵무장 가능성은 낮게 평가됨(평화적 핵사용)

이러한 **일본 사례를 참고하여 혹자들은 한국도 미국으로부터의 신뢰를 바탕으로 핵재처리 기술을 확보해야 한다고 주장한다.** 일본이 흔들림 없는 비확산 정책으로 동맹과 국제사회의 신뢰를 얻어 자유로운 연구와 농축, 재처리를 하고 있는 것처럼, 한국도 완전한 비확산 정책을 통해 미국과의 원자력협정을 개정하고 핵물질에 대한 경로 확보가 필요하다는 것이다.

그러나 한국이 과연 일본이 될 수 있을까? 일본 옵션에 내재된 가장 큰 환상은 한국이 비확산 정책을 추진할 경우 동맹과 국제사회의 완전한 신뢰를 얻을 수 있다는 점이다. 그러나 북한 핵무기의 고도화, 러-북 동맹, 트럼프의 재집권 가능성 등으로 한국의 핵무장에 대한 목소리는 현재 진행형이다. 한국 국민의 70%가 독자적인 핵무장에 찬성하고, 현직 윤석열 대통령이 워싱턴 선언 이전 한국의 핵옵션 추진 가능성도 공개석상에서 발언하는 상황에서 완전한 비확산 정책으로 국내 조야의 시각이 수렴되는 것은 거의 불가능하며, 결과적으로 **동맹과 국제사회의 한국의 핵무장 가능성에 대한 우려는 지속될 것이다. 한국의 원전 기술 성숙도를 볼 때 핵무장을 결심하면 금방 할 수 있을 것이라는 통념도 이러한 '신뢰쌓기'에 커다란 제약으로 작용한다.**

재처리에 대한 환상

재처리에 대한 일부 환상도 있다. 과거 핵잠재력 확보 경로로 재처리 기술이 강조됐던 이유는 크게 두 가지였다. 첫째는 사용후핵연료의 처리 문제이다. 2030년 원전 내 사용후핵연료 저장시설이 포화상태가 될 것으로 전망되는 상황에서 사용후핵연료를 재처리하여 몇 번이고 재활용해 쓸 수 있는 파이로프로세싱은 원전의 안전성 측면에서도 중요하게 요구됐다. 둘째, 재처리 기술은 당시 원전 산업계의 미래기술을 지칭된 '혼합산화물(MOX)' 연료 기술과도

맞닿아 있었다. MOX는 우라늄과 플루토늄을 만든 혼합산화물로 약 5%가 사용후핵연료를 재처리해서 회수한 플루토늄으로 구성되어 있어서, MOX를 활용하게 되면 핵물질을 재활용함으로써 플루토늄의 비축량을 줄이고 동시에 에너지 생산을 증가시킨다는 논리이다. 2018년 7월 일본은 플루토늄 비축량을 줄이기 위한 계획으로 발전용 원자로에서 MOX 연료의 사용을 늘리겠다고 발표한 바 있다. 한국도 사용후핵연료의 처리 차원에서 MOX 연료 기술을 주목했다.

그러나 **전문가들은 한국의 핵잠재력 확보 차원에서 재처리보다는 농축에 더 방점을 두어야 한다고 주장**한다. 특히 MOX 연료는 심각한 안전성 문제로 그 상업성을 완전히 잃었으며, 일본과 같은 국가도 사용후핵연료를 20년 이상 해외에 위탁해 재처리해온 상황에서, 사용후핵연료의 처리를 위해 재처리 기술이 필요하다는 한국의 주장은 설득력이 충분하지 않다는 평가이다. 무엇보다 최근 미래 원전기술로 대두되는 것은 소형모듈원자로(SMR: Small Modular Reactor)와 이를 가동하기 위한 핵연료인 '고순도 저농축 우라늄(HALEU: High Assay Low Enriched Uranium)'이다. 황주호 한국수력원자력 사장의 전망에 따르면, 전 세계에서 가동 중인 약 3만개의 석탄화력발전소 중 약 3,000개에 달하는 10%가 2030년대 초반까지 SMR로 교체된다. 미국의 경우 370개의 화력발전소 중 300개 이상, 한국도 2038년까지 12개의 화력발전소를 교체해야 할 것으

로 전망된다.[18]

SMR이 원전 산업에서의 미래 먹거리로 대두되는 상황에서 우라늄 농축 기술은 더욱 중요한 것으로 알려진다. 우라늄 농축도가 높아질수록 원자로가 작아지고 오래갈 수 있기 때문이다. 현재 전 세계에서 개발 중인 대다수의 신형 원자로는 5% 농축도를 초과하는 HALEU(농축도5%~20%) 연료 공급을 필요로 하는데 한미를 포함한 상당수의 국가들이 공급자를 찾기가 쉽지 않은 상황이다. 그 배경에는 러시아가 세계 농축 우라늄 공급의 40%를 차지하는 최대 수출국이며, 이외 공급자도 P5를 포함한 프랑스, 영국, 독일, 네덜란드, 미국, 중국으로 매우 한정되어 있기 때문이다.

2024년 기준으로 보면, 러시아(40%) 다음으로 영국 · 독일 · 네덜란드의 합작 회사인 유렌코(Urenco)가 27%, 프랑스의 오라노(Orano)가 14%, 중국의 CNNC가 약 12%를 공급하고 있다. 그 다음이 미국이다. 미국 내 유일한 상업용 농축시설을 운영하는 유렌코 USA(Urenco USA)는 영국 · 독일 · 네덜란드 합작회사 유렌코의 자회사이며 전 세계 농축 수요의 10% 이하의 제한된 수준의 농축을 담당하고 있다. 그 밖의 일본과 브라질에서는 소량의 공급 능력만을 보유하고 있는 상황이다.

나아가, 최근 러시아-우크라이나 전쟁을 계기로 미국과 유럽은 러시아에 대한 농축 우라늄의 의존 비중을 줄여나가려는 추세이다. 특히 미국의 인프레이션감축법(IRA)은 HALEU 공급망 구축에 약

8,900억원(7억 달러)을 투자한다는 내용이 담겨 있다. **미국이 자국의 우라늄 공급망을 재편하는 상황에서, 한국도 주요 동맹·파트너 국가로서 역할을 정립하고 그 과정에서 한미 원자력 협정의 개정도 훨씬 설득력 있게 다가갈 수 있을 것이다.**

4. 한국의 핵잠재력 확보를 위한 새로운 원칙과 로드맵

(1) 핵잠재력에 대한 금기 해소

북한의 지속적인 핵무기 개발과 급변하는 국제정세 속에서 핵잠재력을 확보하자면 핵잠재력에 대한 금기를 극복하는 것이 가장 시급하다. 북한의 공세적 핵전략과 북러의 군사동맹 복원으로 인한 안보환경 속에서 국내 핵무장에 대한 목소리는 앞으로도 지속될 것이다. 이러한 국내 담론의 지형에서는 아무리 한국이 철저한 비확산 정책을 추구하더라도 농축과 재처리와 같은 민감 기술에 대한 한국의 요구는 동맹과 국제사회를 설득하기에는 불충분하다. **한국이 진정으로 핵잠재력을 확보하자면 핵잠재력이란 용어를 사용하지 않고 일본과 같이 철저한 비핵화 정책을 추진해야 한다는 주장은 한국이 구조적으로 '일본이 될 수 없는' 국내외적 환경을 회피하는 측면이 있다.**

핵비확산 체제를 견지해온 미국도 러시아-우크라이나 전쟁 이후 급변하는 안보환경에 대응하여 자국의 핵현대화를 가속화하는 추세이다. 특히 미국의 핵3축 체계 모두가 수명 초과 상태이며 2030년에는 중국과 러시아의 핵전력이 미국을 넘어설 것(outmatch)으로 전망되는 상황에서,[19] 미국은 새로운 핵운용지침(Nuclear Employment Planning Guidence, '491 report')을 선언하고 금기시됐던 유럽의 일부 기지에 대한 전술핵 재배치 및 핵현대화도 추진 중에 있다. 북한의 핵위협에 비례하여 점증해온 국내외 핵무장 담론을 염두에 두고 한국도 이제는 북한의 핵위협에 대한 보다 적극적(proactive)인 방안을 모색해야 한다. 또한 변화하는 안보정세를 기회로 활용하여 한국의 핵잠재력 보유 필요성에 대하여 국제사회의 인식 전환도 모색할 필요가 있다.

(2) 핵비확산을 전제로 한 투명한 핵잠재력 (Transparent Nuclear Latency)

핵잠재력 확보에 대한 한국의 명확한 의지를 제시하는 가운데 한국의 핵비확산 의지도 함께 강조되어야 할 것이다. 이러한 맥락에서 최근 국민의 힘 유용원 의원실에서 발의한 '원자력진흥법'의 개정안은 매우 타당하다고 판단된다. 본 개정안은 원자력의 연구·개발·생산·이용에 관한 규정에 '평화적 연구·개발·생산·이용' 및 '인류사회의 복지 증진'이라는 문구를 추가한 것이 핵심이다. 미국에 대해 한국이 '사용 후 핵연료를 재처리할 수 있는 능력' 등을 확보할 수 있도록 '핵의 평화적 이용'을 전제 조건으로 명시하자는 것이다.

한국의 핵잠재력은 핵무장을 위한 '중간단계'가 아니라 완전한 비확산 정책을 유지하는 가운데 적국의 손익계산을 복잡하게 하기 위한 결정적인 수단임을 미국과 국제사회에 설득할 필요가 있다. 또한, **한국도 독자 핵무장에 따르는 정치, 경제, 사회, 외교적 차원의 비용을 지양한다는 것도 알려야 한다.**

나아가, **투명한 핵잠재력 추진의 또 다른 핵심 요소는 국제비확산 체제에 대한 적극적인 기여이다.** 한국은 2012년 핵안보정상회의의 개최국이었으며, 2016년에도 핵안보정상회의 의장국으로서의 역할을 맡은 바 있다. 이러한 한국의 역할을 재활성화하고 IAEA에 대한 정치적 · 경제적 기여도도 강화해야 한다. 예컨대, 2024년 5월 20~22일 IAEA가 주최한 '제4차 핵안보국제회의(ICONS)'에서 강인선 외교부 2차관은 한국이 핵안보를 위해 200만달러 규모를 지원하겠다고 밝혔으나, 일본이 지금까지 IAEA에 기여해온 재원과 정치적 규모를 보면 아직 미진하다고 할 수 있다.[20]

국제사회에서의 '신뢰쌓기'를 위한 새로운 역사의 발굴, 지도자의 전략적 활용도 요구된다. 일본이 핵무기에 필요한 핵물질과 능력을 모두 갖추고 있음에도 불구하고 핵무장과는 동떨어져 보이는 배경에는 일본은 피폭국의 역사를 배경으로 핵에 대한 사회 전반에 팽배한 핵금기(nuclear taboo)를 지속적으로 발신해왔기 때문이다. 히로시마 출신인 기시다 전 총리의 역사적 상징성도 급변하는 안보환경 속에서도 일본의 비핵국가 위상과 이미지를 견지하는 데 역할을 했다. 이러한 배경에서 한국도 과거 핵안보정상회의의 개최 역사, 민간 원자력 에너지 수출 성과, 관련 인재 양성의 성과, 2021년 IAEA 의장국 선출 등의 경험을 가시적으로 발신할 필요가 있다. 나아가 핵비확산 체제를 선도하는 일본 등의 국가들과의 직접적 협력도 확대하여 부수효과로서 그들에 대한 국제사회의 평화적 핵사용 인식에도 적극 편승할 필요가 있다.

한편, 한국의 피폭역사도 국제사회에 알릴 필요가 있다. 미국의 일본 히로시마 및 나가사키 원자 폭탄 투하로 당시 약 7만여 명의 한국인들이 원폭 피해를 입은 것으로 집계된다. 2021년 11월 나가사키에 이들을 기리기 위한 위령비가 세워졌는데,[21] 국제사회에 이러한 사실은 아직 잘 알려지지 않았다.

(3) 한미원자력협정 개정을 위한 그랜드 바게인

이러한 신뢰쌓기를 바탕으로 슈퍼 트럼피즘 시대 한국이 추구해야 할 그랜드 바게인은 한미원자력협정의 개정인데, 특히 우라늄 농축 부분이 관건이다. **미국과 국제사회가 한국의 비확산 의지를 전적으로 신뢰할 때까지 기다리는 것이 아니라, 거래적 접근을 통해**

미국이 국익을 위해 협정을 개정하게 하는 경제안보 측면의 대미 설득 방안이 필요하다. 요약하면, 앞서 다룬 우라늄 농축을 중심으로 한 그랜드 바게인이 관건이다.

또한, 한국의 핵무장에 대한 동맹과 국제사회의 의구심을 완벽하게 해소할 수 없는 상황에서 과거와 같이 부인 또는 침묵하는 것이 아니라 북한에 대한 잠재적 대응 필요성은 설득력 있게 투명하게 전달하는 것도 필요하다. 한국이 처한 안보환경과 원자력 산업의 발전을 위한 '투명한 이중전략'으로 핵잠재력 요구를 통한 신뢰 쌓기가 필요하다.

앞서 언급했듯이, 현재 농축 우라늄 시장의 점유율은 러시아의 로사톰(약 40%)과 중국 CNNC(12%)가 상당 부분을 차지하고 있다. 이들이 세계 450개 민간 원자력발전소에 농축 우라늄을 공급하며 상업적 농축 우라늄 공급망을 과점하고 있는 상황에서 미국도 자국 농축 우라늄의 22%를 러시아에서 수입하고 있다. 미중러 간 패권 경쟁이 심해지는 가운데 만약 러시아나 중국이 농축 우라늄의 규모를 축소한다면, 미국을 포함한 주요 동맹파트너 국가들의 에너지 공급망에 미치는 영향은 지대해진다.

특히 한국의 경우에는 사실상 미국의 승인 없이는 우라늄 농축을 할 수 없기 때문에 우라늄 광석을 채굴 정련하는 과정부터 변환 및 농축, 성형가공(농축 우라늄을 원전에 맞게 가공)에 이르는 원전 연료 수급 과정에서 성형가공을 뺀 나머지의 공급망을 100% 외국에 의존하고 있다. 이러한 배경에서 유용원 의원실은 한국 정부가 미국과 민간 원자력발전소에 사용할 농축 우라늄 생산 및 공급을 위한 한·미·일 3자 국제 컨소시엄 구축을 제안한 바 있다. 미국이 필요한 바게인을 통해 자연스럽게 한미 원자력협정 개정도 이끌어낸다는 방안이다.

이외에도 미국도 소형모듈형원자로(SMR) 개발에 지대한 관심이 있다는 점도 주목해야 한다. 또한 이러한 SMR의 다수가 5%~20%에 사이의 HALEU를 필요로 하는데 현재 이를 공급할 수 있는 나라는 러시아가 유일하다. 신형 원자로를 열심히 개발하여도 이를 가동할 연료가 없거나 러시아로부터 수입해야 하는 상황이다. 이러한 문제의식으로 미국 에너지부는 2010년대 후반부터 고수준 저농축 우라늄 (5%-20%) 생산 시설을 확충하는 HALEU 프로그램을 검토해왔으나 아직 미진한 실정이다.

또한, 미국은 2022년 6월 러시아-우크라이나 전쟁에 따라 미국이 러시아산 우라늄 수입 금지를 검토한 바 있다. 그러나 농축 우라늄의 가격과 수급 현황을 고려하여 결국 미국은 전쟁 기간 동안 러시아산 에너지 자원의 수입을 모두 금지시켰으나 농축 우라늄은 제외했다. 미국의 상업 발전용 농축 우라늄은 약 20%가 러시아로부터 수입되는데, 2022년 전쟁 시기에도 상당 부분 유지됐으며, 2022년 러시아산 농축 우라늄 수출의 42%가 미국으로 향한 것으로 알려진다. 5~6% 비중을 차지하는 미국 내 러시아산 화석연료와 비교할 때 매우 높은 의존도이다.

참고로 미국의 러시아산 농축 우라늄에 대한 의존도는 "Megatons to Megawatts (메가톤을 메가와트로)" 프로젝트부터 시작되 됐다. 1993년부터 2013년도까지 이행된 "Megatons to Megawatts" 프로젝트는 러시아로부터 자국의 핵탄두용 고농축 우라늄을 희석하여 미국의 상업용 원자로에 쓰일 저농축 우라늄을 공급하게 했다. 20년에 걸쳐 진행되면서 양국은 총 20,000개의 러시아산 핵탄두를 제거하는 동시에 미국 전력생산의 10%를 공급하는 성과를 거두었으나, 미국의 러시아산 농축 우라늄 의존도를 높이게 됐다.

(4) 인력 양성

이외에도 핵잠재력 확보를 위한 인력 양성도 필요하다. 원자력 산업 종사자는 2022년 과학기술정보통신부 추계상 3만 5,000명에 달하지만, 이중 핵연료주기, 핵잠재력 차원의 인력은 미비한 실정이다. 특히 학교/기관을 중심으로 한 인력 양성이 요구된다. 몇 가지 유의미한 변화는 국내 원자력 공학과에 핵안보, 핵비확산과 같은 주제에 대한 교양과목이 신설되는 추세이다. 국제질서의 변화와 원자력 산업의 연계성에 대한 이해가 심화되고 있다. 그러나 핵잠재력 차원에서의 인력양성은 아직 출발점에도 서지 못했다고 보는 것이 맞다. 민감기술 영역을 포함하여 핵에 대한 안보·산업적 구현이 가능한 통합적 인재양성이 요구된다.

5. 결론

북한은 미국과 비핵화 협상 중에도 핵탄두 수를 늘리고 주요 투발수단인 미사일 개발을 이어왔다. 트럼프의 재집권으로 인한 불확실성 속에서 한국도 이제는 핵을 가져야 한다는 주장이 나오는 배경이다. 한미 확장억제 차원에서도 미국의 전술핵을 재배치하여 미국의 핵우산을 강화해야 한다는 주장과 나토와 유사한 핵공유 체제를 만들어야 한다는 주장도 지속된다.

이러한 논의 속에서 핵잠재력은 제3의 대안으로 떠오른다. 현실적으로 어려운 자체 핵무장과 동맹기반의 확장억제 조치의 갈림길에서 핵잠재력은 완전한 독자적 옵션과 완전한 동맹의존적 옵션의 장단점에 대한 타협점으로 보여지기도 한다. 그러나 본고에서 적시하였듯, 핵잠재력도 쉬운 길이 아니다. 한국의 입장에서는 핵잠재력이 독자적 핵무장 옵션보다는 자제력을 발휘한, 동맹과 국제사회를 고려한 절제된 옵션일 수 있지만, 동맹과 국제사회의 시각에서는 핵무장을 위한 경로의 추구로 인식된다. 무엇보다 핵에 대한 정책적 논의가 '일상화'(normalize)되는 현상을 지켜보며 한국

내 핵에 대한 금기가 빠르게 침식되고 있다는 평가다.

이상의 현실 속에서 한국이 핵잠재력을 확보하고자 한다면, 핵잠재력을 언급하지도 말라는 핵금기로의 회귀옵션이나 원자력 산업 측면에서 풀어나가야 한다는 점진적 옵션 모두 불충분하다. 핵잠재력 추구가 핵무장을 위한 경로가 아닌 한반도의 비핵화, 비확산체제를 유지하는 가운데 적국의 손익계산을 복잡하게 하기 위한 결정적 수단임을 미국과 국제사회에 설득시켜야 한다. 한국의 핵무장 가능성에 대한 의구심을 완벽하게 해소될 수 없는 상황에서 이를 부인 또는 침묵하는 것이 아니라 한국이 처한 안보환경과 원자력 산업의 발전을 위한 '투명한 이중전략,' '투명한 핵잠재력' 추구가 요구된다.

본 장에서 살펴보았듯이 최근 국제질서의 변화와 글로벌 우라늄 농축시장의 변화는 한국의 핵잠재력 확보에 기회일 수 있다. 기실 윤석열 정부는 이미 한미 정상회담에서 농축 우라늄을 포함한 에너지 공급망 확보를 위한 한미 공동의 협력을 강화해 나간다고 선언한 바 있다. 핵비확산 의지, 투명적 핵잠재력을 추진하되 한국이 처한 안보환경에 대한 국제사회의 이해를 도모하고, 트럼프 대통령의 거래주의에 대비한 경제안보 차원의 그랜드 바게인 기회들을 찾아가야 할 것이다.

제 6 장

북한의 실체와 대남전략의 본질

제 6 장 북한의 실체와 대남전략의 본질

손 재 락

퇴행적 체제인 북한의 대남전략은 정권수립 이후 결코 변하지 않았으며 2국가론도 그 연장선에 있다. 북한은 대남혁명 전략을 실행하기 위해 핵개발에 주력했으며 파상적인 전술로 핵무력을 완성했다. 핵보유에 이어 신냉전으로 접어들면서 북한의 입지가 더 확대되고 있다. 북한내 급변사태 가능성이 거의 희박한 가운데 진영화된 국제정세, 핵보유, 북·중·러 간 결집 등으로 인해 북한 정권의 내구성은 더 연장될 것이다. 핵을 이용한 대남혁명전략 추구가 상수가 된 상황에서, 앞으로 장기간 김정은 체제와 마주하면서 실효적 북핵억지, 남북현안 해결, 통일기반 구축 등 고차방정식을 풀어나가야 한다.

1. 북한의 디커플링과 안보딜레마

2024년 초 북한은 2민족 2국가론으로 대남정책 전환을 선언했다. 남한은 더 이상 같은 민족도 아니고 교전 중인 제1의 주적이라는 것이다. 그리고 흡수통일을 꿈꾸고 전면대결을 추구하면서 동족의식이 거세된 남한과는 통일논의 자체가 필요없고 통일의 길을 함께 갈 수도 없다고 했다. 북한의 노선전환에 대한 우리 내부의 반응은 다양하지만 대체로 상당한 충격으로 다가왔다. 일각에서는 북한의 주장을 그대로 수용하여 통일을 미루고 2국가론을 수용하여 평화에 집중하자고 주장한다. 북한을 조선으로 부르면서 2국가론 수용을 기정사실화하는 전문가들도 있다. 동시에 북한내부 주민들이나 해외 친북세력들도 김정은의 변화에 적응해가고 있지만 내부 동요를 수습하기가 쉽지 않다는 동향이 감지되고 있다. 김일성·김정일의 유언과 정책들을 일거에 격하·폐기한 데다 북한주민들이 생활고를 참고 견딘 명분이 식민지 남한의 해방, 즉 통일이었기 때문에 통일을 부정한 데 따른 내부동요를 잠재우는 데는 시간이 소요될 것이다.

남북한은 한 민족으로서 우리의 의사가 아니라 강대국이 주도하는 국제정치의 희생양으로 분단됐다. 그 후 남북은 동족상잔까지 치르면서 치열하게 대결해 왔으나 남북 간 체제경쟁은 종료됐고, 80여 년의 분단으로 인한 이질화는 점점 더 심화되고 있다. 그러나 북한은 패배에 승복하지 않은 채 전세를 뒤집기 위해 핵무장을 완료하고 이제 핵으로 남북을 강제 통일하겠다며 완전히 새로운 게임의 시작을 선언한 것이다. 북한이 대남관계에 있어 추진해오던 디커플링 시도가 완성된 것이라 할 수 있다. 미·중의 전략경쟁, 진영화되는 국제질서, 트럼프 행정부의 미국 우선주의 등은 각자도생의 정세가 장기간 지속될 가능성을 예고하고 있다. 북한은 이 틈새를 파고들었고, 그들의 전략적 입지는 과거와 비교할 수 없을 정도로 강화되고 있다.

북한의 핵무장이 한·미의 대응을 불렀고 한·미의 확장억제 진전이 러·북의 핵동맹로 이어졌다. 그리고 핵을 둘러싼 조치와 대응이 이제는 재래식 전력 분야로 확장되고 있다.[1] **남북 간 안보딜레마가 현실화되고 있는 것이다.**[2] 핵무장 이후 핵을 이용한 김정은의 도박은 전례 없는 조치이다. 게임체인저인 핵을 이용한 북한의 도발은 우리의 대응을 거의 외통수로 몰아가고 있다. 차원이 다른 새로운 게임에서는 차원이 다른 인식과 기준을 갖고 대처해나갈 수밖에 없다.

이 시점에서 왜 이러한 상황이 초래됐는지를 냉철히 분석하고 성찰한 후 교훈으로 삼아 같은 실패를 반복하지 말아야 한다. 어디서부터 잘못됐는지, 무엇이 잘못됐는지, 어떤 실책이 있었는지를 규명하고 앞으로는 어떤 방향으로 대응해야 하는지를 심각히 고민해야 한다. 한번 속으면 속인 측이 잘못한 것이고, 두 번 속으면 속은 측이 잘못한 것이며, 세 번 속으면 모두가 공범이라는 속담이 있다. 북한의 핵전략에 속은 이후 북한의 행태를 비판하고 있지만, 핵으로 우리를 위협하는 두 번째 게임에서 다시 속으면 전적으로 우리의 책임이다.

이러한 상황에서, 본 장은 북한의 본 모습에 대해 객관적 관점에서 들여다보고 그간의 대남전략·전술의 특징을 분석하여 시사점을 도출한다. 그리고 최근 제시한 2민족 2국가론의 함의와 대응

방향 등에 대해서도 총론적으로 검토한다. 동시에 북한 체제의 지속가능성에 대해 평가하고 향후 우리의 대응에 있어 유의할 사항들을 제시하고자 한다.

2. 북한 체제의 진면목

(1) 수령이 군림하는 봉건적 계급사회

광복 후 엄혹한 냉전시기에 스탈린의 지원으로 수립된 김일성 정권은 노동자·농민이 주도하는 프롤레타리아 독재 체제, 즉 인민민주주의 건설을 내걸었다. 그러나 실상은 마르크스-레닌주의에 기초한 일당 지배 체제와 계획경제 시스템을 이식한 수령 주도의 봉건적 왕조 체제로 귀결됐다. 이는 1950년대 중·소 이념분쟁이 격화된 후 생존을 위해 주체사상을 제시하면서 실체가 분명히 드러났다. 주체사상은 '사람이 모든 것의 주인이고 모든 것을 결정한다'는 인간중심 사상이라며, 사상에서의 주체, 경제에서의 자립, 정치에서의 자주, 국방에서의 자위를 내세웠다. 그러나 **그 핵심은 '모든 인민이 사회역사의 주체가 되기 위해서는 인민의 뇌수이자 최고 영도자인 수령에게 절대 복종해야 한다'라는 것이었다**. 수령 1인을 위해 복무하는 체제라는 진실이 교묘하게 은닉된 것이다.

오늘의 북한은 김씨 일가가 3대에 걸쳐 세습하면서 통치해온 지구상의 유일무이한 나라이다. 김정은은 집권 후 김일성의 주체사상과 김정일의 선군사상을 토대로 한 김일성-김정일주의를 창조하여 수령 체제를 이어가고 있다.[3] 수령을 위해 고안되고 엄격히 시행되는 것 중 하나가 '당의 유일적 영도 체계 확립의 10대 원칙'이다.[4] 그 중 핵심적인 조항은 온 사회를 김일성·김정일주의화하기 위해 몸바쳐 투쟁하라(1조), 김일성·김정일의 권위 및 당의 권위를 절대화하여 결사옹위하라(3조), 김일성·김정일의 유훈 및 당 노선·방침의 관철에서 무조건성 원칙을 철저히 준수하라(5조), 김일성·김정일의 주체혁명·선군혁명 위업을 백두혈통으로 영원히 이어나가 주체의 혁명전통을 끊임없이 계승발전하라(10조) 등이다. 이것이 절대적 원칙으로 자리잡은 체제에서는 현대 민주주의국가의 시스템이 발을 들여놓을 공간이 있을 수가 없다. 인민들은 오로지 수령을 위해 존재하는 도구에 지나지 않기 때문이다.

민주국가에서는 헌법이 사회 전반을 규율하는 최고의 규범이다. 그러나 **북한의 규범 체계는 수령 교시→ 유일영도 10대원칙→ 노동당 규약→ 헌법→ 법률 순서**가 되어 수령의 말이 최상의 규범이다.[5] 그리고 **수령의 혈통을 대대로 이어나가는 권력세습은 최고의 성문 규범이므로 4대 세습은 당연한 것이다.** 동시에 노동당은 국가권력을 독점적으로 행사하며 입법·행정·사법부보다 상위에 있고, 노동당의 수장인 당 총비서 김정은의 지시를 받아 모든 영역에 있어 북한 주민을 지도하고 통제한다.[6]

북한은 평등사회라고 선전하지만 실제로는 주기적 조사를 통해 출신 성분 별로 계층을 엄격히 구분하는 계급사회이다. **출신성분 간에는 의식주, 진학, 직장선택, 승진등 생활 전반에서 차별이 고착되어 있고 능력과 관계없이 대물림되는 구조적 불평등 사회이다**. 신분은 3계층으로 분류된다.[7] 상류층인 핵심계층(30%)은 정권유지에 근간이 되는 충성세력으로 김씨 가계와 친인척, 혁명가 가족, 고위간부층, 영예 군인, 전사자 가족 등이다. 직장과 직업과 중류층인 기본계층(50%)은 일반 노동자, 농민, 사무원 등이며, 정권으로부터 특별한 시혜도 없으며 순종할 경우 큰 박해도 받지 않는 보통 주민이다. 일부 핵심계층으로 상승하는 경우도 있다. 복잡계층(20%)은 지주, 친일파, 종파분자, 교화소 출소자, 종교인, 월남자 가족 등 정권에 불만이 있거나 범죄경력이 있는 반동분자들이다. 이들은 교화, 혁명화, 고립 등으로 관리하는 대상이다. 북한정권은 주민들에게 소속된 계층에 순종할 것을 요구하며 상위계층으로의 이동을 시사하면서 충성을 유도하고 있다.

김씨 일가는 정권유지를 최고의 국가목표로 설정하고 수령 우상화와 함께 체제유지에 위해가 되는 활동은 철저히 통제해왔다. 모든 기관 · 단체에 당 위원회를 두어 당 소속 인원들이 조직과 소속인원들을 감시한다. 모든 주민은 소년단(초중고생), 사회주의애국청년동맹(청년, 학생), 노동당(당원), 조선농업근로자동맹(농민), 조선직업총동맹(노동자, 사무원), 조선사회주의여성동맹(전업주부) 등 공식조직에 의무적으로 가입해야 한다. 이들 조직을 통해 통제받고 생활 평가회의를 주기적으로 시행하며 각종 활동에 동원된다.

국가보위성 · 인민보안성 등 정보 · 공안기관은 주민들의 동향을 은밀히 감시 · 통제하며, 도청, 임의 체포 · 구금, 고문, 처형 등 주민에 대한 인권 침해가 만연하다. 특히 반체제 언동이나 활동을 한 간부 · 주민들은 비밀리에 정치범수용소로 강제 구금되며 연좌제가 적용된다. 북한 주민이 권리와 이익을 침해당했을 경우, 이를 회복하기 위한 신소제도가 있고 이를 규율하는 신소청원법이 있다.[8] 그러나 이는 기관 · 기업소 · 단체와 개별 일군에게만 제기가능하고 행정법 영역의 권리 · 이익만 대상이므로 체제 · 수령에 대한 비판, 노동당 정책 개선, 개혁 등을 요구하는 것은 원천적으로 불가능하다.[9]

북한에는 2개의 가정이 있다. 혈연에 의한 일반적 가정과 수령을 어버이로 하는 사회주의 대가정이다. 사회주의 대가정의 구성원인 북한 주민들은 어버이 수령에게 충성과 효성을 다하도록 요구받는다. 그리고 수령에 대한 무조건적 충성은 수령의 영도, 수령의 절대성에서 기인하며 수령은 절대 오류를 범하지 않는다는 무오류성으로 연결된다. 따라서 노동당의 정책 실패는 수령이 아닌 담당 고위간부들의 책임이 되고 그로 인해 간부에 대한 숙청 · 공개처형이 위기 상황에서 빈발한다. 이러한 환경에서 중고위 간부들은 수령에 대한 절대 충성을 맹세하고 우상화 경쟁을 하면서 생존과 기

득권을 보장받고 있다.[10]

경제적으로 북한은 토지, 건물, 자원, 원료 등 생산수단을 개인이 아닌 국가 또는 협동단체가 소유하고, 자원 대부분이 국가의 계획기구를 통해 배분되며 가격도 시장이 아닌 중앙 계획당국에 의해 결정된다. 이로 인해 경제의 구조적 비효율성이 만연하고 만성적 공급부족이 일상화됐다. 배급제도도 1990년대 고난의 행군이후 무실화되어 주민들은 장마당에 의존하고 있으며, 거시적 경제지표는 2016년부터 2021년까지 2019년을 제외하고 매년 마이너스 성장이었다.[11]

(2) 600년 전 왕조시대보다 더 후진적인 체제

북한을 쉽게 이해하려면 다른 체제와 비교해 보면 된다. 우리 역사상 조선은 3차례 존재했다. 1조선은 단군 조선, 2조선은 이성계 조선, 3조선은 김일성 조선이다. 조선 왕조는 전제군주가 통치하는 계급 · 신분사회였고 신분은 대체로 권문세가를 포함한 양반, 양인(평민), 천인 · 노비 등으로 구성됐다. 조선 초에는 400-600만 명의 인구 중 10% 미만의 양반이 지배하는 나라였다. 왕은 백성을 위한 통치를 지향했지만, 실제 양인은 생산을 담당하는 피지배층으로서 재정확보 목적의 국역을 부과하기 위한 수단이었고 노비들은 재산으로 간주됐다. 양인 · 천인들은 통치의 대상으로서 권익 향상보다는 조세징수, 군역부과 등 수탈의 대상이었다.[12] 조선왕조와 북한을 비교해 보면 다음과 같다.

[표 6] 조선왕조와 북한

구분	조선(1392~1910)	조선민주주의인민공화국(1948~)
최고권력자 성격	세습 전제군주(왕)	세습 전제군주(수령=신(神))
최고권력자 위상	절대권력, 만백성의 어버이	절대권력, 사회주의 대가정의 어버이
최고권력자 특징	무오류성	무오류성
최고권력자 선정	선대에서 지명, 후계 교육	선대에서 지명, 후계 교육
최고권력자 부인	왕비 · 후궁 등 다수(공개)	다수(본부인 외 비공개)
백성과의 관계	절대적, 무조건적 충성 * 수탈의 대상	절대적, 무조건적 충성, 결사 옹위 * 동원 · 착취의 대상
대국민 소통	지시, 언로개방, 간언, 상소	지시, 언로 폐쇄, **간언 · 상소 불가**
치국 원칙	왕도 · 인덕정치, 공개처형 * 권력암투 · 사화(士禍) 빈발	**억압정치**(감시, 통제, 고문), 공개처형 * 권력암투 · 숙청 빈발
사회 성격	신분 · 계급 사회 * 일부 신분 대물림(약한 음서제)	신분 · 계급사회 * 신분 · 직업의 완전한 대물림(강한 음서제)

이상과 같이 조선왕조와 조선민주주의인민공화국은 공통점이 매우 많다. 그러나 치국원칙이나 백성과의 관계까지 감안하면, **북한이 600여 년 전의 조선왕조보다 훨씬 더 후진적인 체제라는 것이**

자연적으로 드러난다.

(3) 기득권 유지를 위한 퇴행적 통치 고수

김씨 수령들은 자신의 애민정신을 선전하면서 주민들을 전제통치에 동원해왔다. '인민 모두가 기와집에서 이밥(쌀밥)에 고깃국을 먹으며 비단옷을 입고 사는 부유한 생활을 누리게 될 것이다(김일성)', '줴기밥(주먹밥)에 쪽잠을 자며 인민들을 걱정하고 있다(김정일)' 등이 대표적 사례이다. 그러나 정권수립 후 70여 년이 지난 지금에도 쌀밥은 커녕 만성적 식량부족으로 인해 주민들은 생계를 이어가는데 급급하고 일부 지역에서는 아사자까지 나온다. 이러한 기만적 통치는 김정일의 요리사로 1988~2001년간 일했던 후지모토 겐지의 수기가 발간되면서 그 실상이 적나라하게 드러났다. 고난의 행군 당시 수십만명의 주민들이 굶어 죽어가는 상황에서 김정일은 호의호식하면서도 주민들을 그대로 방치한 것이다. **수령들의 애민정신 구호는 주민 동원과 착취를 위한 거짓 선전이자 기만일 뿐이다**. 김일성이 후계자 수업중인 김정일에 강조한 말이 그들의 진정한 의도를 대변해준다. 김일성이 '짐승도 배가 부르면 옆에 있는 먹이도 물지 않고 누워 잔다. 인민도 배가 부르면 통치자 말을 듣지 않으니 주민들이 배를 곯게 정치하라'고 했다는 것이다.[13] 상당수 엘리트 탈북민들이 이 말이 사실이라는 데 동의하며, 북한정권이 주민들의 순응과 세뇌를 위해 추진해온 대대적인 노력동원 운동이 이를 방증해 준다.[14] 속도전의 의미가 내포된 운동·전투들은 사회주의 강국 수립을 위한 것이라고 선전하지만 실상은 체제단속과 내부결속이 중요한 목표가 된다.[15]

주민들의 생활고를 해결하고 경제를 발전시키려는 의지가 있다면 사회주의 국가인 베트남이나 중국의 사례를 벤치마킹하면 충분히 가능하다. 그러나 수령과 핵심계층들은 자신들의 기득권 상실을 우려하여, 독일 통일 후 동독 고위관료들의 추락된 지위를 반복 교육하면서 체제를 계속 옥죄어왔다. 계급사회인 북한에서 지배층이 중하위 계층 주민의 삶에 대해 큰 관심을 가질 이유가 없고 동기도 유발되지 않기 때문이다. 6.25 전쟁 후 잿더미에서 같이 출발한 남북한의 오늘날 상황과 3.4만여 명의 탈북민들은 지도자의 철학·역량과 그들의 정책의 얼마나 중요한지를 상기시켜 준다.

대북 사업 중 간첩 혐의로 체포됐다가 미·북정상회담 직전 풀려난 재미교포 김동철 목사가 북한의 실체에 대해 정확히 증언한 바 있다.[16] 그는 '북한에 대해 알면 알수록 어떻게 이런 정권이 지구에서 살아남는지 궁금했으며, 구금 후 무장경관 8명이 24시간 감시하여 자살도 할 수 없었다. 북한은 사회주의도 공산주의도 아니며 상상할 수 있는 가장 통제된 노예 시스템의 나라였다"라고 회고했다.[17]

(4) 이중적이고 모순적인 남북관계

남북관계에 있어서 북한은 또 다른 실체이다. 유엔 동시가입 이후 국제정치 무대에서 한반도에는 2개의 주권국가가 존재한다는 것이 공인됐다. 반면, 남북은 기본합의서를 채택하여 남북이 특수관계라는 데 합의했다. 즉 남북은 나라와 나라 간의 관계가 아니고 통일을 지향하는 과정에서 잠정적으로 형성된 특수한 관계라는 것이다. 좀 더 현실적으로 말하면, **통일 시까지 남북은 국가가 아닌 지역정부로 공존하면서 서로 실체를 인정하자고 정치적으로 합의한 것이다**. 그래서 남북관계에서는 국기 · 국호를 사용하지 않았고 노태우 정부가 만든 한반도기를 사용했으며 호칭도 남측 · 북측으로 불러왔다.

다른 한편에서, **남북한은 각기 헌법과 노동당 규약에서 One Korea 정책을 추진해왔다**. 북한은 공산주의 사회 건설을 최종 목표로 내걸고 적화통일 전략을 고수해오고 있다. 특히 핵무력 완성 이후에는 '강력한 국방력에 의한 조기 통일'을 강조하면서 핵공격까지 위협하고 있다. 나아가 2024년 초 김정은은 북한은 남북이 동족이 아니고 적대적 2국가라고 선언하면서 전쟁발발 시 핵으로 남한 영토를 점령 · 평정 · 수복하여 북한에 편입시키겠다고 주장했다.

우리 헌법은 자유민주적 기본질서에 입각한 평화통일을 추구한다(§4). 국내법적 견지에서 보면 북한은 대한민국 영토이며(헌법

§3) 국가보안법은 북한을 반국가 단체로 본다. 반면 남북관계발전법은 기본합의서와 동일하게 남북관계를 특수관계로 규정하고 있다(§3). 현실적으로 북한, 특히 북한정권은 전쟁과 각종 도발을 통해 우리 국민의 생명과 재산을 침해하고 위협해 온 주적으로서 휴전선을 경계로 군사적으로 대치하는 현존하고 명백한 직접적 위협이다. 동시에 북한은 동족으로서 협상과 통일의 대상이다.

북한이 2민족 2국가를 선언했다고 해서 단군 조선 이래 5,000년을 이어온 한(韓)민족의 일부가 인위적으로 다른 민족이 될 수 없는 것은 불문가지이다. 그리고 북한의 각종 도발이 우리 국민에게 직접적 피해를 초래하는 데다 북한 당국자들과 대화 · 교류를 하지 않고서는 평화정착, 이산가족, 납북자, 억류자 등 남북 간 여러 현안을 해결할 수가 없다. 나아가 3단계 과정(화해 · 협력→ 남북연합→ 통일)을 거쳐 평화통일을 성취하려면 북한과의 관여를 통해 민족동질성을 증진하는 등 통일기반 구축 노력을 부단히 해나가야 한다.

결국, 남북한에 대한 법적 · 정치적 · 현실적 측면을 모두 고려하면 **남북관계는 이중적이고 모순적인 관계**라 할 수 있다. 따라서 **남북관계는 발생되는 제반 현상들에 대한 단일한 논리적 설명이 불가능하고, 완전한 관계단절이나 무제한적 관여도 곤란하며, 적대적이지만 일정 수준의 관계도 유지해야 하는 복잡한 구조**라고 할 수 있다.

3. 북한의 대남전략

북한이 사용하는 전략 · 전술의 개념은 스탈린이 쓴 레닌주의의 기초(1924)라는 혁명 지침서에 토대를 두고 있다.[18] 전략이란 혁명의 각 단계에서 프롤레타리아의 주요 타격 방향을 규정하고 혁명 역량을 배치하기 위한 적절한 계획을 작성하는 것으로 혁명 각 단계의 처음부터 끝까지 일관되게 실행되는 것이다. 따라서 전략은 주어진 혁명 단계 내에서는 변하지 않고 그 목표를 달성하기까지 장기간 지속된다.

북한의 대남전략은 프롤레타리아가 전 세계를 지배하는 사회를 만들겠다는 공산주의 혁명전략의 일환으로 한반도 전체를 공산화하겠다는 것이며, 노동당 규약에 상세히 규정되어 있다. 1956년 4월 제3차 당대회에서 당 규약을 개정하면서부터 노동당의 당면목적과 최종목적을 구분 기술했는데, 전국적 범위에서 반제반봉건 민주개혁(당면목적), 공산주의 사회건설(최종목적)이라고 명시했다.[19] 전국적 범위는 남한을 대상으로 하는 전략이라는 것이다.

당규약은 주변 정세와 필요에 따라 수차 개정됐다.[20] 특히 2021년 당규약 개정 시 민족해방민주주의 혁명이라는 단어가 '사회의 자주적이며 민주주의적인 발전'으로 대체됐는데, 이에 대해 상당수 전문가들은 북한이 통일전선전술을 포기했다고 주장했다. 그러나 당규약 서문에 '노동당은 전 조선의 애국적 민주역량과의 통일

전선을 강화 … '라는 내용이 존재하는 데다, 북한 정치사전에 따르면 통일전선전술을 포기하지 않았다는 결론에 이르게 된다. 1973년판 정치사전은 민족해방민주주의 혁명을 '식민지 및 반식민지 나라들에서 제국주의 침략세력과 국내 반동세력을 때려 부수고 민족의 독립을 이룩하여 봉건적 착취관계를 청산하고 나라의 민주주의적이고 자주적인 발전을 실현하는 혁명'이라고 설명하고 있다.[21] 여러 혁명투쟁 과정을 거쳐 최종 단계인 '민주주의적이고 자주적인 발전을 실현'하는 것이 민족해방민주주의 혁명이라는 것이다.[22] 즉 '사회의 자주적이며 민주적인 발전'이 민족해방민주주의 혁명과 동일한 의미를 가지고 있다고 볼 수 있다. 이로 볼 때 **민족해방민주주주의 혁명 단어를 삭제한 것은 기만적인 용어 혼란 전술의 일환이며, 통일전선전술을 결코 포기한 것이 아님을 알게 된다**.

다음 쪽 [표 7]에 요약된 북한의 대남전략 변천과정을 보면 **김일성이 정권을 수립한 이후부터 지금까지 그들의 대남전략은 결코 변하지 않았음을 알 수 있다.** 그리고 김일성은 1975년에도 대남전략이 변하지 않았음을 재확인했다. 캄보디아 · 베트남 등 인도차이나반도의 공산화가 정점에 도달한 1975년 4월 중국을 방문하여 '남조선에 혁명적 상황이 생길 경우 모든 지원을 아끼지 않을 것이고, 전쟁을 통해 남조선 인민이 잃을 것은 분계선이고 얻을 것은 통일'이라고 연설했다. 동시에 중국 지도부에 남침에 대한 군사적

[표 7] 노동당 규약상 대남전략(당면 · 최종 목적) 변천 과정

구분		제정(1946)	1956	1961	1970	1980	2010	2016	2021
당면목적	북한	부강한 민주주의적 조선 독립국가 건설 (* 당면·최종 목적 미구분)	반제 반봉건 민주개혁 (* 당면목적 미구분)	사회주의의 완전한 승리	좌동	좌동	사회주의 강성대국 건설	사회주의 강성국가 건설	부강하고 문명한 사회주의 사회 건설
	전국적 범위 (*남한)			반제반봉건 민주주의 혁명	**민족해방 인민민주주의혁명**	좌동	**민족해방 민주주의 혁명**	민족해방 민주주의 혁명	**사회의 자주적이며 민주주의적인 발전**
최종목적			**공산주의 사회건설**	좌동	좌동	온 사회의 주체사상화/공산주의 사회건설	온 **사회의 주체사상화**	온 **사회의 김일성-김정일주의화**	인민의 이상이 완전히 실현된 공산주의 사회건설

지원을 요청했으나, 미국과의 데탕트를 추진했던 중국이 거절했다는 것이다.[23] 2021년 당규약 개정 이후 북한을 대변해온 조선신보는 2021년 6월 7일 보도에서 '강력한 국방력에 의거 조국통일을 앞당기려는 노동당 방침은 노선변화가 아니며, 우리국가제일주의 시대에도 일관되는 확고부동한 방침'임을 에둘러 강조했다.

2024년 1월 북한은 남북관계를 동족이 아닌 교전 중인 적대적 2국가라고 선언하고 전쟁발발 시 핵무력 등 모든 수단을 동원하여 남한을 완전히 점령 · 평정 · 수복하여 북한에 편입시키겠다고 공언했다. 그들의 변하지 않은 대남전략의 실체가 핵무력 완성 후 7년 만에 다시 명명백백하게 드러난 것이다. 일각에서 북한이 '전쟁발발 시' 남한을 평정하겠다고 선언하여 우리가 북한을 공격하지 않

는 한 우리에게 핵을 사용하지 않을 것이라는 분석을 한다. 그러나 그것은 희망적 사고(wishful thinking)에 기인한 편향된 분석이라고 할 수 있다.

김정은은 2022년 4월 25일 인민군 창건 90주년 행사에서 '북한 핵무력의 기본사명은 전쟁억제에 있지만 어떤 세력이든 북한의 근본이익을 침탈하려 든다면 핵무력은 자기의 둘째가는 사명을 결행하게 될 것'임을 강조했다. 그리고 둘째 사명에 대해 북한은 '제2의 사명은 분명 방어가 아닌 다른 것'임을 2023년 1월 1일 노동신문을 통해 확인한 바 있다. 나아가 2022년 9월 8일 채택된 북한의 핵무력정책법은 대북공격이 임박했다고 판단하거나 핵무기로 대응할 수밖에 없는 불가피한 상황이 조성되는 경우 등 임의적 판단에 의해 핵을 선제적으로 사용할 수 있는 경우를 광범위하게 규정하고 있다. 6.25 남침 전례, 기만 · 술수로 일관했던 북핵개발 과정, 강력한 국방력에 의해 조국통일을 앞당긴다는 노동당 방침, 2민족 2국가론 등을 고려하면 북한의 대남전략은 시종일관하게 지속되고 있다.

4. 북한의 대남전술

(1) 끊이지 않은 통일전선전술과 강온공세 배합전술

북한의 대남전술은 그들의 대남전략을 실행하기 위한 것이다.

전술의 사전적 의미는 전쟁 또는 전투 상황에 대처하기 위한 기술·방법 또는 일정한 목적을 달성하기 위한 수단·방법 등으로 정의된다.[24] 그러므로 전술은 전략의 하위개념이다. 이로 볼 때, 북한의 대남전술은 전국적 범위에서 공산주의를 건설한다는 대남전략을 완수하기 위한 혁명관련 각종 운동·행동의 형태를 결정하는 방침으로서, 특정한 교전·전투 등에서 승리하기 위한 것이다. 전략에 비해 단기간에 실행되는 전술은 투쟁 형태·구호 등이 수시로 변화된다.

북한 정권은 정권수립 이후부터 현재까지 자신들이 판단하는 정세에 맞는 수준의 다양한 대남 전술을 구사해왔다.[25] 그중 **북한이 대남전략 실행을 위해 정권수립 이후 변하지 않고 지속적으로 구사해 온 대표적 전술은 통일전선전술이다**. 통일전선전술은 혁명추진 과정에서 공산당만으로는 불가능하므로 필요한 동조자를 확보한 후 그들과 동맹체를 형성하여 투쟁해나간다는 전술이다.[26] 그 원칙은 하층민을 대상으로 한 통일전선을 기본으로 하고 상층민을 대상으로 한 통일전선을 결합시키며 낮은 형태의 공동투쟁을 높은 형태의 공동투쟁으로 발전시키는 동시에 부분적 연합에서 전면적 연합으로 나아가는 것이다.[27]

김정일은 1997년 '남한의 자본가이건, 군 장성이건, 집권세력 상층이건 무관하게 손잡고 나갈 것'이라며 상층부를 대상으로 한 통일전선을 강조하면서 전방위적 통일전선전술을 구사했다. 나아가 김정은 시대에는 과학과 정보통신의 발전에 편승하여 전통적 방식에 인터넷 공간의 사이버 활동을 결합한 하이브리드식 통일전선전술도 구사하고 있다. 이를 통해 선전 · 대남공작은 물론, 해킹 · 사이버 테러, 군사정보 및 금전 탈취로까지 진화하고 있다. 북한의 통일전선전술은 일정 성과가 있었다. 우리 사회 내부에 주체사상을 신봉하거나 동조하는 주사파 세력의 광범위한 존재는 그것을 보여주는 방증이다.

이와 함께 **북한은 통일전선전술의 연장선에서 대화 · 협력과 비평화적 공세를 배합하는 강온전술도 상시적으로 구사**했으며, 이는 남북관계나 주변정세가 우호적이든 적대적이든 다를 바가 없었다. 다만, 남한 정부의 정책이 유화적이거나 북한의 대내외 환경이 우호적이었을 경우, 비평화적 공세의 빈도 · 강도가 일부 감소했을 뿐이다.

(2) 대남전술의 파상적 변천

북한 대남전술의 변화 과정을 살펴보자. 1945년 조선노동당 결성 당시부터 1953년까지는 전면적인 군사공격 전술을 구사한 시기였다. 주한 미군으로 한반도 전역에서 혁명을 추진할 수 없게 되자, 유리한 조건이 구비된 북한을 기지로 삼아 혁명역량을 강화한 후에 전국적 범위에서 공산화 혁명을 하겠다는 '혁명적 민주기지론'에 의거 진행된 것이었다. 김일성이 국토완정론[28]을 제기하면서 군사력을 증강하고 중러의 지원을 확약받은 동시에 남한 내 게릴라 활동을 통해 사회혼란을 조성하면서 침공을 전격적으로 감행한 것이었다.

전후(戰後)부터 1960년대 말까지는 전쟁 복구와 체제 정비에 주력하면서 남한 내 4.19, 5.16 등 정치적 격변을 계기로 남한정세에 맞는 맞춤형 강온전술을 구사한 시기였다.[29] 1970년대~1980년대는 대남혁명 투쟁을 지속하면서도 미 · 중 간 데탕트나 88올림픽 등으로 인해 제한적이지만 남북대화가 병행된 시기였다.[30] 1990~1997년에는 소련과 동구권 붕괴 이후 체제유지를 위해 방어적 전술을 구사한 시기였다. 소련 해체 · 독일 통일 등으로 냉전이 종식되자 체제에 초래될 위기를 차단하기 위해 각종 방어적 조치를 취했다.[31]

권력을 이어받은 김정일 시기에는 대홍수 등 자연재해로 인해 아사자가 속출했고 외화난, 에너지난도 가중되어 총체적 경제위기에 직면하게 되자 대남 전술을 조정하지 않을 수 없었다. 1998년 김대중 정부가 햇볕정책을 추진하자 김정일은 위기극복을 위해 정치 · 경제적 실리확보 전술로 전환했다. 2007년까지 민족공조론을 제기하면서 대남 유화책을 적극 전개한 시기였다. 6.15 선언 채택을 계기로 '우리 민족끼리' 담론을 본격 주장하면서 민족공조를 통해 통일 문제를 자체 해결하고 미국의 대북 압박정책을 분쇄할 것

을 촉구하면서 대남 실리획득을 위해 남북관계를 전방위적으로 활성화시켰다.[32]

2008년부터 2020년까지는 국제사회의 다층적 대북 제재에도 불구하고 핵무력 조기 완성을 위해 핵 · 미사일 발사 도발을 지속했다. 남한 정부의 대북정책 방향에 따라 대화 · 협력 등 유화적 조치와 비평화적 도발공세를 상황에 맞게 배합하여 실리 획득과 '남한 길들이기'를 병행했다. 이명박 · 박근혜 정부 기간에는 공세적 조치를 빈번히 감행하는 가운데, 대화 · 협력보다 중 · 고강도 도발에 치중하면서 보수적 대북정책에 맞대응했다. 이 기간중에는 이전 시기부터 진행해온 대화 · 협력을 이어왔으나, 이전보다는 대폭 위축됐고 핵실험 · 미사일 발사, 대남 군사도발 등 공세적 조치를 한층 더 증대시켰다.[33] 이는 김정은이 권력을 승계한 후 내부통제와 권력기반을 공고화하는 한편 핵무기 조기 완성을 위한 기술적 진전을 도모하려는 것이었다. 특히 핵관련 비평화적 공세는 핵실험 4회(2009.5, 2013.2, 2016.1, 2016.9), 단 · 중 · 장거리 미사일 발사 75회(총202발)였고 2014년부터 2016년 간에는 상대적으로 더 빈발했다.[34]

핵개발 가속화를 위한 북한 내부 조치와 핵 · 미사일 관련 도발로 인해 한 · 미의 대선을 앞두고 초강경 대치국면으로 치달았다. 2017년 문재인 정부로 교체되고 1년도 안 되어 북한은 핵무력 완성을 선언했다. 동시에 북한은 평창올림픽을 계기로 문재인 정부의 한반도 정책에 호응하면서 핵보유 기정 사실화 및 정치 · 경제적 실리추구 전술로 회귀했다. 우리 정부의 중개로 2차례의 미북 정상회담을 개최했으나 북한의 비핵화 의사가 전혀 없어 애당초 성공할 수 없었던 것이었다.

2017년부터 2020년 간에는 북한이 남북관계에 전방위적으로 호응하여 대화 · 협력 관련 조치가 대폭 확대됐으나 동시에 핵능력 강화를 위한 도발도 병행됐다.[35] 유화적 조치로는 남북 정상회담 3회(2018.4, 2018.5, 2018.9), 장관급회담을 비롯한 각종 남북회담이 33회 있었고, 미 · 북 정상회담도 2회(2018.6, 2019.2), 남 · 북 · 미 정상 회동(2019.8) 등이 있었다. 남북 간 합의서는 정상 간 합의서 2건을 포함, 총 23건의 합의서가 채택됐으며 남북 간 왕래인원은 18,061명, 교역액은 4,400만불이었다.[36] 비평화적 강경조치로는 핵실험(2017.9), 탄도미사일 발사 33회(57발)를 감행했으며 2017년 11월 29일 국가핵무력 완성을 최종 선언했다.[37] 대화 · 협력기간 중에는 핵 · 미사일 관련 시험 위주로 공세적 조치를 전개했으나, 하노이 미 · 북정상회담이 성과없이 결렬된 이후부터는 남한에 대한 여러 중 · 고강도 강경조치들을 감행했다.[38]

2021년부터는 북한이 남북기본합의서 체제와 '우리 민족끼리'에 기반한 남북관계는 더 이상 실익이 없다고 판단하여, 새로운 대남 노선으로의 선회를 추진한 시기라 할 수 있다. 신냉전에 진입한 국제정세와 남북관계 구조하에서 자신들이 원하는 것을 확보하는 것이 불가능함을 인식하고 새로운 노선을 제시하면서 강압전술을 본격화한 것이다.[39] 그러한 전술의 추진 배경은 다음과 같이 추론할 수 있다. 김정은은 2011년 권력 승계후 통치 기반을 강화하면서 체제의 진로, 대남·대외 전략 방향 등을 검토했을 것이다. 남한과의 경쟁에서 이기는 것이 불가능하다는 판단하에 체제방어를 위해 남한에 의한 흡수통일을 저지하고 정권생존의 길을 모색하는데 집중했을 것이다. 한 단계 더 나아가, 완성된 핵무력을 고도화하여 핵이 포함된 무력으로 대남혁명을 완수하게 된다면, 수세적 입장을 벗어나 남한보다 전략적 우위에 서서 주도권을 행사할 수 있다고 판단했을 것이다. 이를 통해 정권기반도 더 공고화할 수 있고 내부에 미칠 자본주의 황색바람을 차단할 수 있는 명분도 확보되는 효과까지 거둘 수 있다. 신냉전이 심화되면서 북한에 유리하게 전개되는 북핵 고도화 여건도 노선전환에 기여했을 것이다.[40]

이로 볼 때, 2024년 초 단행한 **2국가론으로의 노선전환은 갑작스럽게 선포한 것이 아니라 권력승계 이후 장기간의 검토과정을 거쳐 진행된 것으로 볼 수 있다.** 그것은 그들이 취해 온 다음과 같은 조치들로부터 추론된다. 우선, 북한은 2015년 남한보다 30분 늦은 평양시각을 제정하여 2국가론을 위한 첫발을 내디뎠다. 이는 김정은이 체제경쟁에서 남한에 패배했다는 인식하에 수세적 입장에서 2국가론을 염두에 두고 취한 최초의 조치였다. 비록 평양시각이 2018년 남북간 유화국면 조성에 따라 전술적으로 폐기됐지만 앞으로 언제든 다시 적용할 수 있는 가역적 조치인 것이다.

다음으로 2017년 11월 핵무력 완성을 내외에 공포한 후 '우리 국가제일주의' 담론을 강조한 것을 들 수 있다.[41] 북한이 민족 아닌 국가 개념을 제시하고 강조한 것은 정상적인 국가임을 과시하면서 장차 남북 간 새로운 관계를 정립하려는 사전 포석이었다고 할 수 있다. 2018년 각종 담화나 언론기사를 통해 그 의미·배경을 설명한 후 2019년 신년사에서 김정은이 국가적 어젠다로 우리국가제일주의를 공식화하면서 이론적 토대를 정립해나갔다. 우리 국가제일주의는 '국가부흥시대의 새로운 이념으로서 중대한 역사적 전환기에 들어선 시기에 전체 주민들이 이 기치에 따라 사회주의 건설을 힘있게 추진해야 한다'라는 것이다. 이는 핵무력을 완성한 국가로서의 지위를 토대로 주민들에게 국가적 자긍심을 높이고, 국제무대에서 정상국가로서 지위를 확보하겠다는 함의를 가지고 있다. 동시에 선대 수령들이 진행해온 과업이 김정은 시대에 최종 빛을 발한 것으로 선대의 혁명 계승임을 강조하는 동시에 완결자인 김정은의 위상을 부각시키려는 것이다.[42]

그 다음으로 2019년 10월 김정은은 금강산을 방문한 자리에서 '국력이 여릴 적에 남에게 의존하려 했던 선임자들의 의존정책은 매우 잘못됐다'고 선대 수령의 대남정책까지 격하시켰다. 그리고 2021년 1월 8차당대회에서 '통일이라는 꿈은 더 아득히 멀어졌다'라며 대남비서를 폐지하고 핵무력 고도화에 박차를 가할 것을 강조했다. 나아가 2021년 3월 김여정 노동당 부부장이 '현 정세에서 존재이유가 없어진 조평통 정리문제와 남한과는 앞으로 교류협력이 필요 없으므로 금강산 국제관광국 등 관련기구를 없애는 문제를 검토중이다'라는 담화를 발표한데 이어 2023년 7월 담화에서 남조선이 아니라 대한민국, 한국이라는 국호를 최초로 사용했다. 그리고 2023년 7월 현정은 현대그룹 회장의 '금강산 방문 신청'에 대해 그 업무를 관장해온 아태위가 아니라 외무성 국장이 '아태위의 방북승인권 부재, 입북 불허' 요지의 담화로 응답했다.

이상과 같은 일련의 과정을 거쳐 북한은 2023년 12월 당중앙위 전원회의를 개최하여 남북이 '2민족 2국가'임을 공식 선언했고 이후 대남 강압전술을 지속했다. 북한 대남전술의 변천 과정을 도표로 나타내면 다음과 같다.

[표 8] 북한 대남전술의 변천 경과

시기	대남 전술	비고
1945~1953	◦ **적화통일을 겨냥한 전면적 군사공격 전술** – '혁명적 민주기지론'에 의거 북한을 혁명 기지로 삼아 대남혁명 실행 – 군사력 증강, 중러 지원확보, 남한내 반란 등 준비	* 6.25 전쟁
1954~1969	◦ **남한정세 맞춤형 강온 양면 전술** – 평화협정 체결제의 등 평화 공세, 무장간첩 남파 등	* 전후복구 · 체제정비 필요 * 4.19, 5.16, 한일협정 반대운동 등 상황 고려

1970~1989	◦ **대남 혁명투쟁과 당국간 대화 병행 전술** – 위장평화 공세, 무장공비 침투, 테러 등 자행 – 조절위, 경제 · 적십자 · 체육 회담, 이산가족 상봉등 진행	* 미중 데탕트, 베트남 공산화, 88올림픽 등으로 인해 대화 필요
1990~1997	◦ **체제 유지를 위한 방어적 전술** – 남북회담 · 교류 호응, 남북기본합의서 채택, 유엔동시가입, 1차 북핵 위기 조장	* 소련 해체 및 독일 통일 등으로 생존 급선무 * 고난의 행군기 진입
1998~2007	◦ **정치 · 경제적 실리확보 전술** – 민족공조론에 의거 '우리민족끼리' 담론 강조 – 제 분야 대화 · 교류협력의 전방위 활성화 – 북핵대화 이면에서 은밀한 핵개발 지속(1차 핵실험)	* 위기극복에 외부 지원 필요 * 김대중 · 노무현 정부의 햇볕 정책 추진
2008~2020	◦ **핵무력 조기 완성을 위한 공세적 · 유화적 조치 배합 전술** – 중고강도 도발로 보수 대북정책에 맞불(2008~2016) – 핵 · 미사일 빈번도발로 핵무력완성(우리국가제일주의) – 대화 · 협력 재개로 실리확보 및 핵보유 인정 유도 병행(2017~2020)	* 우파 · 좌파정부 교대집권 및 김정은 권력승계 * 대북제제하 핵개발 지속 * 남북간 체제경쟁 패배 인식
2021~	◦ **공세적 대남 노선으로의 전환 추진 및 대남 강압 전술** – 하노이 노딜이후 노선 전환을 위한 작업 본격화 – 2민족 적대적 2국가 선언(통일, 화해, 동족개념 삭제 / 대남기구 철폐, 남북관계 단절 등) – 핵에 의한 무력통일 대내외 공언 및 수시 대남 협박	* 신냉전으로 진영화 심화 * 안보리 작동불능으로 북핵견제 장치 부재 * 러북관계 긴밀화

5. 북한의 2민족 2국가론 선언

(1) 적대적 2국가론의 함의

북한은 2023년 12월 말 노동당 중앙위 제8기 제9차 전원회의를 확대 개최한 가운데 김정은이 2024년도 정책방향을 하달했다. 그 중 대남분야에서 과거의 모든 정책을 폐기하고 새로운 노선으로의 전환을 전격 선언했다. 그리고 2024년 1월 김정은은 최고인민회의 시정연설에서 보다 구체적 방향까지 제시했다. 주요 내용은 다음과 같다.

1. 남북관계는 동족·동질관계가 아닌 적대적 2국가 관계, 전쟁중인 두 교전국 관계로 완전히 고착됐다
2. 우리(북한)를 주적으로 선포하고 외세와 야합하여 정권붕괴·흡수통일을 노리는 족속들을 화해와 통일의 상대로 여기는 것은 착오다.
   - 우리(북한) 정권을 붕괴시키겠다는 남한 괴뢰들의 야망은 민주를 표방하든, 보수의 탈을 썼든 조금도 다를 바 없었다.
   - 헌법에 있는 북반부, 자주·평화통일·민족대단결 등 표현들을 삭제한다.
3. 대남사업의 투쟁원칙과 방향을 근본적으로 전환한다.

◦ 80여 년의 남북관계사에 종지부를 찍고 2개 국가를 인정한 기초위에서 대남정책을 새롭게 법제화했다

◦ 남북교류협력 상징이던 경의선 북측 구간을 회복 불가한 수준으로 끊어놓는 것 등 모든 남북 연계조건을 철저히 분리시키기 위한 단계별 조치를 엄격히 강구한다.

4. 북한 인민군대는 유사시 핵무력 등 모든 수단과 역량을 동원하여 남한 전 영토를 평정하기 위한 대사변 준비에 박차를 가해 나간다.

◦ 불법적인 NLL을 비롯한 어떤 경계선도 허용될수 없으며 대한민국이 영토 · 영공 · 영해를 0.001㎜라도 침범하면 전쟁도발로 간주된다.

◦ 한 · 미가 군사적 대결을 기도한다면 핵전쟁 억제력은 주저없이 중대행동으로 넘어간다.

◦ 전쟁 발발 시 대한민국을 완전히 점령 · 평정 · 수복하고 북한 영역에 편입시키는 문제를 헌법에 반영한다.

이 노선 전환에는 몇 가지 함의가 있다. 우선, 북한의 대남 적화통일전략이 변하지 않았음을 재확인 해주고 있다. 정권수립 이후 가장 엄혹한 시기였던 고난의 행군 당시 김정일은 위기 극복을 위해 우리 민족끼리 담론을 내세우며 남북간 대화 · 협력에 나서서

체제위기를 넘겼다. 그렇지만 **그 이면에서 대남 혁명전략을 포기하지 않은 채 은밀히 핵개발을 계속하면서 무력 적화통일 의지를 재확인했다**. 북한군 학습자료인 '사관 · 병사용 학습제강'(2003)에서 김정일은 '무력으로 미 · 일 침략자들과 남조선 괴뢰도당을 격멸하고 조국을 통일해야 한다는 것은 나의 확고한 의지이며 무력으로 적들을 소멸하고 남조선을 단숨에 깔고 앉는 길밖에 다른 방도가 없다'라고 교시한 것이다.[43]

김정은은 김정일보다 한발 더 나아가 무력통일 노선을 대내외에 공언했다. 김씨 3대의 대남전략이 동일하다는 것이 명백히 입증됐다. 과거 남북간에 더 이상 전쟁이 없을 것, 북한은 핵을 개발할 능력도 의지도 없으며 북한은 핵을 포기할 것, 북한의 비핵화 의지는 진심 등을 주장한 전임 정부들의 오판과 그로 인한 실책이 무색할 뿐이다.

둘째, **북한의 2민족 2국가론은 '적대적'에 방점이 있다**. 유엔 동시가입국이라는 국제정치적 현실에서 남한을 대등한 국가로 인정하면서 평화적으로 상호 공존하자는 것이 아니다. 체제경쟁 패배를 역전시킬 방법이 없으니, 무력으로 남한을 병합하겠다는 것이다. 그 배경에는 핵무기를 완성하여 역(逆)흡수통일에 필요한 수단을 확보했고, 핵보유로 인해 정권유지에 자신감이 생긴데다가 신냉전 진입 이후 진영화된 국제정세와 러 · 북간 관계 긴밀화로 북한에 유리한 환경이 조성되고 있다는 판단이 작용했다.

북한의 노선변화가 수세적 입장에서 나온 것이고 우리 청년들이 통일을 원하지 않는 경향이 있으니, 통일을 내려놓고 2국가론을 수용하여 평화적으로 공존하자는 주장이 우리 내부 일각에서 나오고 있다. 이러한 주장은 북한의 신노선이 '적대적'에 방점이 있다는 사실을 고려하지 않은 것이고 애써 무시하려는 측면도 있는 것으로 보인다. 북한이 진정으로 남북 간 평화적 공존을 원했다면 구태여 2민족 2국가론을 제시할 필요도 없었을 것이다.

북한의 노골적인 무력통일 전략 · 전술 추진에도 불구하고 남북이 평화적으로 공존하자면 그에 맞설 수 있는 핵 역량을 확보하여 무력통일을 엄두를 못내게 하든지 아니면 굴욕을 감수하고 북한의 전술에 순응하면서 그들의 요구를 들어주는 방안 중 하나를 택해야 할 것이다. **2국가론을 수용하면서 평화를 유지하자는 것은 따뜻한 아이스 아메리카노 커피를 주문하는 것과 같다고 할 수 있다**.

2국가론 수용후 또 다른 버전의 햇볕정책을 추진하면 남북간 평화가 정착될 것이라는 주장은 과거와 유사한 희망적 사고에 의한 것이다. 그러한 정책을 전술적으로 채택할 경우, 일시적으로 평온이 올 수는 있지만 북한의 대남정책이나 강압전술에 예속될 수밖에 없는데다가 대남혁명전략에 영합하는 결과가 되기 때문에 지속가능할 수가 없다. 동시에 북핵 문제와 유사한 또 다른 전략적 오판을 초래할 위험성이 크다. 북핵개발 과정에서 희망적 사고를 토대로 막대한 정치 · 경제적 지원을 제공한 결과, 북핵을 머리에 이고 살게 된 현실에서 충분히 경험했고 학습한 바 있다.

문제는 북한의 대남 혁명전략이 앞으로도 결코 변하지 않을 것이라는 데 있다. 요동치는 국제질서와 동북아 정세에서 북핵 억지 없는 평화는 사상누각에 불과할 것이다. 선진국에 진입한 한국이 조선왕조보다 후진적인 김정은 체제에 예속되면서 살아가려는 것은 인류문명사의 기본 이치에도 반하는 것이다.

셋째, 북한의 2국가론은 기본합의서에서 채택한 남북 간 특수관계를 부정한 것이고, 그것에 기초한 남북간 대화·교류협력을 모두 거부하겠다는 남북관계 단절 선언이다. 핵무기가 완성되어 고도화 일로에 있는데다가 진영간 대결과 각자도생이 심화되고 있는 상황에서 기본합의서 체제나 우리 민족끼리에 기반한 남북관계는 실익이 없다고 판단한 것이다.

따라서 앞으로 남북관계는 상당기간 경색되거나 대북 관여가 어려울 가능성이 크다. 물론 향후 정세와 상황변화에 따라 **북한이 이익확보를 위해 새로운 논리와 방침을 내세우면서 전술적으로 남북관계에 재호응할 가능성은 배제할 수 없다. 그러나 그 상황에서도 그들의 대남전략 요체는 변하지 않을 것이며, 핵고도화와 무력통일 관련 도발은 계속될 것이다.**

넷째, 2국가론이 속임수나 기만적인 용어혼란 전술일 가능성이 있다. 다른 민족 간에는 통일이라는 개념 자체가 성립되지 않는다. 일본과 대만이 다른 민족인데 양자 간 통일을 운운한다는 것은 말이 되지 않는 것과 마찬가지이다. 동시에 21세기 국제질서하에서 2개국 간 전쟁이 벌어져 한 나라가 승리하더라도 패배한 국가를 강제로 병합하는 것은 국제사회의 동의를 받기가 어려워 거의 불가능하다고 할 수 있다.

물론 교전국 간 현저한 국력 차이가 있는 러-우 전쟁이 장기화되면서 우크라이나가 현 전선에서 영토를 양보하고 종전해야 한다는 주장이 나오기는 한다. 그러나 그것은 러시아가 안보리 상임이사국이라는 점에서 힘에 의해 작동되는 현실정치(Realpolitik) 요인이 반영된 예외적 사례로 관측된다. 러시아의 병합대상이 우크라이나 영토의 일부에 지나지 않아 완전 병합이 아닌 데다가 국제사회의 컨센서스도 수반되어야 가능할 것이다.

그러나 남북관계는 우크라이나 사례와는 분명히 다르다. 2국가론을 견지할 경우, 남한에 대한 북한의 무력침공은 불법적 공격이 되어 국제법 위반이자 제재대상이며, 쌍방 간 우발적 교전을 거쳐 설령 북한이 남한의 일부를 점령하더라도 전쟁 종료후 원상회복을 하는 것이 대원칙이다. 왜냐하면 북한의 주장대로 하면 남북이 다른 국가이고 다른 민족이기 때문이다. 따라서 **북한이 헌법에 2민족 2국가를 명시하면서도 전쟁을 통해 남한을 평정하고 수복하여 북한 영토에 편입하겠다는 것은 그 계획 이면에 1민족 1국가에 기초한 강제통일이라는 관점이 여전히 유지되고 있는 것으로 볼 수 있다.**

북한이 진정한 2국가론을 추구한다면 수복, 편입 등 용어는 사용하지 않아야 모순되지 않는다. 북한 입장에서 영토 · 통일과 관련하여 북한의 희망대로 된다면 1국가론에 의하든 2국가론에 의하든 최종 결과물은 한반도의 공산화 통일이라는 같은 결론에 도달한다. 그래서 2국가론이 기만전술의 일환이라는 점을 경계하지 않을 수가 없다. 나아가 북한이 동족 개념을 간접적으로 인정하는 사례가 자주 발견되는 것도 그것을 방증해준다. 남한을 괴뢰, 괴뢰정부라고 하거나 대통령 이름에 괴뢰를 붙이거나 남한사회를 미국 식민지 속국이라고 규정한 것은 해방대상이라는 의미이므로 1국가라는 인식에 기초한 것이라 할 수 있다.[44] 각종 대남 심리전이나 남한 선거개입 시도도 1국가 전제하에 적화통일을 겨냥한 체제혼란 조성전술의 일환이라고 할 수 있다.

북한은 2024년 10월 7일 최고인민회의에서 2국가론과 관련된 사안을 헌법에 명시했다.[45] 헌법이 수령교시나 노동당 규약보다 하위 규범이기는 하지만 그러한 내용이 제도화됐다는데 중요한 함의가 있고, 나아가 헌법명기 사실이 대남 심리전의 유용한 소재가 된다는 점에서 간과할 사안이 아니다.

(2) 2국가론에 대한 대응방향

북한의 새로운 대남노선 전환 공세에 대해 우리는 어떻게 대응해나가야 하는가? 김정은 집권기간 중 이 노선이 지속될 가능성이 크기 때문에 북한의 주장에 일희일비하지 말고 우리의 제반 규범을 토대로 원칙을 갖고 상황변화를 반영하면서 대응해야 한다. 물론 대내외 정세가 변할 경우 북한이 언제든 전술적으로 입장을 번복할 가능성이 있다는 것도 염두에 두어야 한다.

먼저, 북핵에 대한 대응은 다음 장에서 상세히 서술하겠지만 최우선 국가안보전략 의제로 대처해야 한다. 북핵은 현존하고 명백하며 치명적인 위협이기 때문이다. 어떠한 상황이 되든 북핵을 완전히 억제할 수 있는 정책적 옵션을 선택해야 한다.

둘째, 2국가론을 인정해서는 안 된다. **2국가론 수용 주장의 가장 큰 문제점은 그것이 우리 국내법에 위반된다는 것이다**. 따라서 2국가론은 반규범적이다. 최고 규범인 헌법상 영토조항(§3), 평화적 통일정책 수립·추진 책무(§4, §66)에 배치된다. 동시에 국가보안법은 물론이고 남북간 특수관계를 인정한 교류협력법·남북관계발전법에도 위배된다. 전술적으로 2국가론을 전격 수용하더라도 평화를 보장해주지 않는 것은 물론 남북관계 현실에서 발생하는 문제들이 여전히 해결되지 않을 뿐만 아니라 분단을 영구화한다는 비난으로부터도 자유롭지 못하다.

더욱이 탈북민들을 보호할 근거가 없어지고, 만의 하나 북한 내 급변사태가 발생하더라도 개입할 수 없는데다가, 통일이 임박해도 통일협상이나 북한 주민투표에 의한 통일방향 결정을 추진할 수가 없다는 새로운 문제까지 발생시킨다. 국제정치의 현실을 인정하여 전략적으로 2국가론을 수용하려고 한다면 북한의 전향적 입장변화가 전제되어야 한다. 그것은 북한이 적화통일 노선 폐기와 비핵화 결단을 내리고 대남 핵위협을 하지 않는 등 평화적 공존에 진정성이 있다는 것이 객관적으로 검증되어야 가능할 것이다. 그리고 그것은 영구적이 아니고 통일을 향한 과도기적 과정임을 분명히 해야 한다. 이러한 점을 고려할 때, **2국가론을 수용할 경우, 북한의 무력통일전략을 인정한다는 비판에서 자유로울 수가 없다**.

셋째, 2민족 2국가론의 반민족성을 북한 지도부와 주민들에게 계속 주지시켜야 한다. 민족이라는 개념은 언어 · 문화 · 역사 · 전통 · 혈연 등 객관적 요소들을 바탕으로 결정된다는 객관적 민족 개념을 재확인하고, 동독식 인위적 민족개념과 유사한 북한의 2민족 주장은 수용불가하다는 점을 확산시켜야 한다. 과거 동독은 서독과의 관계에서 수세적인 입지에 처하자 1955년 1민족 2국가, 1970년 2민족 2국가를 주장한 바 있다. 민족 명칭도 주관적 민족 개념에 의거, 동독은 사회주의적 독일민족, 서독은 부르주아적 민족이라고 했다. 그러나 서독은 동독의 이러한 주장을 수용하지 않고 통일 시까지 1민족, 동서독은 특수관계라는 입장을 견지했다.[46]

단군 조선 이래 5,000여 년을 이어온 역사가 남북 분단 80여 년으로 다른 민족이 된다는 것은 어느 모로 보아도 어불성설이다. 나아가 일천만 이산가족, 3.4만여 명의 탈북민, 국군포로, 납북자 등은 남북이 다른 민족이 될 수 없음을 보여주는 명백한 증거들이다.

넷째, 2국가론의 반평화성 · 반통일성을 국내외 및 해외동포에 대해 널리 알리는 통일외교 · 공공외교를 계속 강화하여 통일기반을 튼튼히 구축해나가야 한다. **북한의 통일 개념 삭제로 이제 통일 관련 정당성과 주도권은 남한만이 가지고 있다**. 남한은 한반도의 평화적 통일을 추진 · 시행하는 유일한 주체로서 국제무대에서 도덕적으로 더 우월한 지위를 차지하게 됐다. 향후 우리의 통일방안과 관련하여 평화 · 민족(동족) 개념, 평화통일 과정에서의 화해협력, 구성원들의 자유 · 인권 · 복지 보장, 체제 간 선의의 경쟁을 통한 공영, 남북 전민족의 자유로운 선택에 의한 통일 결정 등을 강조할 필요가 있다.

다섯째, 북한이 남북관계를 완전히 단절시켰지만, 우리는 특수관계를 기본으로 하여 남북관계를 추진해나가야 한다. 그리고 북한의 외무성이 남북관계를 주관하더라도 우리는 통일부가 주무부처로서 대응하는 것이다. 이와 함께 대화의 창은 항상 열어놓은 가운데 남북관계 경색 장기화 가능성을 염두에 두고 남북관계를 관리해나가야 한다.

6. 북한 체제의 지속 가능성

(1) 북한을 올바르게 보는 방법

북한은 김일성이 소련 후원하에 공산정권을 수립한 후 적화통일을 꿈꾸면서 3대 수령까지 이어왔다. 하지만 지도부의 시대착오적 리더십으로 남북간 80여 년의 체제경쟁에서 완전히 패배했음은 물론, 봉건적 전제군주 체제로 후퇴했다. 국제사회에서 북한의 정치·경제·사회·문화 등 제 분야 지표가 거의 최후진국 단계에 머물러 있는 것이 김씨 3대 수령의 성적표이며 3만 4천여 명에 이르는 남한 내 탈북민이 이를 방증해 준다.

이 순간에도 많은 북한주민들이 자유와 풍요를 꿈꾸며 탈북의 기회를 찾기 위해 생사를 건 모험을 하고 있다. 북한 체제에 수많은 위기와 내부 문제들이 발생했지만 강력한 통제, 외부정보 차단, 선전 선동에 의한 주민 세뇌라는 통치 기제로 버텨왔다. 이는 곧 후진적 북한 체제가 언제까지 유지될 수 있을 것인가 하는 질문으로 이어진다.

중요한 것은 북한의 체제 내구성을 예측하거나 북한의 의도·전술 등을 파악하려면 자유민주주의적 관점을 가진 우리의 시각에서 분석할 것이 아니라 북한 체제 구성원의 관점에서 판단해야 오류를 줄일 수 있다는 것이다. 특히 북한의 대남전술에 대한 우리의 대응조치를 강구하고자 할 때는 올바른 분석을 해야 정책적 시행착오를 줄일 수 있다. 다만, 그 과정에서 북한의 입장에 공감하거나 동조·지지하는 내재적 접근법으로 흐르지 않는 것이 특히 중요하다. 주사파처럼 확신 차원의 이념적 지향성을 갖거나 북한 내에 이산가족이나 친척이 있어 심정적으로 동조하거나, 북한의 각종 공작에 의해 약점이 잡힌 경우에는 편향적 판단으로 귀결될 가능성이 크다. 동시에 북한 정권뿐만 아니라 일반주민까지 악마화하는 극우적 시각, 그리고 우리의 관점에서만 북한을 바라보는 것도 편향된 결론으로 이어질 가능성이 크다. 왜냐하면 위의 관점에 입각한 분석들은 모두 각각의 희망적 사고가 개입될 소지가 농후하기 때문이다.

김영삼 정부 이후 우파정부에서 북한이 급변사태로 곧 붕괴될 것이라고 하거나 김대중 정부 이후 좌파정부에서 북한과 대화하고 경제적으로 지원해주면 핵을 포기할 것이라고 한 것 모두 동일한 성격의 오류들이다. 그릇된 판단에 기초한 정책적 대응에서 바람직한 정책결과를 기대할 수가 없다. 그리고 잘못된 방향의 정책은 곧 예산, 인력, 물자, 사회적 에너지 등 국가적인 자원 낭비로 귀결된다. 북핵대응 과정에서 투입된 국가자원을 추산해 보면 그 낭비의 규모를 짐작할 수 있을 것이다.

그리고 우리 국민들은 1인독재, 계급사회, 주민통제·세뇌 등을 특징으로 하는 북한 체제가 왜 지속되는지? 북한주민들은 왜 무도한 정권에 저항하지 못하는지? 등과 같은 질문을 빈번히 한다. 이는 북한을 분석하는데 있어 우리의 관점에만 기초해서 접근했기 때문이다. 그로 인해 북한정권이 장기간 지속될 수는 없다는 결론을 너무 손쉽게 내리며 이는 곧 북한 내 급변사태 발생에 대한 논의로 이어진다. 동시에 그 결론에 과도하게 몰입한 결과, 현실과 괴리된 대응조치가 뒤따르게 된다. 이러한 현상이 반복되면 국가적 자원 낭비는 계속된다.

(2) 희박한 북한 내 급변사태 발생 가능성

조야에서 공통적으로 상정해온 북한 급변사태 유형은 대체로 북한 최고권력자의 유고, 쿠데타·주민봉기에 의한 내전 발생, WMD의 통제력 상실로 내란 비화, 대규모 재난, 북한주민 대량 탈북사태 등이 있다.[47] 그러나 **북한 체제·제도의 메커니즘, 북한 사회의 운영 체계, 주민들의 의식수준 등을 북한의 관점에서 종합적으로 분석해보면 급변사태는 거의 이론적 가능성에 머무는 수준이라고 할 수 있다.** 다만, 서방이 소련의 붕괴를 전혀 예측하지 못한 정보실패나 1%의 안보위협에도 대비해야 한다는 명제를 감안한다면, 급변사태에 대비하는 것을 부정적으로 볼 필요는 없다.

우선, **자연사가 아닌 지도부의 유고는 원천적으로 상상하기 어렵다.** 수령을 신격화한 데다가 핵심 측근들에 대한 신변 보장, 기득권 보호, 다양한 특혜 제공 등으로 이들은 특권을 누리기 때문에 다른 생각을 가질 이유가 없다. 만에 하나 역모를 꿈꾸다가는 연좌제로 인해 노인 · 어린이들까지 포함된 모든 가족들이 한밤중에 정치범 수용소로 보내져 멸문지화를 당하기 때문에 이를 무릅쓰고 반역을 감행할 측근은 없다. 더욱이 정보 · 공안기구들이 고위층의 통신을 상시 도청하면서 다층적으로 감시하기 때문에 그런 생각을 품는 것조차 불가능하다.

그리고 수령의 건강을 돌보는 전용병원뿐만 아니라 장수연구소까지 운영하고 있어 40대 젊은이가 질병으로 병사할 일도 거의 없다. 우리 언론의 김정은 성인병 위험 운운은 호사가들의 주장에 지나지 않는다. 설령 우발적 사고로 김정은이 유고가 된다고 해도 이미 김정은 아래에 당중앙위 제1비서직을 대안으로 마련해 놓았다. 동시에 북한의 핵심계층은 김씨 수령과 운명공동체인 동시에 정치 · 경제적 기득권을 공유하는 이익공동체로 똘똘 뭉쳐 있다. 김정은이 갑자기 유고되더라도 또 다른 백두혈통에서 수령을 추대할 수도 있고, 그것이 안되면 다소 혼란한 과정을 거치겠지만 집단지도체제와 같은 형태로 그들의 기득권을 유지하려 할 것이다.

더욱이 독일 통일 이후 동독 고위관료들의 추락한 삶에 대한 교육으로 핵심계층들은 강력한 학습효과를 얻었다. 거시적으로 돌아보면 북한이 가장 위태로웠을 시기는 수십만명의 주민들이 굶어죽은 고난의 행군기였다. 그러한 위기에도 생존한 체제가 지금과 같이 핵으로 무장한 데다 정치적으로도 더 공고해졌고 경제적으로도 고난의 행군기와 비교가 안될 정도로 나아진 상황에서 북한이 무너질 수가 없다. 따라서 수령 유고로 인한 급변사태 운운은 우리의 희망적 사고에 기초한 주장이라고 할 수 있다.

군부 쿠데타 가능성은 북한을 제대로 이해하지 못한데서 나온 인위적 시나리오에 불과하다. 노동당에 의한 강력한 군부 통제로 인해 거의 모든 중대와 일부 소대까지 당 소속의 정치기구나 정치위원이 배치·파견되어 군 지휘관의 일거수일투족을 감시하고 있다. 단적인 사례로 2012년 7월 이영호 군 총참모장 겸 정치국 상무위원이 돌연 숙청됐다. 그 이유는 김정은의 허가 없이 군사 퍼레이드에 참가한 군 부대를 무단 이동시켰기 때문이었다.[48] 이로 볼 때 김정은의 허가없이는 어떠한 부대의 이동도 불가능하므로 북한 군부에 의한 쿠데타는 원천적으로 불가능한 상황이다. 핵무력을 완성한 후 2020년에는 군정지도부까지 신설하여 군부에 대한 다층적 통제를 더욱 강화하고 있다.[49] 따라서 북한 군부가 쿠데타를 감행한다는 것은 불가능하다고 볼 수 있다.

주민들의 내부 봉기 가능성도 거의 없다고 볼 수 있다. 북한주민 대다수가 일제강점기에서 곧바로 공산주의 체제로 전환되어 민주주의 경험이 없는 데다 외부 정보와 격리되어 정권의 선전선동에 길들여져 왔다. 생활고로 인해 개인적 차원의 비판이나 반발적 행동은 할 수 있지만, 이를 거대한 체제저항 담론으로 발전시킬 동력이나 수단이 없다. 봉기가 일어나려면 반체제 담론이 광범위하게 형성되어야 하고 봉기를 이끌 지도부가 구성되어야 하며 촘촘한 북한 공안기구의 감시 · 통제를 극복할 수 있어야 한다. 이 세 가지 모두 북한 내에서 거의 불가능하다.

설령 고난의 행군 시기보다 더 참혹한 상황이 발생하여 일부 시위나 소요사태가 발생하더라도 통신수단이 미비하고 교통 체계도 부실한 데다 강력한 정보 차단으로 인해 여러 지방으로 확산될 가능성이 희박하다. 따라서 그러한 시위는 일부 지역에 국한된 단발성 단체행동으로 끝나게 될 것이며, 국가반역 혐의를 뒤집어 쓴 수백 수천명의 시위대들은 무차별적인 대량학살에 직면할 것이다.

지금까지 불만을 가진 주민들이 취한 최대한의 행동은 정권에 대한 저항이 아니라 그 상황에서 벗어나기 위해 탈북하는 것이었다. 이제 상당수 주민들이 남한 드라마나 방송을 접하고 있어 남한이 북한보다 훨씬 더 잘 살고 있다는 것은 알고 있다.[50] 그러나 남한의 실상에 대한 인식만 가질 뿐이며 그것이 북한 주민들에게 북한 체제를 변혁시키기 위한 집단행동 단계로 나아가게 하는 동기를 유발시키지는 못한다. 동시에 우리의 대북 정보 전파나 대북 심리전이 북한주민들에게 외부정보를 전달하여 김씨 정권의 실체를 인식시키는데 일조할 수 있지만 그 한계도 분명하다. 적수천석(滴水穿石)의 원리에 기반한 심리전으로 5년의 단임정부 기간중 북한 내 획기적 변화를 기대하는 것은 희망사항일 뿐이다.

돌이켜 볼 때 지금까지 북한 주민들에게 가장 큰 영향을 끼친 사업은 개성공단이었다.[51] 개성공단을 통해 막대한 금전이 북한 정권에 들어간 반면 남한의 우월성 · 발전상에 대한 인식이 북한 전역에 급속히 확산되어 북한 체제에 미치는 부작용도 엄청났던 것이다. 이 사례는 어떠한 대북정책을 선택할 것인지에 대해 많은 시사점을 제공해준다.

대규모 재난이 발생한다고 해도 치부노출 우려로 인해 북한의 자력복구 · 자력갱생 방침은 변하지 않을 것이고 그것이 북한의 급변사태로 이어질 가능성은 매우 낮다고 할 수 있다. 고난의 행군 시대에 수십만 명이 굶어죽어도 지도부와 핵심계층은 호의호식하며 상황을 방치했다. 수령1인을 위한 계급사회 성격상 전혀 이상하지 않다. 2024년 신의주 홍수 때에도 자력해결한다며 중국과 한국의 인도적 지원 제의를 거부했다. 한편 **주민대량 탈북 사태는 강력한 중북 국경통제, 휴전선 내 남북 간 중무장 대치로 현실화될 가능성이 거의 없을 것이다.**

(3) 북한 체제의 생존 증대 요인

역사적으로 보면, 선대 국가들의 멸망 원인은 두 가지이다. 하나는 외부 세력의 침략에 의한 붕괴이고 또 다른 하나는 권력투쟁이나 반란 등 내부 요인에 의한 소멸이었다. 전자는 단군 조선, 가야, 백제, 대진국(발해), 조선이었고 통일신라는 고려에 자발적으로 흡수통합됐지만 그 원인은 후백제의 침공으로 인한 것이었다.[52] 내부 반란에 의해 소멸된 사례는 후고구려, 고려이다. 고구려 · 후백제는 두 요인이 동시에 발생하여 멸망했다.

이러한 기준에서 북한을 바라보면 두 가지 요인이 북한에서 작동될 가능성이 매우 낮다고 할 수 있다. **외부 세력의 침략 가능성은 핵보유와 러·북동맹 복원으로 거의 사라졌다. 북한이 핵보유를 집요하게 추진한 이유이다. 권력투쟁과 관련해서는 후계자가 미리 선정되어 교육·훈련을 받기 때문에 왕권을 둘러싼 투쟁 가능성도 매우 낮고 신하그룹의 반란을 통한 소멸도 불가능하다.**

그 외 동북아 정세 및 한반도 지정학이 북한의 생존을 지속시키는 요인으로 작용하고 있다. 대륙세력과 해양세력이 마주치는 지점에 한반도가 위치하고 있는데다가 중 · 러라는 강대국이 자유민주주의 확장을 저지하기 위해 북한을 완충지대(buffer zone)로 활용하고 있기 때문이다. **북한이 중국을 천년숙적이라고 종종 비난하지만 위기 국면에서는 양국이 긴밀히 협력하는 순치(脣齒)의 관계이다.** 중 · 북간 관계를 상징적으로 보여주는 대표적 사례가 있다. 중국이 6차 북핵 실험 직후인 2017년 9월 15일 시진핑 총서기의 최측근이 책임자로 있는 중앙판공청이 대북협의용으로 작성하여 대외연락부에 하달한 문건이 그것이다.[53] 그 문건에는 북핵 실험에 대한 의례적 비난이 있었지만 북한에 대한 전략적 방향성이 적나라하게 담겨 있다. '북한은 서방 적대세력들을 막기 위한 중요 군사적 완충지대일 뿐만 아니라 중국식 사회주의 고수를 위해 대체할 수 없는 정치적 전략지대'라는 것이다. 그리고 핵실험 직후인데도 북한의 핵은 즉각 포기하지 않아도 된다고 달래면서, 최신 중·단거리 탄도미사일과 특수 군수품에 필요한 최첨단 과학기술을 오히려 더 많이 북한에 지원하겠다는 당근책까지 제시한 것이다.

북핵 문제 논의를 위한 미·북 정상회담 과정에서 중·북 정상회담을 빈번히 개최하여 대책을 조율한 것도 그 연장선에 있는 것이다. 따라서 북한의 존립에 위태로운 상황이 조성되면 중국이 절대 방관하지 않을 것이고 어떠한 형태로든 개입할 것이 거의 확실하다. 특히 2016년 중국의 군편제 개편으로 신설된 북부전구는 동북 3성과 산둥반도를 관할하는데 한반도에 전쟁이 발생하거나 북한 내 위기상황이 도래하면 동북3성과 산둥반도의 군대가 북해함대와 함께 한반도에 개입할 가능성이 크다고 할 수 있다. 북한 내 친중세력을 이용하여 중국군 개입을 요청하도록 한다면 명분 문제는 쉽게 해결할 수 있다. 최근 동해에서 중·러 간 합동훈련이 빈번히 진행되고 있고 중국이 서해에서 실전훈련을 강화하고 있는 것도 한반도 관련 여러 가지 시나리오를 염두에 둔 것이라고 볼 수 있다. 이러한 중국의 전략도 북한의 생존에 관건적 요소로 작용할 것이다.

나아가 우크라이나 전쟁을 기화로 러·북은 2024년 6월 포괄적 전략적 동반자관계를 맺어 동맹관계를 복원한 데 이어 러–우 전쟁에 북한군이 참전했다. **양국 간 동맹조약을 맺은 결과 북한 유사시**

러시아가 개입하게 되어 있어 북한 정권을 위한 강력한 안전장치가 하나 더 늘어났다.[54]

7. 고차 북한 방정식을 풀 전략적 혜안이 필요

북한은 21세기에 퇴행적인 시스템을 고수하면서 반민주적 거버넌스로 일관하는 특이한 체제라고 결론지을 수 있다. 특히 핵무력을 완성한 이후에는 핵에 의한 무력통일을 공언하면서 핵공격위협을 일삼고 있다. 그럼에도 불구하고 남북은 통일이 되기 전까지는 쌓여 있는 남북간 난제들을 풀어나가기 위해 어떠한 방식이든 관여하지 않을 수 없는 운명적 관계이다. 따라서 **북한에 대해 지나친 기대와 환상을 가져서도 안 되지만 전근대적 국가라고 무시할 수도 없는 존재라고 할 수 있다.**

또한 북한 체제 속성, 국제질서, 동북아 지정학 등의 영향으로 인해 현재의 북한이 장기간 지속된다는 점을 상수로 간주하여 대처할 필요가 있다. 김일성은 82년 간 살면서 50여 년 간 통치했고 김정일은 69년 간 생존하면서 17여 년 간 통치했다. 이들의 DNA를 물려받은 41세 김정은은 30-40여 년은 더 생존할 것이다. 따라서 현재의 긴장된 남북관계가 최대 40여 년 간 이어질 것으로 예상되며 그 후에는 유일적 영도 체계에 의거 당연히 4대 세습으로 이어져 또 다른 김씨 수령에 의한 남북관계가 진행될 것이다. 72세 시진핑이나 73세 푸틴도 거의 종신까지 집권하면서 한반도에 영향을 미칠 것이다. 따라서 장기간 동북아 및 한반도의 정세 변화를 기대하기가 쉽지 않을 것이다.

키신저 전 미국 국무부장관은 나폴레옹 전쟁(1803-1815) 이후 국제질서에 대해 논하면서 혁명국가(revolutionary power) 개념을 제시했다.[55] 혁명국가란 현 국제질서에 순응하면서 그 틀 안에서 국익을 도모하고 외교·협상으로 제도를 수정해가면서 상호 공존하려는 나라가 아니라 현존 질서에 대한 불만으로 틀 자체를 뒤엎으려는 국가이다. 따라서 그들과의 협상이나 그들에게 유화정책을 펼치는 것은 소용이 없다는 것이다. 왜냐하면 유화책이나 협상으로는 그들을 안심시키지 못하기 때문이라는 것이다. **북한이 이같은 혁명국가의 대표적 사례라고 할 수 있다. 현 동북아 질서 내 공존을 거부하고 적화통일을 이루어 동북아 질서의 틀 자체를 바꾸려 한다. 그간의 대북협상이나 포용정책이 북한을 안심시키지 못했고, 그들이 집요하게 추구해온 핵보유 전략은 결국 달성됐다**. 이제는 핵으로 통일하겠다며 전쟁 준비에 총력을 다하라고 다그치고 있다.

이러한 점을 고려할 때, 남북문제는 목전의 단기적 관점보다 장기적 국익측면에서 전략적 접근을 할 필요가 있다. 특히 위기상황에서 정책적 선택의 갈림길에 설 때는 더욱 그러하다. 북핵정책 과정에서 학습한 실패의 교훈이 반면교사가 될 것이다. 그리고 **북핵**

완성 이전과 이후의 우리 대북정책은 분명히 그 차원이 달라져야 한다. 북한이 적대적 2국가론으로 전환한 핵심배경이 북핵완성에 있기 때문이다.

신냉전 국면에서 트럼프 행정부의 재등장으로 각자도생의 기조가 심화될 것이고, 국제정세나 남북관계도 예측 불허의 파란곡절을 겪을 가능성이 크다. 변화무쌍한 국제질서에서 영원한 적도 영원한 친구도 없고 오로지 국익만 있는 것이 불변의 대원칙이다. 2차대전 당시 미·소가 연합국이었다가 최대의 적국이 된 역사, 미·일 전면전을 하다가 최강의 동맹이 된 상황, 미·베트남이 교전했지만 포괄적 전략적 동반자 관계가 된 현실 등이 이를 증명해준다. 동족인 북한도 안보측면에서만 보면 우리를 무너뜨리려는 적대적 외세나 마찬가지이다. 안보상황이 엄중해질수록 주변국들에 대한 전략적 판단의 관점을 감성적 차원이 아니라 국익의 관점에서 접근해야 한다.

우리는 북핵을 억지하고 도발을 저지하면서도 남북간 현안을 해결하기 위한 출구도 모색해야 하는 복잡한 방정식을 풀어 나가야 한다. 당장은 북핵으로부터 국민들의 안전을 확보하는 것이 최우선 과제가 될 것이다. 두 가지 목표를 모두 추구하는 것이 이율배반적 주문이라고도 할 수 있지만, 전략적 유연성을 발휘하면 최선은 아니더라도 차선의 방책은 찾을 수 있을 것이다. 나아가, 북한 주민들이 외부세계 소식과 남북현실을 정확히 알 수 있도록 하여 민족동질성을 증진시키는 동시에 통일기반 구축을 위한 노력도 부단히 전개해야 한다. 이러한 실적들이 축적되면, 통일의 기운이 무르익을 때 북한주민들은 스스로 원하는 체제를 올바르게 선택할 수 있을 것이고, 선진 통일국가로 나아간다면 한민족의 번영과 도약을 위한 새역사가 창조될 것이다.

제 7 장
북한의 핵전략

제 7 장 북한의 핵전략

손 재 락

북한은 김일성의 이중적 유훈에 따라 빨치산식 전략 · 전술을 구사하면서 핵개발을 진행했고 결국 당초 전략대로 핵무기를 완성했다. 지금 북한은 핵탄두 개선과 투발수단 성능 개량 · 다양화 등 핵능력 고도화에 매진하고 있다. 동시에 공세적 핵교리를 수립하고 핵전력을 증강시키면서 2민족 2국가론으로 남한에 대한 핵공격까지 공언했다. 북핵 포기 가능성이 매우 희박한 데다 핵을 이용한 무력통일을 추구하고 있어, 북핵이 사활적 안보과제가 됐다. 비핵화 대화의 창은 열어놓아야 하지만, 이제는 북핵을 억지할 실효적 대책 마련에 집중해야 한다. 그것은 모든 옵션을 열어놓은 가운데 북핵을 명실상부하게 억제할 수 있는 방안이 되어야 한다.

1. 북핵에 대한 오판과 그 후과

북한의 핵개발 경과와 북한 비핵화를 위한 협상과정을 거시적으로 회고해 보면 협상을 통한 북한 비핵화 추진은 환상에 지나지 않았다. **북한의 핵개발 전략은 결코 변한 적이 없었다. 우리 정부의 정책 방향에 따라 착시현상을 불러일으켰을 뿐이다.** 그 과정에서,

우리 정부의 북핵에 대한 대응은 폭탄돌리기 게임처럼 진행됐고 총체적 실패로 귀결된 것이다. 우리는 협상 이면에서 북한의 각종 기만적 행위에 대해 희망적 사고로 일관하여 북한의 전략 · 전술을 오판했다. 국민에게는 실현가능성이 없는 희망고문만 계속되었다. 북한에 대한 압박과 대북제재도 성공하지 못했다. 제재만으로 핵포기를 유도하기가 매우 어렵다는 근본적 한계가 있는 데다 중 · 러의 전략적 대북제재로 북한의 태도를 변화시킬 수 있는 임계점에 도달할 수가 없었다. 핵개발이 김씨 정권의 생존과 직결된 것인 동시에 불변의 전략인 대남 무력혁명의 핵심 수단으로 개발했다는 점도 과소평가했다. 지금 북한은 핵무기를 고도화 · 첨단화하면서 우리에 대해 핵에 의한 무력통일 위협을 일삼고 있다. 이제 **북핵은 명백하고 현존하며 치명적인 위험으로 전환된 것이다.**

되돌아보면 북핵 해결은 북핵 위기 초반이 최적기였다. 일부 위험을 감수하고서라도 미국의 영변 국지타격으로 북핵 인프라가 일소됐더라면 하는 아쉬움이 남는다. 당시 우리 정부는 전쟁 우려를 들어 강력 반대했으나, 가령 전쟁이 발발하더라도 당시는 재래식 국지전이었지만 이제는 핵전쟁으로 비화될 수밖에 없다. 가래로 막을 수 있었던 것을 불도저로도 막을 수 없게 됐다. 탈냉전 직후 미국 주도의 단극체제하에서 미국 단독의 북핵 타격이 곧바로 전면전으로 이어질 가능성은 크지 않았을 것이다. 문민정부 초기 북핵 실체와 핵전략에 대한 분석이 부실했고, 사안의 심각성을 일부 인식했지만 과도한 전쟁공포에 사로잡혀 결행의지가 미약했던 것이다.

이스라엘의 시리아 · 이라크 핵시설 제거는 우리에게 많은 시사점을 제공해 준다. 이스라엘 정부는 1981년 이라크의 오시라크 원자로를 선제 타격했고 2007년 시리아의 알키바르 핵시설을 건설단계에서 공습하여 파괴했다. 이스라엘의 철저한 분석, 전략적 판단, 강력한 실행 의지로 인해 전쟁발발 없이 그들의 핵개발은 저지됐고 앞으로도 마찬가지일 것이다.

그리고 향후 **북한이 우리에 대해 직접 도발할 경우, 위기가 급속히 고조될 가능성이 있다. 북러 동맹조약으로 인해 긴장고조 시 미·러가 모두 개입할 수 있기 때문이다**. 한미 간 확장억제로 억지의 기초를 다지고 있지만 북한은 오히려 핵 위협을 증대시키면서 러 · 북 동맹을 복원시켰고, 이제는 훨씬 더 강화된 러 · 북 핵동맹과 마주하게 됐다. 나아가 한반도가 동서 진영이 대결하는 전초 지역으로 고착될 가능성이 있고, 그렇게 되면 '북핵도발 시 북한정권 소멸' 경고 효과도 감소될 수밖에 없다.

신냉전의 심화, 진영화되는 국제질서, 각자도생 기류 확산, 북핵위협 일상화 등은 우리에게 닥쳐올 상황이 매우 중대하고 심각할 것임을 일깨워 준다. 북핵을 머리에 이고 살아가는 상황에서 1994년 미국의 북핵타격 검토와 유사하게 우리의 전략적 결단을 필요로 하는 경우도 과거보다 빈번하게 도래할 것이다. 우리의 정신, 자세, 의지, 결기를 다시 한번 가다듬을 필요가 있다. 30여 년의 북핵 정책이 왜 실패했는지에 대한 정부차원의 북핵 징비록을 만들고 공식 기록으로 남겨 다시는 같은 실패를 반복하지 않도록 해야하는 이유이다. 강대국의 이해가 한반도에 얽혀있고 여러 변수가 복잡하게 작동하는 상황에서, 우리는 보다 전략적인 대응을 고민해야 한다. 전투보다 전쟁에서 이기는 지혜가 필요하다. 우리는 조선 말기 상황에서 이미 여러 교훈을 학습했고, 선진국에 진입한 국력으로 우리의 운명을 개척할 역량도 충분히 가지고 있다.

이러한 문제 의식에 의거하여 본 장에서는 북한의 핵개발 경과를 살펴보면서 북한의 행태에 대해 분석한다. 동시에 북한의 현재 핵전력을 파악하기 위해 핵물질 보유 현황, 핵 투발수단 다양화 동향, 핵 지휘·운용 체계 등을 검토한다. 그리고 북한 정권의 대남 핵공격 가능성과 핵포기 전망에 대해 고찰한 후 마지막으로 우리의 바람직한 대응방향을 개괄적으로 제시하고자 한다.

2. 김일성·김정일의 핵개발 야망

(1) 핵무기 필요성을 절감한 김일성

미국은 제2차 대전을 종식시키기 위해 핵무기를 개발했고 1945년 8월 히로시마와 나가사키에 최초로 핵폭탄을 연이어 투하함으로써 6년 간에 걸친 전쟁을 일거에 종료시켰다. 전후(戰後) 냉전시대로 접어들면서 동서 간 치열한 대결 국면이 전개되자 핵무기의 가공할 위력을 체득한 강대국들은 핵개발 경쟁에 뛰어들었다. 1964년 중국의 핵실험을 마지막으로 5대 강국이 모두 핵을 보유하게 됐다.

남북분단과 함께 중국·소련의 지원을 받은 김일성이 1950년 전격적으로 남침을 감행했다. 주요 전선에서 후퇴를 거듭하던 연합군은 인천상륙작전으로 반격의 전기를 마련하고 압록강 일대까지 진출했으나 중공군의 개입으로 다시 후퇴할 수밖에 없었다. 당시 미국 행정부는 전술핵 사용문제를 검토했고 정치적 차원에서 핵무기 사용 가능성이 제기됐으나, 소련의 개입으로 인한 확전가능성, 한반도 산악지형으로 인한 효과 불투명 등 이유로 결국 사용되지 못했다.[1] 단기간 내 승리를 장담했던 김일성 입장에서 보면 이러한 논의 자체가 충격적이었을 것이고, 핵이 사용될 경우, 전쟁에서의 패배는 물론 정권 자체가 소멸될 수 있다는 공포감에 사로잡혔을 것이다.[2]

김일성은 휴전 후 핵개발을 위한 조치를 추진하기 시작했다. 우선 인민군 내 핵무기 방위부문 설치(1954), 김일성대 핵물리학부 개설(1955), 과학원 내 핵물리연구소 설치(1956), 소련과 핵의 평화적 이용에 관한 기술협력을 주된 내용으로 하는 조소(朝蘇)연합 핵연구 조직협정 체결(1956) 및 원자력의 평화적 이용에 관한 협정 체결(1959) 등 기초적 작업을 진행했다. 1956년 조소협정에 따라 30여 명의 물리학자를 두브나(Dubna) 핵연구소에 파견하기 시작했다. 1990년 소련붕괴 전까지 두브나 연구소에서 공부한 핵 과학자들은 250여 명에 달했으며 이들이 핵개발에 집중 배치됐다.[3] 이어 영변에 원자력 연구소를 설립(1962)하고 IRT-2000(2MWe) 연구용 원자로를 도입·가동(1967)했으며, 핵 관련 지식습득과 지원확보를 위해 IAEA에 가입(1974)하는 한편 북한 내 우라늄 탐사(1978)를 통해 2,600만톤의 매장량을 확인했다.

한편 1958년 주한미군에 전술핵이 배치된 것도 김일성의 핵무장 의지를 강화시키는 요인으로 작용했을 것이다. 한국에 대한 전술핵 배치는 베트남전쟁(1946-54)과 대만해협 충돌(1954-55) 등 공산진영의 공세가 강화되는 상황에서 추진됐다. 이는 미국이 재정지출 부담을 줄이기 위해 역내 주둔 미군을 점진적으로 감축하면서도 극동지역의 군사적 불균형을 해소하기 위해 추진한 것이었다. 미국은 핵에 기반한 억지력 유지를 위해 1958년부터 전술핵 발사가 가능한 어네스트 존(Honest John) 지대지 고체로켓과 280mm 평사포를 필두로 일본에 있던 전술핵을 한국으로 재배치하기 시작했다.[4] 이후 1960년대에 베트남전쟁으로 인한 전력공백을 메우기 위해 핵지뢰, 단거리 핵미사일, 155mm 핵포탄 등 950여 발의 전술핵이 추가 배치됐다. 1970년대 중반에 540여 발, 1985년에는 150여 발로 줄었으며, 1991년 철수 직전에는 100여 발이 남아 있었다.[5]

김일성은 한반도에 전쟁이 다시 발발한다면 핵전쟁이 될 것이라고 예상하고, 1962년 국방에서의 자위의 일환으로 전 국토의 요새화를 추진했다. 동시에 정권의 생존을 위해 자체 핵개발이나 소련 전술핵 배치 등을 통해 미국에 대응하려 했지만, 소련은 북한의 요청을 거부하고 원자력 관련 기초과학 분야만 지원했다. 소련이 북한 안보를 충분히 책임지고 있기 때문에 핵무기가 필요하지 않다는 이유를 들었으나, 실제는 중소분쟁 국면에서 친중국가로 분류됐던 북한에 핵개발 지원할 경우, 핵기술이 중국으로 전파될 가능성을 우려한 것이다.[6] 그리고 김일성은 1964년 중국이 핵실험에 성공하자 북경에 대표단을 파견하는 한편 마오쩌둥에게 서한을 보내 혈맹인 중·북은 핵제조 기술도 공유해야 한다고 주장했다. 이에 마오쩌둥이 단호하게 거절했고, 중국지도부는 북한과 같은 소국은 핵무기가 불필요하다고 생각했다는 것이다.[7]

(2) 김일성의 핵개발 본격화

1980년대 들어 김일성은 핵개발에 본격적으로 뛰어들었다. 우라늄 광산과 정련공장을 가동(1982)하여 우라늄을 자체 조달하기 시작했다. 자체 기술로 5MWe원자로 건설에 착공(1983)하여 1986년부터 가동했다. 재처리 시설인 방사화학실험실을 1989년부터 부분 가동했으며, 5MWe 원자로에서 나온 8,000여 개의 폐연료봉을 재처리하여 플루토늄(Pu)을 추출하기 시작했다. 또한 핵 기폭장치 개발을 위한 고폭실험을 실시(1985)했으며, 소련과 원자력발전소 건설을 위한 경제기술 협조협정(1985)에 의거 50MWe 원자로(1985)와 200MWe원자로(1989)를 추가로 건설하기 시작했다.[8] 반면, 사찰을 회피하기 위해 북한은 1985년 핵확산금지조약(NPT)에 가입한 후 18개월 내 의무적으로 국제원자력기구(IAEA)와 체결해야 하는 안전조치협정을 기피했다.[9]

1990년대 들어 동구권 민주화 · 독일통일 등으로 위기 의식을 느낀 김일성이 남북대화에 호응해오면서 핵 관련 많은 상황변화가 있었다. 1991년 부시 미 대통령은 소련 해체 이후 핵확산을 우려하여 해외 전술핵무기 폐기를 선언(9월)하고 한반도 내 전술핵을 반출했으며 노태우 대통령은 남한 내 핵부재를 선언(12월)했다. 남북간 기본합의서와 한반도 비핵화 공동선언이 채택(12월)됐고 소련이 붕괴(12월)됐다.

이러한 격랑 속에서 북한은 남북대화 호응 등 유화적 태도를 보이면서도 이면에서는 핵개발을 계속했다. 비핵화 협상과 북핵 개발이라는 상충된 의제를 병행하기 위해 강온 전술을 배합하고 벼랑끝 전술을 구사하면서 한 · 미를 기만했다. 1992년 북한은 핵안전조치협정에 의거 핵 신고서를 제출했고 IAEA가 임시사찰을 실시했으나 추출한 플루토늄(Pu)량에서 중대한 불일치가 발견됐다. 북한이 핵시설과 핵물질을 사실대로 신고하지 않았는데다가 IAEA가

그에 대한 특별사찰을 요구하자 북한이 사찰을 거부하고 NPT탈퇴를 선언(1993), 위기를 조성하는 전술로 치고 나왔다.

이로 볼 때 **북한이 남북 비핵화 회담을 개최한지 6일 만에 신속히 한반도 비핵화 공동선언에 합의하여 핵무기 실험·제조·생산·보유·배치·사용을 하지 아니하고 재처리시설·우라늄 농축시설도 보유하지 않겠다고 약속한 것은 모두가 전술적 기만이었다.** 그것은 남북 간 사찰관련 현안을 논의하던 남북 핵통제 공동위원회가 북한의 억지 주장으로 1993년 좌초되면서 다시 한번 입증됐다.

IAEA-북한 간 NPT 탈퇴 관련 대치가 이어지는 가운데 한·미 공조를 거쳐 핵문제 해결을 위한 미·북 양자회담이 1993년 6월부터 개최됐다. 위기국면이 진정되면서 IAEA사찰단이 1994년 3월부터 방북하여 의심시설 7개소에 대한 사찰을 실시했다. 그러나 북한이 재처리시설에 대한 사찰을 거부하여 다시 위기국면이 초래됐고, 미국은 영변 북핵시설 정밀타격방안(Osirak Option)을 검토하기 시작했으나 우리 정부는 강력히 반대했다.[10] 위기가 고조되던 시점에 카터 전 대통령이 1994년 6월 방북하여 김일성과 핵동결에 합의했다. 김일성은 카터에게 북한이 핵무기를 개발할 의사도 능력도 없다고 강조했는데 이는 의도적 거짓말이었다.[11] 김일성이 1994년 7월 사망했으나 추가적인 미북 고위급회담을 거쳐 1994년 10월 제네바에서 기본합의서(AF, Agreed Framework)가 채택됐다.[12] 이로써 1차 북핵 위기는 봉합됐으나 김씨 정권의 핵개발 의지는 변화된 것이 없었다.

(3) 이율배반적 유훈과 김정일의 기만

권력을 이어받은 김정일은 초기 3년 간 유훈통치로 체제를 이어가면서 '조선반도 비핵화는 김일성 유훈'이라고 주장하기 시작했다.[13] 이 주장에는 함정이 있다. 우선, 유훈과 관련하여 우리가 유훈내용 그대로 이해하는 것과 북한이 의도하는 것이 완전히 다르다는 것이다. 북핵 위기를 조장하여 국제사회의 제재를 받아가면서 핵개발을 집요하게 추진한 것도 김일성의 의지이자 또다른 유훈이었기 때문이다. 따라서 **이율배반적인 2개의 김일성의 유훈이 공존하며 내부에서는 핵개발 유훈을 강조하고 대외적으로는 비핵화 유훈을 강조하는 기만전술을 김정일이 구사한 것이다**.

이는 박재규 전 통일부장관이 2015년 공개한 김정일의 북핵관련 발언에서 드러난다.[14] 남북 정상회담(2000.6)과 2차 남북 장관급회담(2000.8)차 방북한 우리 대표단에게 김정일은 '독일 통일후 미국의 흡수통일을 막기 위해 김일성과 핵무기 개발을 결정했으며, 인민들의 정신무장을 위해 핵 없는 조선은 없다는 슬로건을 내걸었다'고 말했다는 것이다. 그리고 6·15선언 5주년 민족통일대축전(2005.6) 참가차 방북했을 당시 김정일은 '김일성이 사망하기 전에 미국이 대북 적대정책을 중단하고 북한 정권의 안전보장과 경제적 보상을 약속하면 비핵화하라는 유언을 남겼다'고 언급했다는 것이다.

이 비핵화 유언의 문제점은 김일성이 조건으로 제시한 미국의 대북 적대정책 중단, 북한정권의 안전보장, 경제적 보상 등 조건의 이행 여부가 북한의 주관적 판단에 따라 결정되는 것이라는 점이다. 그간의 북한의 협상행태로 볼 때 변화무쌍한 국제정세하에서 이같은 북한요구를 충족시키기가 거의 어렵다는 것을 알게된다. 북한은 비핵화 대화가 진전될수록 협상을 타결하려는 것이 아니라 합의의 문턱을 높이는 전술을 사용해왔기 때문이다. 그것은 북한이 핵포기 의사가 없다는 것을 나타내는 것이다.

단적인 사례로 2019년 미·북 정상회담에서 북한은 비핵화 대가로 'B-2 폭격기 등 전략자산의 한반도 전개뿐 아니라 전개가능한 미국내 무기도 없애야 한다'고 주장한 것에서도 드러난다.[15] 결국 북한은 비핵화 유훈이 아니라 핵개발 유훈을 집중 추진했고 2017년 11월 핵무력 완성을 선언했다. 그후 2018년 1월 발표한 김정은 신년사는 핵무장이 김일성·김정일의 염원이자 진정한 유훈이었음을 방증해준다.

> 우리 공화국은 마침내 그 어떤 힘으로도 그 무엇으로도 되돌릴 수 없는 강력한 전쟁억제력을 보유하게 됐습니다. 우리는 최강의 국가방위력을 마련하기 위해 한 평생을 다 바치신 장군님

과 위대한 수령님의 염원을 풀어드렸으며 평화수호의 강력한 보검을 틀어쥐었습니다.

다음으로, 북한이 말하는 한반도 비핵화는 북한의 핵포기가 아니라 한반도 비핵지대화이다. 비핵지대화는 1980년 김일성이 6차 당대회에서 처음으로 거론했고, 1986년 6월 정부성명을 통해 한반도 비핵지대화를 요구한 이후 지속 주장했다. 북한이 주장해온 한반도 비핵화 개념 경과를 보면 다음과 같다.

[표 9] 북한의 한반도 비핵지대화 주장 경과

일시	한반도 비핵화(비핵지대화) 개념	비고
1990.5.31	• 남한 내 모든 핵무기 즉각 철수 • 핵무기의 생산 · 구입 금지 • **핵무기 적재 외국 비행기 및 함선의 출입·통과 금지**	대남 군축제안 (10개항)에 포함
1991.10.22	• 핵무기의 실험 · 생산 · 반입 · 보유 · 배치 · 사용 금지 • **핵무기 적재 비행기·함선의 통과와 착륙·기항 금지** • 핵무기 전개 · 저장 및 **핵우산 협정 체결 금지** • 핵 무기 · 장비 동원이나 핵 전쟁 훈련 금지 • **남한 내 핵무기·미군 철수 및 핵기지 철폐**	4차 고위급 회담(비핵지대화 초안)
2013.10.12	• 남한을 포함한 한반도 전역의 비핵화 • **미국의 대북 핵위협 완전 청산**	국방위원회 대변인 성명
2016.7.6	• 남한 내 핵 폐기, 남한 주변의 비핵화 • 남한 내 미국 핵무기 공개, 남한 내 핵무기 ·	정부 성명

	기지철폐 • **미국의 핵타격 수단 반입금지** • 대북 핵위협 금지 및 대북 핵 불사용 확약 • **핵무기 사용권을 보유한 주한미군 철수**	
2018.12.10	• **북한의 핵억제력 제거 이전에 미국 핵위협 완전제거** • 주변으로부터의 모든 핵위협 제거	조선중앙통신 논평

북한의 한반도 비핵화는 남한의 핵개발은 물론 어떠한 핵관련 전략자산도 남한에 반입·통과해서도 안 되며 미국의 핵우산까지 철폐하는 것이다. 그리고 북한이 비핵화를 하기 전에 먼저 미국의 핵위협을 완전히 제거해야하는 것으로까지 문턱을 높였다. 심지어 북한을 겨냥하여 배치된 모든 미국 핵무기를 폐기하고 주한미군까지 철수하라는 것이다. **북한의 한반도 비핵화는 결국 그들의 대남 혁명전략으로 수렴한다는 것을 알 수 있다.** 북한이 비핵화 공동선언과 국제규범을 위반하여 핵을 불법적으로 개발하면서 이러한 비핵화를 주장해왔다는 자체가 어불성설이자 기만이었다. 달성되기 매우 어려운 조건을 제시함으로써 결국 비핵화를 하지 않겠다는 의도를 표출한 것이다.

(4) 핵개발을 향한 김정일의 파상적 전술

제네바 합의로 북한이 핵동결을 선언하고 한반도에너지개발기구(KEDO)가 출범(1995)하여 북한 내 경수로 건설을 위한 본 공사가 착공(2000)됐다. 미 · 북 간 미사일 회담도 개최되고 한반도 평화 체제 구축을 위한 4자회담도 병행됐다. 그러나 제네바합의 이행을 위한 우호적 국면이 전개되는 과정에서도 북한은 이면에서 핵개발을 은밀히 지속했다. 1990년대 초부터 이어온 파키스탄과의 협력을 통해 1997년부터 파키스탄과 미사일-핵개발 정보를 교환했고, 파키스탄에서 원심분리기를 도입[16]하여 2001년부터 우라늄 농축을 개시했으며 대포동 1호 탄도미사일도 발사(1998)했다.[17]

2000년대 들어 북한이 고농축 우라늄(HEU) 프로그램을 운영하고 있다는 의혹이 제기됐고, 켈리 미국 특사가 방북(2002)하여 추궁하자 강석주 제1부상이 이를 시인함으로써 북핵 위기가 다시 촉발됐다. 2002년 미국이 중유지원 중단을 발표하자 북한은 핵동결 조치 해제를 선언하고 핵시설에 대한 감시장치와 봉인을 제거하는 한편 IAEA사찰관을 추방했다. 이어 NPT에서 탈퇴(2003)한 후, 영변 핵시설을 재가동하여 플루토늄(Pu)을 추출했고 우라늄 농축도 본격 진행했다.[18]

미국은 2003년 이라크가 9.11테러를 감행한 알카에다를 지원하고 WMD를 비밀리에 개발하고 있다는 명분으로 이라크를 공격했다. 전쟁 개시 40여일 만에 후세인 정권이 붕괴됐고, 충격을 받은 김정일은 미국이 제안한 다자회담을 수용하여 2003년 6자회담이 개최됐다. 북한의 벼랑끝 전술로 회담이 부침을 반복한 가운데,

2005년 2월 북한 외무성은 6자회담 참가 무기한 중단 선언과 함께 자위를 위해 핵무기를 만들었다며 최초로 핵무기 제조·보유를 공식 선언했다. 그리고 2005년 5월에는 8,000여 개의 사용 후 연료봉을 인출했다고 주장했다.

유관국간 협의를 거쳐 북한이 회담에 복귀했고, 2005년 9월 북한이 '모든 핵무기와 현존하는 핵프로그램을 포기하고 NPT·IAEA 안전조치에 복귀'를 공약하는 9.19공동성명에 합의하여 희망을 주기도 했다. 그러나 2006년 7월 대포동 2호 ICBM을 발사한 데 이어 10월 9일 1차 핵실험을 감행하여 핵개발을 변함없이 진전시키고 있음이 재확인됐다. 유관국들의 노력으로 2007년 9.19 공동성명 이행을 위한 초기조치 합의인 2.13합의와 2단계 조치인 10.3합의를 채택했다. 2.13합의에 따라 북핵 불능화 조치 팀이 방북했고, 10.3합의에 따라 2008년 6월 북한이 신고서를 제출하고 원자로 냉각탑을 폭파했다.

그러나 2009년 들어 신고서 검증 시 시료채취 거부 등 비협조적 태도를 보이면서 4월 미사일 발사에 대한 안보리 의장성명 채택을 계기로 '6자회담에 절대 참가하지 않을 것이며, 어떤 합의에도 구속되지 않을 것'이라고 선언했다. 5월 25일 김정일은 2차 핵실험을 실시하여 협상이 교착상태에 진입했고, 2010년 천안함 폭침·연평도 포격 등 대남 도발로 경색국면이 지속되는 가운데 2011년 김정일이 사망했다.

3. 김정은의 공세적 핵전략

(1) 경제·핵무력 병진노선으로 핵무기 완성

권력을 승계한 김정은은 공포정치를 통해 권력기반 공고화에 주력하면서도 김정일로부터 물려받은 핵개발 프로그램을 더 공세적으로 추진하기 시작했다. 2012년 4월 장거리 탄도미사일을 발사했고 5월에는 개정한 헌법 서문에 '김정일 동지께서는 … 우리 조국을 핵보유국, 무적의 군사 강국으로 전변시키시였다'라는 문구를 포함시켜 핵보유국임을 대내외에 천명했다. 2012년 12월 장거리 로켓 발사로 유엔의 제재를 받았고 남한 우파정부가 재집권하자 강경기조로 대응 수위를 높여 나갔다.

2013년 2월 폭발력이 증대된 3차 핵실험을 전격 실시하고 3월에는 정전협정을 백지화하면서 노동당 중앙위 전원회의에서 경제 · 핵무력 병진노선을 채택했다.[19] 2014년에는 핵 · 미사일 전력을 운용하던 전략로켓군을 독자적 군종이자 최고사령관으로부터 직접 명령을 받는 것으로 보이는 전략군으로 개편하여 핵 · 미사일 운용과 작전을 전담시켰다.[20] 북한을 대변하는 일본 조선사회과학자협회가 발간한 '21세기 태양 김정은 원수님' 제하 책자는 북한의 자위적 핵보유를 영구화하는 것이 병진노선이 안고 있는 중대한 의미라고 재확인했다.[21] **병진노선은 영구 핵보유에 방점이 있었던 것이다**.

북한은 2013년 3월 이후부터 2017년까지 핵실험 3회, 각종 미사일 총 70회 209발 시험발사 등 이전시기에 비해 매우 빈번하고 다양한 무기시험을 했고, 2017년 11월 국가핵무력 완성을 선언했다.[22] 특히 2017년 8월 트럼프 대통령은 '북한이 계속 위협하면 그들은 세계가 지금까지 보지 못한 화염과 분노(fire and fury)에 직면할 것'이라고 경고했음에도 도발은 중단되지 않았고, 미·북 간 갈등이 최고조에 달했다. 북한은 9월 3일 제6차 핵실험을 단행하면서 ICBM 장착용 수소탄 핵실험에 성공했다고 발표했으며 2017년 1년 간 3차례나 ICBM을 시험발사했다.

나랑(Vipin Narang)은 국가가 핵무기 보유를 위해 구사하는 전략을 4가지로 분류하면서 북한은 비호하(庇護下) 개발(sheltered pursuit) 전략과 은폐 전략을 사용했다고 분석했다.[23] 그러나 지금까지의 제반상황을 종합 분석해 보면, 북한은 은폐전략·질주(sprinting) 전략을 상황에 맞게 배합하면서 중·러의 전략적·암묵적 보호아래 비호하 개발 전략을 사용했다고 평가할 수 있다. 기만전술은 상시적으로 구사했다.

(2) 협상·핵개발 병행 전술로 일시 복귀

2017년 5월 출범한 문재인 정부가 대북관여 위주의 한반도 정책을 추진하자 북한은 평창올림픽을 계기로 대화·협력 노선으로 전환했다. 2018년 4월 노동당 중앙위 제7기 3차 전원회의에서 병진노선을 종결하고 사회주의 경제건설 노선으로 전환하며 핵·ICBM 시험을 중지하는 한편 북부 핵실험장을 폐기하겠다고 선언했다. 남북정상회담에 이어 풍계리 핵실험장 폭파 행사를 5월 24일 국제기자단 앞에서 진행했으나, 그것은 실험에 사용한 갱도의 입구만 폭파한 기만적 이벤트였다. 2023년 이후 북한의 7차 핵실험이 같은 지역 내에서 진행될 수 있다는 경고가 그것을 입증해준다.

이어 우리 정부의 중개로 미·북 정상회담이 2차례 개최됐다. 역사적인 1차 미·북 싱가포르 정상회담은 북한의 비핵화를 위한 원론적 수준의 합의를 도출했다. 이를 계기로 젊고 미숙한 지도자라는 비판을 받아온 김정은은 전세계적 스포트라이트를 받으면서 국제무대에 화려하게 데뷔하는 부수적 성과를 거두었다. 미·북 정상회담 관련 전략 조율을 위한 중·북 정상회담도 수차례 병행됐다. 동북아 질서가 재편될 수 있는 상황에서 미국의 북핵전략, 중국의 대북 영향력 행사, 김정은의 새로운 전략 추구, 우리의 대북전략 등 여러 요인이 맞물려 동북아 상황이 긴박하게 돌아가고 있었다. 북핵관련 주요 최고위 지도자들 간 다층적 상호작용이 활발하게 전개되는 초유의 상황에서 북핵 문제가 급속히 진전되거나 해결될 수도 있다는 기대가 광범위하게 확산됐다. 그러나 그것은 북한의 핵개발 전략을 과소평가한 것으로 결국은 희망고문에 지나지 않았다.

북한 핵전략의 실체를 이해할 수 있는 에피소드가 있다. 2018~

19년간 미북 협상에 직접 참여하면서 김정은까지 만났던 앤드루 김 CIA Korea미션센터장이 퇴임 후 2019년 서울에서 열린 비공개 강연에서 한 증언이다.[24]

미북 간 비핵화 개념은 매우 달랐다. 특히 북한은 1차 정상회담 때부터 B-2 폭격기 등 미국 전략자산의 한반도 전개를 반대했고 심지어 이들 전략자산을 폐기해야 한다고 주장했다. 그리고 미국이 실무협상에서 비핵화 이야기를 꺼낼 때마다 김혁철 대미 특별대표가 나서서 '김 위원장이 올 때까지 기다려 달라'고 해 비핵화 이야기를 제대로 할 수가 없었다. 김혁철 대표는 '영변이외 핵시설은 처음 듣는 얘기'라는 말도 했다

이러한 북한의 행태에서 도출되는 함의는 다음과 같다. 북한이 핵 포기의 조건으로 한반도에 전개 가능한 미국 전략자산의 폐기를 요구한 것은 협상의 문턱을 높인 것으로서 핵포기 의사가 없다는 것을 나타낸다. 북한 실무협상 대표들이 비핵화 문제를 입에 거론하지 못하는 것은 김정은의 핵포기 불가 방침을 내부적으로 공유했으므로 숙청의 위험을 무릅쓰지 않고는 이를 함부로 언급할 수 없기 때문이다. 그리고 협상대표가 북핵시설 현황을 알지 못하는 것은 핵심 인물 이외 어느 사람도 북핵시설 현장에 접근하지 못하고 해당 정보도 공유하지 못하는 데 기인한다.

다음으로 북핵 협상에 핵심 실무책임자로 참여했고 2018년 3월 이후 4차례나 방북하여 미 · 북 정상회담을 조율했던 폼페이오 전 CIA국장 · 국무부장관이 2022년 언론에 언급한 내용을 음미할 필요가 있다.[25]

> 김정은 위원장은 미국이 제시하는 것이 올바른 길이라고 믿었지만, 실제 시진핑 주석이 북한을 움직이고 있었다. 중국이 북한의 비핵화를 방해했고 북핵 문제는 중국 공산당의 문제라는 것이다. 나 또는 트럼프 대통령과 김정은의 만남 전에는 항상 북한과 중국 공산당 간 만남이 있었다. 내가 김정은과 진지한 대화를 나눈 뒤 북한을 떠나자마자 시진핑이 김정은에게 전화하여 국무부장관과 그러기만 해보라고 말했다는 사실을 알게 된 적도 있었다. 김정은은 북한의 경제와 생계, 자신의 지속적 통치가 시진핑과 중국에 의존하고 있다는 것을 알고 있었다. 중국 공산당은 북한이 중요한 완충국가이며, 미국의 정신을 분산시킬 도구를 제공해 준다고 생각한다.

폼페이오 장관의 증언은 북핵의 성격과 비핵화 진전이 어렵다는 것을 잘 보여준다. 김정은은 미 · 북 정상회담과 관련하여 2018~19년 간 시진핑과 5차례나 정상회담을 했는데, 회담을 앞두거나 회담 이후 중요한 결정을 내리기 전에 중국과 긴밀히 조율했다. 북한

정권의 생존을 위해서는 정치·경제적으로 중국의 도움이 필수적이기 때문에 '예속적인 주체국가'라는 모순에도 불구하고 공생하고 있는 것이다.

동시에 중국도 북한의 존재가 체제 안전에 중요하다는 것을 알기 때문에, 북한이 중국의 사활적 이익에 벗어나지 않는 한 북한정권을 지원할 것이다. 따라서 북한 내부에 심각한 혼란이 발생된다면 중국은 북한 체제의 안정화를 위해 수단과 방법을 가리지 않고 개입할 것이 분명하다. 마찬가지로 북한이 중국의 핵심 이익을 침해하는 전략적 결정을 하거나 반중 노선을 추구할 경우, 결코 묵과하지 않을 것이라는 것도 시사해준다.

(3) 핵고도화로 무한 질주하면서 무력통일 추진

2019년 하노이 2차 미·북 정상회담이 핵포기 범위에 대한 이견을 해소하지 못한 채 결실없이 종료되자, 김정은은 공세적 핵고도화 노선으로 다시 전환했다. 화성15형 ICBM을 시험발사(2017. 11)한지 520여 일 만인 2019년 5월 4일 단거리 탄도미사일을 집중적으로 발사했다.[26] 10월 2일에는 잠수함발사탄도미사일(SLBM)을 발사했고, 12월 13일에는 ICBM 발사를 위한 2단 엔진 시험으로 추정되는 중대한 시험을 진행했다. 12월 말 당 중앙위 7기 5차 전원회의에서는 핵·탄도미사일 시험발사 중단약속 폐기, 새로운 전략무기

개발 등을 선언하면서, **미국의 대북 적대정책이 종료되지 않으면 전략무기 개발을 중단없이 진행할 것이며 비핵화는 영원히 없을 것이라고 공언했다**.

2021년 1월 제8차 당대회에서 '강력한 국방력에 의해 조국통일을 앞당기는 것'이 당의 확고한 입장임을 재확인한 가운데 핵무력 강화방침을 강조하면서 '국방력발전 5개년 계획'을 선포했다.[27] 이후 북한은 단·중거리 미사일, ICBM, 순항·탄도 미사일, 극초음속 미사일, SLBM, 지대지·지대공 미사일, 방사포 등 다양한 발사시험을 빈번하게 실시했다. 2021~2023년간 발사 도발 횟수는 총 110여 차례에 달했다.[28] 2024년에도 각종 미사일·인공위성·방사포 등 총 20여회의 시험발사를 진행했다.

2022년 9월에는 핵무력정책법을 채택하여 북한의 핵전력 운용·관리·통제 등에 대한 원칙이 포함된 교리를 법제화했다. 핵교리는 핵무기 보유국들이 핵전력의 관리·운용 방침을 공개하여 그 억제력과 안정성을 담보하려는 선언적 정책문서이다. 그러나 **북한 핵정책법은 선제 핵공격까지도 명시한 공격적 독트린이라는 것에 주목할 필요가 있다.** 그리고 김정은은 이 법을 채택한 날 최고인민회의 시정연설을 통해 '핵정책법 제정으로 핵보유국 지위가 불가역적인 것으로 됐으며 국가방위력 건설을 최우선시하여 절대적 힘을 무한대로 끌어올리는 것이 제1혁명과업'이라고 선언했다.

동시에 남한을 겨냥한 핵 공격훈련을 대대적으로 진행했다.

2022년 9월에서 10월 간 포병부대, 공군 비행대, 전술핵 운용부대 등을 동원하여 종합적인 핵공격 훈련을 실시했다. 각종 방사포, 지대지·공대지·순항미사일 등을 시험발사하고 근접 공격·폭격연습과 함께 대규모 항공 공격훈련을 실시한 것이다. 그리고 2022년 12월 김정은은 당 중앙위 제8차 6기 전원회의에서 '남한이 적대국이 된 상황에서 전술핵무기 대량생산을 통해 핵무기 보유량을 기하급수적으로 늘릴 것이며, 핵무력은 제1의 사명인 억제에 실패할 경우 제2의 사명(핵공격 의미)도 결행할 것'이라고 재확인했다. 2023년 3월에는 핵공격 효과 극대화를 위해 500m 상공에서의 공중폭발 타격훈련을 실시했고, 핵공격종합훈련을 통해 여러 작전지역에서 다양한 핵무기를 통합적·효율적으로 운용하기 위해 만든 핵무기 종합관리 체계인 '핵방아쇠'의 기술 상태도 점검했다.[29]

한·미·일 간 북핵억지에 대한 공조가 구체화되고 실전훈련이 이어지자, 남한을 대상으로 다양한 공세를 전방위적으로 전개했다. 2023 년 9월 최고인민회의에서 핵무력 정책을 개정 헌법에 명시하면서 김정은은 '핵무기를 기하급수적으로 늘리고 핵 타격수단을 다종화하여 실전배치하는 사업을 강력히 추진하겠다'고 재강조했다. 그리고 대남 핵공격을 감행할 경우, **민족 공멸의 원흉이라는 비난을 모면하기 위해 2024년초 남북관계를 2민족 적대적 2국가로 규정했다.**[30] 나아가 김정은은 2024년 1월 군수공장을 시찰하면서 '대한민국이 우리의 주권과 안전을 위협하려 든다면, 주저 없이 모든 수단과 역량을 총동원하여 초토화할 것'이라고 위협했다. 또한 최고인민회의 연설에서는 전쟁발발 시 대한민국을 완전히 점령·평정·수복하고 북한 영역에 편입시키는 문제를 헌법에 포함시키겠다고 공언했다. 3월 19일에는 김정은이 극초음속 미사일 고체연료 시험을 참관하면서 2021년 제시한 국방력 발전 5개년 계획을 성공적으로 완수했다고 선언했다. 5개년 계획을 3년 여 만에 조기달성했다는 것이다.[31]

4월에는 핵무기 종합관리 체계인 '핵방아쇠'하에서 초대형방사포를 동원한 '핵반격가상종합전술훈련'을 실시했다.[32] 2024년 9월에는 김정은의 핵무기 연구소와 대규모 원심분리기가 설치된 고농축 우라늄(HEU) 생산시설 시찰 장면을 공개하면서, '핵무력을 중추로 하는 자위적 국방력과 선제공격 능력을 계속 확대할 것'을 지시했다. 10월 23일에는 요새화된 전략미사일 기지를 공개하면서, '기지를 요새화·현대화하여 적들에게 전략적 타격을 할 수있게 철저한 대응태세를 유지'할 것을 강조했다.

이제 북한은 전략핵 및 규격화된 전술핵탄두와 근·단·중·장거리 미사일, 탄도·순항 미사일, 극초음속 미사일, 수중발사 미사일, 방사포 등 투발수단 그리고 전술핵공격 잠수함, 무인 수중공격정을 갖추게 됐고, 러시아와의 협력으로 정찰위성까지 보유했다. **전투종심이 짧은 한반도를 고려할 때, 북한이 3대 핵전력을 모두 갖추었다고 해도 과언이 아니다.**[33] **김정일의 공세적인 핵전략 및 대외**

정책으로 볼 때, 북한은 각종 무기 체계의 첨단화·실전화에 주력할 것이며 특히 러북동맹 복원으로 상당한 수준의 현대적 무기 체계로 업그레이드 될 것으로 예상된다. 냉전이 해소되지 않은 한반도에 신냉전까지 더해지면서 북핵발 안보 딜레마가 현실화되고 있다.

(4) 최고의 전성기에 진입한 러·북 관계

러시아는 2022년 2월 나토의 동진을 저지하기 위해 우크라이나를 침공했으나 서방의 무기 지원, 제재 부과 등으로 예상과 달리 소모전 형태로 변화됐다. 전쟁이 장기화되자 러시아는 군수물자·병력등 자원부족에 시달리게 됐다. 서로 상대방에게 긴요한 자원·역량을 보유하고 있는 러시아와 북한은 급속도로 관계가 밀착됐고, 2023년 7월 '전승절' 군사 퍼레이드에 쇼이구 국방부장관이 참석하면서 교류가 본격화됐다.

9월에는 러·북 정상회담이 러시아 아무르주 우주기지에서 개최됐다.[34] 김정은은 우주기지 내 로켓실험장·위성발사장을 방문했고, 군수공장 내 전투기, 극초음속 미사일, 전략폭격기, 대잠어뢰 등도 시찰했다. 푸틴은 군사정찰위성 기술지원 방침을 밝히고 모든 분야에서 관계를 발전시켜 나갈 것이라고 주장했다. 11월 북한은 러시아의 기술 지원으로 3번 만에 정찰위성 만리경1호를 발사했다. 2024년 1월 최선희 외무상을 만난 푸틴은 '북한은 매우 중요한 파트너이며 민감분야를 포함한 모든 분야에서 관계를 더욱 발전시키고자 한다'고 언급했다. 민감분야는 군사분야 협력을 의미하는 것이다.

2024년 6월 19일 평양에서 푸틴과 김정은 간 정상회담이 개최되어 '포괄적 전략적 동반자관계에 관한 조약'을 체결했다. 이 조약에 따르면, 러·북 중 일방이 개별적인 국가 또는 여러 국가들로부터 무력침공을 받아 전쟁상태에 처하게 되는 경우, 타방은 유엔헌장 제51조와 북한·러시아의 법에 준하여 지체없이 자기가 보유하고 있는 모든 수단으로 군사적 및 기타 원조를 제공한다(§4). 이로써 **양국 간 군사적 동맹관계가 복원된 것이다.**[35] 이 같은 양국 간 관계는 북핵에 대한 러시아의 입장에서도 재확인된다. **푸틴은 2024년 3월 인터뷰에서 '북한은 자체 핵우산을 갖추고 있다'며 북한의 핵보유국 지위를 인정했다.** 라브로프 외무부장관은 9월 26일 '미국의 핵우산은 분명히 지역안보에 매우 심각한 위협이다. 이 상황에서 북한 비핵화 용어 자체가 의미를 잃었고 우리에게 이것은 종결된 문제다'라며 북한 비핵화는 협상의 대상이 아니라고 했다.

2024년 10월 국정원은 북한의 러시아 무기지원 현황과 북한군 파병결정 사실을 국회에 보고했다. 특수작전부대인 11군단 소속 4개여단 정예부대 소속 1만 2,000여 명 규모의 병력이 10월 8일 러시아로 이동하기 시작했다는 것이다. 그리고 북한은 2023년 8월 이후 총 70여 차례에 걸쳐 1만 3,000여 개 이상 컨테이너 분량의 포탄·미사일·대전차로켓 등 무기를 러시아에 지원했으며, 컨테이너 규모를 감안할 때, 포탄 800여 만발 이상이 러시아에 지원된 것으로 추산했다. 러시아에 파견된 북한군은 10월 27일부터 전장에 투입되기 시작했다.[36] 1만 2,000여 명의 북한군이 전쟁의 승패를 좌우하지는 못할 것이다. 그러나 김정은으로서는 북한군 파병을 통해 현대전 실전경험을 축적할 수 있고, 러시아의 첨단 군사·과학 기술을 지원받아 핵을 포함한 군사적 역량을 획기적으로 증대시킬 수 있을 것이다. 동시에 경화 확보,[37] 식량 지원 등 경제 분야는 물론이고 여타 분야까지 업그레이드하여 정권의 내구성을 높일 수 있게 된다.

러·북 동맹조약은 동북아의 안보 구조를 뒤흔드는 중대한 역사적 사건이다. 김정은은 소련과의 혈맹관계 구축을 통해 북핵 고도화, 대북제재 무력화, 한·미의 핵우산 상쇄, 막대한 경제적 이익 확보 등 든든한 뒷배를 확보할 수 있는 엄청난 기회를 맞이하고 있다. 푸틴은 김정은의 각종 참전대가 요구를 거부할 수 없을 것이다. 트럼프 행정부에서 러-우 전쟁이 종결될 경우, 북한의 가치가 상대적으로 저하될 수도 있지만 러·북관계 긴밀화는 당분간 지속될 것이다. 다만, 종전 후 러시아가 유럽전선의 불안정을 그대로 둔 채 동북아에 적극 개입 방침을 유지할 것인지는 불투명할 수 있으나 북한은 러시아의 한반도 연루를 지속적으로 유인할 것이다.

4. 북한의 핵전력

(1) 증가일로의 핵무기와 핵물질

북한은 1980년대 말부터 영변 5MWe 흑연감속 원자로에서 사용한 폐연료봉을 수차례 인출한 후 은밀히 재처리하여 플루토늄(Pu)을 추출했다. 1990년대 말에는 파키스탄으로부터 원심분리기를 도입하여 2000년대초부터 고농축 우라늄(HEU)을 생산하기 시작했다. 북한은 협상국면이든 긴장 국면이든 정세에 무관하게 은밀히 핵물질을 생산 · 비축해 왔다. 북한의 부실 핵신고 및 관련자료 미공개로 실제 추출한 핵물질의 총량이 정확히 얼마인지는 알 수는 없으나, **여러 기관과 전문가들의 분석을 종합하면 수십기 핵무기를 제조할 수 있는 분량의 핵물질을 보유하고 있음은 틀림없다.** 다음은 국내외 각 기관 · 전문가들이 평가한 북한의 핵 보유량이다.

[표 10] 북한의 핵무기 · 핵물질 보유량[38]

평가 기관	핵탄두	핵물질		비고
		Pu	HEU	
국방부(2022) 국정원(2024)		약 70kg	상당량	**두 자리 수 이상 핵무기 제조 가능**
미국 육군부(2020)	20~60기			매년 핵무기 6기 제조 가능
미국	45기	63kg	1,770kg	

과학국제안보 연구소(ISIS, 2022)				
스톡홀름 국제평화 연구소(SIPRI, 2024)	50기	60~80kg	280~1,500kg	**보유 핵물질로 90기 제조 가능**
해커 박사(2023)		50kg 미만	1,000kg	보유 핵물질로 50여기 제조 가능 (연간 6-7기 제조 가능)
아산정책연구원·랜드연구소(2023)	180기			**2030년에 300여기 예상**
미국 군축협회(2024)	50기	60~80kg	280~1,500kg	핵물질로 70~90기 제조 가능
미국 과학자연맹(FAS) 핵정보 포로젝트(2024)		81kg	1,800kg	핵무기 90기 제조 가능

김정은은 2024년 9월 HEU 생산기지를 시찰하면서 원심분리기 공장을 공개했다. 그리고 시찰 중 '핵무기를 기하급수적으로 늘리기 위해 원심분리기를 더 많이 늘리고 원심분리기의 개별 분리능력을 더욱 높이며 이미 완성 단계인 신형 원심분리기 도입 사업도 계획대로 추진하여 무기급 핵물질 생산 토대를 한층 더 강화하라'고 지시했다. 2010년 11월 북한의 영변 원심분리기 설치시설을 방문했던 해커 박사는 당시 2,000여 개의 원심분리기가 있었으나 지금

은 훨씬 더 확장됐을 것이라고 언급했다. 그는 HEU 생산시설이 있는 지역으로 영변 핵단지 내, 영변 외곽, 평양 외곽의 강선 등을 거론했다.[39]

[그림 2] 김정은의 HEU 생산공장 시찰 (조선중앙통신)

한편 올브라이트 미국 과학국제안보연구소(ISIS) 소장은 영변·강선, 제3의 장소 등 핵단지의 우라늄 농축 시설을 모두 합칠 경우 7천개에서 최대 1만개의 원심분리기가 가동되고 있으며, 영변에서만 1년에 50~75kg의 무기급 우라늄을 생산할 수 있을 것으로 추정했다.[40] 2,000개의 원심분리기에서 연간 40여kg의 HEU를 생산 가능하므로 1만개이면 연간 200여kg을 생산할 수있으며 핵무기 8~10개를 제조할 수 있는 것이다.[41] 김정은 지시대로 **원심분리기 규모·성능을 대폭 개선할 경우, 매년 두 자리 수 규모의 핵무기를 만들 수 있는 HEU를 생산할 수 있게 된다.**

(2) 여러 종류의 핵무기 개발

북한은 6차례의 핵실험을 통해 폭탄의 폭발력을 지속 증대시켰다. 히로시마에 투하된 우라늄탄 리틀보이는 그 위력이 15kt이었으며 33만명의 시민 중 5년간 60%(20만여 명)가 사망했다. 나가사키에 투하된 플루토늄탄 팻맨은 20kt 정도의 위력이었다.[42] 북한의 1차 핵실험은 그 위력이 1kt 미만이었으나 점차 폭발력이 증가하여 6차 핵실험 때에는 160kt에 이르렀으니 그 위력이 히로시마 투하 원자탄의 10배에 달한다.[43]

3차 북핵실험 이후 100일이 지난 2013년 5월 21일 노동신문은 '오늘 우리는 소형화, 경량화, 다종화, 정밀화된 핵탄을 포함하여 모든 것을 다 가지고 있다. 폭발력이 크면서도 소형화, 경량화된 원자탄을 사용하여 높은 수준에서 안전하고 완벽하게 진행된 제3차 지하핵시험은 다종화된 우리 핵억제력의 우수한 성능을 과시했다'라고 주장했다. 이와 함께 소형화는 폭발력이 15kt 이하인 핵무기를 만든다는 것이고[44] 경량화는 총체적 질량을 가볍게 만든다는 것이며 다종화는 군사적 목적을 달성하기 위해 여러 종류의 핵무기를 만드는 것이라고 설명하고 있다.[45] 그리고 전선 · 후방, 피아 쌍방간 경계선 없이 입체적으로 벌어지는 현대전에서 폭발력이 큰 무기를 쓰기가 어렵기 때문에 핵무기의 폭발력이 크다고 다 좋은 것은 아니라고 했다.

나아가 김정은은 4차 핵실험 후 2개월이 지난 2016년 3월 ICBM 화성13형에 탑재될 직경 50~70cm 정도되는 은색 공 모양의 탄두 모형을 공개하면서 개발자들에게 '핵탄을 경량화하여 탄도 로켓에 맞게 표준화 · 규격화를 실현한 것이 진짜 핵억제력'이라고 주장했다. 표준화·규격화됐다는 것은 핵탄두와 그 부품의 형태·크기·품질·성능 등을 일정 기준으로 통일하여 대량 생산할 수 있다는 것을 의미한다. 이어 북한은 2016년 3월 5차 핵실험 직후 핵실험에서 표준화, 규격화된 핵탄두의 구조와 동작 특성, 성능과 위력을 최종적으로 확인했다고 주장했다.

2017년 9월 김정은은 6차 핵실험 단행 직전에 핵무기 병기화 사업을 지도하면서 ICBM 화성14형에 탑재될 장구 모양의 1m 정도 되는 수소탄 탄두 모형을 공개했다. 그리고 2018년 4월 노동당 제7기 제3차 전원회의 보고에서 핵무기 병기화가 완결됐다고 선언했다. 2023년 3월 김정은은 무기급 핵물질과 위력있는 핵무기 생산에 박차를 가하라고 지시하면서 규격화된 전술핵탄두 화산31형을 공개했다. 지름 45~50cm, 길이 약 90cm 크기의 화산31형은 5kt 정도의 위력으로 추정되며 이 탄두를 장착할 수 있는 8종의 미사일·방사포의 사진도 동시에 보도한 것이다.[46]

[그림 3] 북한이 공개한 핵탄두(조선중앙통신)

2016.3.9 은색 공형(원자탄)

2017.9.6 장구형(수소탄)

2023.3.28 화산31형(전술핵탄두)

김정은은 2021년 1월 제8차 당대회에서 국방력발전 5개년 계획의 과제로서 메가톤 급 위력의 초대형 핵탄두 생산을 지시했다. 2024년 7월과 9월에 북한은 4.5톤 중량의 초대형 재래식 탄두를 시험발사했다. 2024년 6월에는 하나의 탄도미사일에 대기권 재진입이 가능한 여러 개의 탄두가 탑재되어 다수의 목표들을 동시에 공격할 수 있는 다탄두 미사일(MIRVs)을 시험발사했으며, 미사일 총국은 다탄두 분리 및 유도조종 실험에 성공했다고 발표했다. 2024년 10월 시험발사한 최신 ICBM 화성19형은 탄두가 뭉툭해지고 상대적으로 커졌는데, 이를 다탄두 미사일로 추정하기도 한다.

이로 볼 때, 향후 북한은 메가톤급 초대형 핵탄두와 대기권 재진입이 가능한 다탄두 미사일 개발도 가속화할 것으로 보이며, 그것마저 완성되면 미국 등 강대국 조차도 결코 무시할 수 없는 수준의 핵능력을 보유하게 되는 것이다. 특히 앞으로 북한의 러시아 파병 대가로 북한이 필요로 하는 러시아의 첨단 군사과학 · 기술을 제공받을 것으로 보여 그것의 현실화 가능성은 더욱 증대되고 있다.

(3) 핵을 탑재할 수 있는 투발수단 다종화

북한은 1970년대에 소련제 스커드(SCUD) 미사일을 도입하여 역설계 방식으로 모방 개발하기 시작했다, 1980년대 중반 SCUD-B(사거리 300km) 및 SCUD-C(사거리 500km)를 생산하여 실전 배치했고, 1990년대 후반에는 SCUD 미사일을 개량하여 사정거리 1,300km의 노동미사일과 사거리가 연장된 SCUD-ER을 배치했다. 그러나 이 미사일들은 탄두가 본체에서 분리되지 않는 미사일로 장거리 타격에 적합하지 않아 대포동1호(1998), 대포동2호(2006)를 시험발사하면서 장거리 미사일 개발에 본격 착수했다. 2007년에는 소련 잠수함발사미사일(SLBM) R-27을 역설계하여 만든 사거리 3,000km 이상인 무수단 미사일을 먼저 배치한 후 시험발사는 2016년에 성공했다. 2017년에는 괌까지 타격할 수 있는 화성12형 중거리 탄도미사일을 개발하여 2022년 검수사격 후 실전 배치했다. 북한은 이상과 같은 액체추진 탄도미사일들을 작전 배치하여 남한 및 주변국을 직접 타격할 수 있는 능력을 보유하게 됐다.

이후 북한은 작전에 유리한 고체연료 미사일을 2019년부터 개발하기 시작했다. 회피기동이 가능한 북한판 이스칸데르 화성11형 및 북한판 에이태킴스 화성11나형, 고중량탄두미사일, 근거리 미사일, 중·장거리 미사일 등 고체미사일을 개발했다. 북극성이라는 SLBM과 잠수함발사 방식을 이용한 전술유도탄도 개발하고 있다. 장거리 지대지 순항미사일도 개발 중이며 극초음속 미사일도 진화 중에 있다.[47]

김정은은 2023년 4월·7월·12월에 신형 고체연료 ICBM 화성18형을 시험발사하면서, 핵공격의 효용성을 급진전시키고 공세적 군사전략의 실용성을 변혁시킬 것이라고 주장했다. 그리고 2024년

10월 신형 ICBM 화성19형을 첫 시험 발사하면서, 이를 같은 종류의 투발수단 중 최고라고 자평하고 화성18형과 함께 운용하게 될 최종완결판 ICBM이라고 주장했다. 이상의 북한 미사일의 종류를 분류하면 다음과 같다.

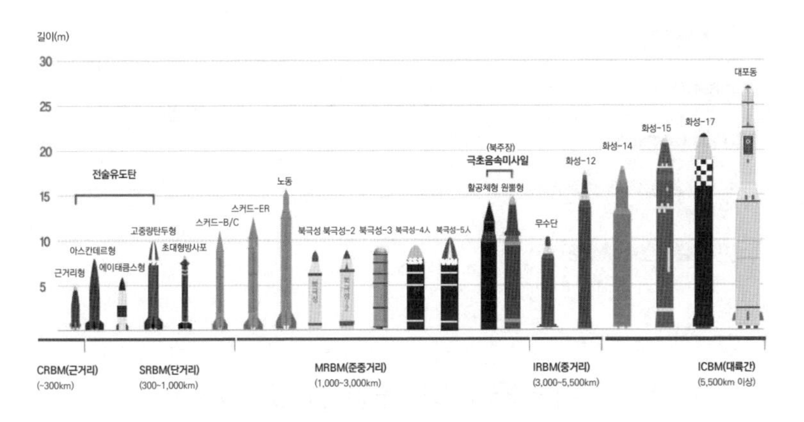

[그림 4] 북한 미사일 종류(국방백서 2022[48])

위 그림은 2022년에 작성된 관계로 그 이후 발사된 사거리 15,000km 이상의 화성18형과 화성19형 미사일은 포함되어 있지 않다. 화성18형은 화성17형보다 2~4m 정도 작지만 화성19형은 북한이 그간 공개한 ICBM 중 가장 큰 미사일로 보인다.[49]

이러한 북한의 미사일은 SCUD만으로도 남한 전역을 사정권에 둘 수있고 노동 미사일은 일본까지 도달가능하다. 그 이외에 중장거리 미사일은 사정권이 아시아를 벗어나며, 특히 화성15형은 미국 중서부 일대까지 도달 가능하고 화성 17 · 18 · 19형은 미국 전역은 물론이고 전 세계가 사정 거리 안에 있는 ICBM이다.

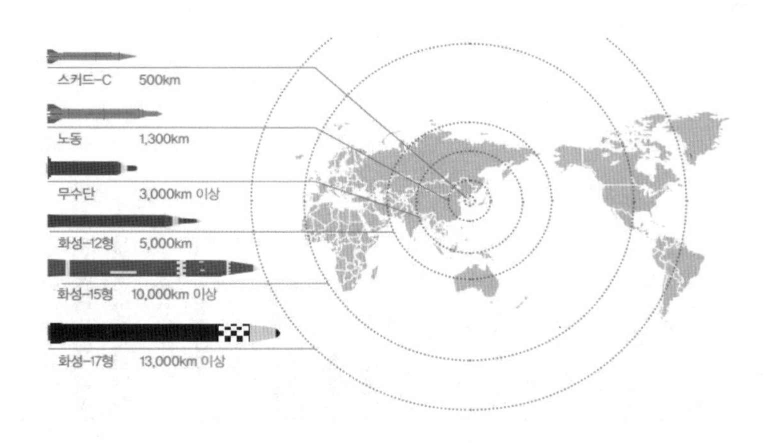

[그림 5] 북한 미사일 사거리(국방백서 2022[50])

북한이 다양한 종류의 미사일을 개발하는 이유는 무엇일까? 남한을 침공하거나 적화통일을 감행하는 과정에서 전투 종심이 짧은 한반도에서는 근 · 단거리 탄도미사일, 장사정포 등만 사용 가능하다. 따라서 중장거리 미사일은 미국 본토나 주일미군을 겨냥한 것으로 유사시 그들의 한반도 진입을 저지하거나 지연시키기 위해 개발하는 것이다. 실제 중장거리 핵미사일로 미국 · 일본에 공격 위협을 하거나 미사일을 발사할 경우, 미 · 일 국민들의 공포감이 증대될 것이고, 그로 인해 반전(反戰) 여론을 확산시킬 수도 있으며, 한국에 파견될 증원군을 저지할 수도 있다. 북한이 ICBM을 빈번히 시험발사하는 것은 미국 · 일본에 대한 핵미사일 공격 가능성을 부각시켜 한 · 미 · 일 간 틈을 벌리는 동시에 그들에 대한 심리전 효과도 노리는 것이다.[51] 2024년 11월 우크라이나 국방정보국은 북한이 탄도미사일 100여 발을 러시아에 제공했으며 2023년 말부터 전장에서 사용되고 있다고 주장했다.[52] 이것이 사실이라면 북한은 미사일을 제3국에서 실전테스트까지 하고 있으며 그 결과 미사일 성능은 더 향상될 것이다.

(4) 진화하는 수도권 공격용 장사정포

미사일 이외 남한에 치명적인 무기는 사거리 40㎞ 이상의 장사정포인데, 170㎜ 자주포와 240㎜ 방사포가 대표적이다.[53] 전방에 배치된 이들 장사장포는 유사시 수도권 지역에 대한 기습적인 집중 공격이 가능하다. 최근에는 남한 전역을 타격하도록 방사포의 사거리 연장, 정밀유도 기능 추가, 전술핵 장착 등 성능을 증강시키고 있다.

300mm 이상의 방사포는 남한 전역을 타격권으로 하는 정밀유도 기능이 있는 방사포로서 사실상 단거리 미사일이나 마찬가지이다. 더욱이 북한은 방사포의 성능 제고를 위해 240mm 방사포에 유도기능을 추가하여 정밀도를 높였고, 이를 2024년에서 2026년

사이에 배치한다고 예고했다. 300mm 방사포는 곧바로 재장전해 2차사격이 가능하게 됐고, 고체연료를 사용하는 600mm 초대형 방사포는 전술핵 탄두(화산31형)를 장착할 수 있다. 특히 북한은 2023년 2월 초대형방사포와 관련하여 '가공할 위력의 전술핵 공격수단으로서 남한 군사비행장당 1문(4발)을 할당해 두었다'고 주장한 바 있다. 그리고 2024년 3월에는 전술핵이 탑재된 방사포의 파괴력 극대화를 위해 공중폭발 모의시험까지 단행했다. 4월에는 초대형 방사포를 동원한 핵반격 가상종합전술훈련을 진행했다.

북한은 방사포 5,500여문, 견인포와 자주포로 구성된 야포는 8,800여문을 보유하고 있다.[54] 2024년 10월 북한은 남한 무인기가 평양에 침투했다며 전방 포병여단에 대해 완전무장 후 사격대기 태세로 전환하라고 지시했다. 북한군 전방지역에는 8개 포병여단이 주둔하고 있으며 1개 포병여단은 4개 대대로 구성되고 1개 대대에는 18문의 포가 편제된 것으로 알려졌다. 8개 포병 여단이면 570여 문의 장사정포를 보유하게 되며, 동시에 5발씩 쏘면 2,850여 발, 10발씩 쏘면 5,700여 발을 우리 수도권에 쏟아 부을 수 있는 수준이다.[55] 유도 기능이 있는 방사포는 조준 타격도 가능하다.

이 같은 **북한의 방사포 고도화는 그 사거리로 볼 때 순전히 대남용이다**. 600mm 초대형 방사포에 전술핵 탄두가 장착되면 바로 핵무기로 전환되므로 이 방사포는 북핵 대응 전략의 연장선에 있게 된다. 더욱이 **북한이 장사정포와 단거리 탄도미사일을 '섞어 쏘기'할**

경우, 핵공격 여부를 판단하기 어렵고 저지하기도 쉽지 않을 것이다. 2024년 이스라엘과 하마스·이란 간 교전 시 이스라엘의 아이언돔이 모든 미사일을 격추시키지 못한 것도 중요한 교훈을 제공해준다.

(5) 유일적 핵무기 지휘·운용 체계

북한은 2022년 9월 총 11개조에 달하는 핵무력정책법을 제정하여 자신들의 핵사용 관련 2013년 교리를 개정했다. 국가 핵무력 완성 이후 수립한 이 **새로운 핵독트린은 아래와 같이 핵사용 범위를 대폭 확대한 공세적 특징을 띠고 있다.**

[표 11] 북한 국가핵무력정책법 핵심 내용

조항	구분	비고
핵무력 **사명** (1조)	◦ 침략·공격기도를 포기하게 하여 전쟁을 억제 ◦ 전쟁억제 실패시 적대세력의 침략·공격 격퇴 및 **전쟁의 결정적 승리 달성**	
핵무력 **지휘통제** (3조)	◦ **국무위원장의 유일적 지휘에 복종** ◦ 국무위원장은 핵무기 관련 모든 결정권 보유 * 국가핵무력지휘기구가 전과정에 국무위원장 보좌 ◦ 적대세력의 공격으로 **지휘통제 체제가 위험에 처할 경우, 핵타격이 자동적으로 즉시 단행**	* 핵 선제타격 자동 단행 가능

핵무기 **사용원칙** (5조)	◦ 외부침략 · 공격에 대해 최후수단으로 사용 ◦ 비핵국이 핵보유국과 야합하여 대북 침략 · 공격에 가담하지 않는한 그나라에 핵무기 불위협 · 불사용	
핵무기 **사용조건** (6조)	① 대북 핵무기 · 기타 대량살상무기(WMD) **공격이 감행됐거나 임박했다고 판단되는 경우** ② 국가지도부 · 국가핵무력지휘기구에 핵 · **비핵공격이 감행됐거나 임박했다고 판단되는 경우** ③ 국가의 중요 전략적 대상에 대한 치명적 **군사공격이 감행됐거나 임박했다고 판단되는 경우** ④ 유사시 전쟁확대 · 장기화를 막고 **전쟁주도권을 장악하기 위해 작전상 필요한 경우** ⑤ 국가 · 인민 생명안전에 파국적 위기사태가 발생하여 **핵무기로 대응할 수밖에 없는 경우**	* 핵 **선제 타격 조건** 명시 * 재래식 전쟁 중에도 핵무기 사용 가능
핵무기 **강화 · 갱신** (9조)	◦ 외부 핵위협 · 국제 핵무력 태세 변화를 평가하고 상응하게 **핵무력을 질량적으로 갱신 · 강화** ◦ 핵무기 **사용전략을 정기적으로 갱신**	

이 같은 독트린에 입각하여 김정은은 핵공격 훈련을 2023년과 2024년에 실시했다. '핵방아쇠'라고[56] 불리는 국가핵무기 종합관리 체계 내에서 실시한 '핵반격 가상 종합전술훈련'으로서 2023년 3월 18일과 19일에는 화성11형(북한판 이스칸데르) 전술핵 운용부대들이 참가했고, 2024년 4월에는 기존 전술핵 부대 훈련에 초대형

방사포 부대까지 참여한 확대훈련을 실시한 것이다. 훈련 명칭이 핵반격이라고 되어 있어 선제공격은 배제한 것처럼 보이나, 실제 핵무력정책법은 선제 핵타격 조건을 명시하고 있기 때문에 사실상 선제타격과 반격이 모두 포함된 훈련이라 할 수 있다.

국가핵무기종합관리 체계인 '핵방아쇠'는 정보화 기술이 적용되어 내부 전자통신망을 통해 가동되며 김정은이 2023년 3월 핵방아쇠의 정보화 기술상태를 점검한 바 있다.[57] 핵방아쇠의 개략적 구조는 훈련 관련 2023년 3월 20일 보도에 기술되어 있다. 보도를 종합해 보면, **핵방아쇠는 북한의 전체 핵무력을 지휘·관리·통제·운용하는 체계라고 할 수있다.**[58] 그리고 핵방아쇠는 국가핵무력을 관리, 통제, 운용하는 체계와 핵무기를 발사하는 핵작전 지휘 체계로 나누어져 있다고 볼 수 있다.

나아가 2023년 3월 28일 조선중앙통신은 '김정은이 준비된 핵반격 작전계획과 명령서들을 검토하면서 핵무기연구소가 다각적인 작전 공간에서 각이한 수단으로 핵무기를 통합 운용하는 역량을 구축한 성과를 높이 평가했다'고 보도했다. 다각적인 공간이라는 것은 지상, 해상, 수중, 공중 등 공간을 말하고 각이한 수단이라는 것은 여러 종류의 핵공격 수단을 말하며, 형태와 용도에 따라 핵미사일, 공중투하 핵폭탄, 포를 이용한 핵포탄, 핵어뢰 등으로 분류된다. 이를 종합해 볼 때, 핵방아쇠에는 지상, 수상, 수중, 공중 등 4대 공간에서 핵미사일, 핵폭탄, 핵포탄, 핵어뢰 등이 통합적으로 운

용되는 핵공격 지휘 체계가 포함되어 있다고 볼 수 있다.[59]

북한의 핵무기 지휘통제 체계는 핵반격 가상종합훈련에서 추론해볼 수 있다. 2023년 3월 진행된 훈련은 지휘 체계 관리연습과 핵무기 발사훈련으로 나누어 실시됐다. 구체적으로 전술핵에 대한 지휘 및 관리·통제·운용 체계 검토, 긴급 상황하에서 핵공격 명령 하달·접수절차, 핵무기 취급절차, 핵공격 가동절차, 핵공격을 위한 행동질서와 전투운용 배치 등으로 진행됐다. 2024년 4월 진행된 핵반격 가상종합전술훈련은 핵위기 사태 발생을 예고하는 '화산경보' 체계를 발령하면서 시작됐다.[60] 한편 **핵무기 관련 모든 결정권은 국무위원장 김정은이 보유하고 있고 김정은의 유일적 지휘에 복종하게 되어 있으므로, 핵공격은 김정은의 명령에 의해서만 작동된다**.

이로 볼 때, 북한의 핵공격 순서는 ① 적대국의 핵공격 시도 탐지 ② 핵공격 위험수준 평가 ③ 화산경보 체계 발령(핵운용부대는 공격태세 돌입) ④ 핵공격 명령 하달 및 대응 핵무기 결정(김정은) ⑤ 핵공격 명령 수령 후 예하부대 전파(전략군 사령관) ⑥ 핵공격 명령 인증후 해당 핵무기 발사 지시(핵무기 운용 부대장) ⑦ 지정된 핵무기 발사 등 순서에 따라 이루어질 것으로 추정된다. 그리고 핵공격 명령 전달 체계는 김정은의 유일적 지휘권·핵공격의 중대성·고도의 위기시 절차 등을 고려할 때 김정은－전략군사령관－핵무기 운용부대(부대장, 운용부대) 순으로 단순화되어 있을 것으로 예상된다.[61] 그리고 북한 핵무력정책법에 '적대세력의 공격으로 지휘통제 체제가 위험에 처할 경우, 핵공격이 자동적으로 즉시 단행'되도록 되어 있다. 이러한 상황에서는 핵방아쇠가 냉전시기 미 · 소가 유지한 '경보 즉시 발사(LOW, Launch on warning)' 체계로 작동된다. 그래야 상호확증파괴(MAD)에 기초한 억지가 작동되기 때문이다.

5. 북한의 대남 핵공격 가능성

북한이 과연 남한을 핵으로 공격할 수 있을까? 이는 북한이 핵을 완성하고 적대적 2국가론으로 전환하면서 대남 핵공격을 위협하고 있어 빈번히 제기되는 질문이다. 우선 북한 핵교리는 적대세력의 핵공격에 대한 반격과 함께 선제 핵공격 가능성을 포괄적으로 열어놓았다. 재래식 전쟁 중에도 핵을 사용할 수 있게 함으로써 핵공격의 문턱을 대폭 낮추었다. 핵으로 자신들의 재래식 전력의 열세를 상쇄시키겠다는 의도이다.[62]

핵무기 사용은 핵무력정책법(6조)에 광범위하게 인정되어 있다. 북한 지도부에 대한 참수작전이 전개될 경우, 얼마든지 핵을 선제 사용할 수 있게 됐다. 그리고 동법 3조는 국가 핵무력 지휘통제 체계가 공격을 받아 위험에 처하는 경우 사전에 결정된 작전 방안에 따라 핵공격이 자동적으로 즉시에 단행된다고 되어 있어, 유사시

한 · 미 연합군의 비핵공격으로 지휘부가 유고되거나 지휘통신 체계가 무력화될 경우에도 핵공격이 즉각 단행될 수 있다. 북한의 2국가론에 의하면 남한은 동족이 아니므로 핵공격을 주저할 필요가 전혀 없다. 따라서 **남한을 핵으로 공격할 규범적 근거는 이미 충분하게 마련됐으므로 위기고조 시 언제든 핵공격을 단행할 수 있다**. 특히 북한이 서해에 설정한 경비계선과 우리의 NLL이 충돌하므로 북한이 이를 빌미로 어떠한 공격도 할 수 있게 된다.[63] 남북 간 전쟁이 유발될 수 있는 요인은 곳곳에 존재한다.

핵은 가공할 군사적 무기이지만 실제 사용된 것은 일본 사례밖에 없기 때문에 현대 국제정치에서 사실상 정치적 무기 측면이 더 크다고 할 수 있다. 칼을 칼집에서 꺼낼 듯 말 듯 하면서 서로 위협할 때 여러 레버리지가 창출되어 더 유용한 것이다. 북한이 핵을 실제 사용하여 남북 간 전면적인 핵전쟁이 벌어진다면, 최악의 경우 남북이 공멸할 것이다. 이 경우에는 당연히 북한 정권도 치명적인 피해를 입는 것은 물론이고 완전히 붕괴될 가능성도 있다. 이를 매우 잘 알고 있는 김씨 정권이 자신들의 체제가 소멸될 가능성을 무릅쓰고 자살적 핵전쟁을 감행하는 시나리오는 현실성이 낮다고 볼 수 있다. 그리고 남북 간 충돌이 격화되어 북한정권의 존립이 위태로워지거나 내부 우발사태로 북한 정권이 와해될 위기에 직면할 경우에 이판사판 식의 핵도발을 상정은 할 수는 있다. 그러나 현 동북아 정세에서 북한 와해 상황이 도래하기는 쉽지 않을 것이다. 다만,

남북 간 재래식 무기에 의한 공방과정에서 도서지역, 지방 중소도시, 군사시설 등에 대한 국지적 핵공격을 감행할 가능성은 배제할 수 없을 것이다.

핵을 사용하면 남북의 군인 · 주민 · 토양이 동시에 피해를 입는다는 점에서 재래식 전면전의 경우에 전선, 특히 북한 내 전장에서 핵을 사용하는 것도 쉽지 않을 것이다. 한편 북한이 남한에 대한 핵공격을 계획할 경우, 반드시 미국본토 · 괌 · 주일기지 등에 대한 핵위협을 병행하여 드골의 딜레마를 유도함으로써 한미 동맹을 이완시키려 할 것이다.[64] 동시에 남북 간 충돌이 임박하면 북한은 동맹조약을 근거로 러시아의 개입을 유인할 것이다. 중 · 러가 개입할 경우, 미국의 개입 수준을 약화시킬 수 있기 때문이다.

따라서 북한은 향후 북핵 고도화로 자신들이 확실한 우위에 설 때까지 한 · 미에 대한 억제 · 강압 목적의 수사적인 위협 · 공갈이나 핵무기 현시 등에 주력할 것으로 예상된다. 그것이 남한 국민에게 핵전쟁의 공포심을 불러일으켜 내부분열을 조장하거나 혼란을 가중시키는 심리전 효과를 발생시키기 때문이다.[65] 10개의 심리전 조치 가운데 1~2개만 실행하면 나머지는 8~9개는 실행하지 않더라도 실질적 효과가 있게 된다. 그리고 그들이 추구하는 대남 무력혁명은 장기적 과제로 추진하는 가운데 각종 전술을 파상적으로 구사하여 그들의 전술적 목적을 달성하려 할 것이다.

6. 북한의 핵포기 가능성

북한이 앞으로 비핵화 대화에 호응하고 핵을 포기할 가능성이 있는가? 결론부터 말하면 **김정은 정권에서는 핵포기가 거의 0.00001 %에 수렴하고 4대 세습 체제가 이어져도 유사할 것으로 예상된다**. 핵포기가 어려운 이유는 다음과 같다. 우선, 핵에 집착한 것은 자신들의 정권 생존이 가장 큰 동기였다. 그리고 김정은 시대에 들어 체제경쟁 실패를 자인하고 열세를 극복하기 위해 핵개발에 박차를 가했다. 수많은 난관을 돌파하여 핵무기를 완성했고, 김일성이 실패한 노동당의 최종 목표를 이루기 위해 마지막으로 남은 단 하나의 카드에 다 걸고 있다. 핵에 의한 무력통일만이 자신들의 전략적 목표를 달성할 수 있는 유일한 방안이기 때문이다. 따라서 자신들의 국가전략 성취에 필수적 수단인 핵 고도화 · 첨단화는 거침없이 진전될 것이다.

2018년 남북정상회담에서 김정은이 언급한 북핵에 대한 관점과 비핵화 언급은 남한으로부터 정치 · 경제적 이득을 얻어보려는 전형적인 기만술책이었다는 것이 입증됐다.[66] 김정은은 2022년 9월 최고인민회의 연설에서 '북한의 핵보유국 지위가 불가역적인 것으로 되어 절대로 먼저 핵포기란 없으며, 비핵화를 위한 어떤 협상도 없고 그것과 맞바꿀 흥정물도 없다'고 선언했다. 일각에서 김정은의 이 연설이 먼저 핵포기를 하지 않겠다는 것이지 핵포기 자체를 부정한 것은 아니라고 하나, 북한의 핵전략과 핵협상 과정을 볼 때 김정은의 주장은 핵포기 불가를 재확인한 것이나 다름없다.

둘째, 북핵 완성 전후의 북한 입지에 차이가 현격하기 때문에 핵을 포기할 수가 없을 것이다. 핵을 완성한 이후 김정은과 북한의 지위는 급상승했다. 주요 강대국 지도자와 정상회담을 통해 국제적 위상이 획기적으로 고양됐다. 북·중·러 간 연대 강화, 미국의 대북 접근도 핵이 없었다면 이루어지지 못했다. 북핵이 한·미의 확장억제를 창조했고 이 확장억제는 러·북 동맹 복원을 통한 핵동맹으로까지 이어졌다. 김씨 정권의 안전은 훨씬 더 공고화되어 북핵과 러시아의 핵우산이 결합된 이후에는 외부세력에 의한 체제붕괴는 상정조차 할 수 없게 됐다.

셋째, 핵 보유·고도화는 수많은 경제적 이익을 북한에 제공해 줄 것이다. 현대화된 각종 무기 수출을 통해 많은 외화를 획득할 수 있게 된다. 국제정세의 변화에 따라 북한이 우호적 관계를 유지하는 나라에 미사일 등 무기수출은 물론 핵기술 확산 가능성도 배제할 수 없을 것이다. 그 대가로 북한은 경화나 물자, 경제협력 프로젝트 등 체제유지에 필요한 대규모 자원을 확보할 수 있을 것이다.

넷째, 북한 지도부는 핵포기 후 실각한 리비아의 카다피 국가원수나 WMD개발 의혹에 휩싸인 이라크의 후세인 대통령이 비참한 최후를 맞는 것을 보았다. 우크라이나가 핵을 포기하고 강대국으로부터 안전보장을 문서로 확약받았지만, 그 약속을 한 당사자인 러시아로부터 침략을 당하는 장면도 목도했다. 북한 지도부는 이 교훈을 내부적으로 공유하면서 핵을 완성했기 때문에 핵 포기는 매우 어려울 것이다.[67]

다섯째, 북한이 핵을 포기한다는 것은 일거에 남한을 제압할 수도 있는 최강의 수단을 스스로 내려놓는 것이자, 대남 혁명전략을 포기하는 것과 같다. 수많은 난관과 위기를 겪어가면서 막대한 자금을 투입하여 개발한 게임체인저를 포기할 경우에 얻을 이익이 별로 없으며 선대의 유훈에도 어긋난다. 김정은은 2013년 군 간부들에게 8월 핵·미사일·사이버전을 만능보검이라고 규정한 바 있다.[68]

북한의 핵포기 불가능성에도 불구하고 반대로 북한이 핵을 포기할 상황도 상정해 볼 수 있다. 우선 한반도에서 명실상부한 핵균형이 이루어져 북핵이 더 이상 그들의 자산이 아니고 부채가 되는 상황이다. 즉 미국의 전술핵 배치, 한국의 핵무장 등으로 상호확증파괴의 균형이 유지되어 더 이상 남한을 위협할 수 없는 가운데 북핵의 관리비용만 계속 증가하는 경우이다. 다음으로 북한이 핵과 정권유지 중 양자택일해야 하는 상황에 직면하는 경우이다. 한·미의 압박에다가 중·러가 전략적으로 북한 비핵화 압박에 가담하여 핵을 포기하지 않으면 정권유지가 곤란하다는 것을 인식한다면 핵을 포기할 수 있을 것이다. 그 다음으로 남북이 통일되어 통일 Korea가 비핵국가를 선언하고 핵을 전격 폐기하는 경우이다. 이들

중 첫 번째 시나리오는 신냉전이 가중되고 동북아에 핵위기가 최고조에 이를 경우 실현될 가능성이 있다. 그러나 여타 2개는 이론적 수준의 시나리오라고 할 수 있다.

7. 핵 위협없는 평화로운 한반도를 향하여

북한의 핵을 억지하고 핵위협을 해소하는 것이 최대의 안보의제가 됐다. 핵의 가공할 위력을 감안한다면, 과거와 같은 수준의 대응으로는 북핵발 안보위기를 극복하기 어려울 것이다. 현 상황에 대한 인식, 안보수호에 대한 결기, 전략적 판단, 실천의지, 실행력 등을 다시 일신해야 한다. 남북대치 상황에서 우발적 사건이라도 일순간에 위기가 폭발할 가능성이 상존하고 우리 안보에 격랑이 일 수도 있다. 2기 트럼프 행정부는 우리에게 기회요인보다는 위기요인을 더 가중시킬 것이다.

현 시점에서 정확한 북한의 핵능력을 파악하기는 쉽지 않다. 그간 북한은 대체로 1~2회의 무기 시험만 진행한 후 성공했다고 발표했다. 이러한 경향은 북한이 핵능력에 대해 과대포장한 데 따른 기만일 수 있고, 핵능력 실체가 노출될 것을 우려했을 수도 있으며, 대남 심리전을 위해 의도적으로 모호성을 유지했을 수도 있다. 그럼에도 불구하고 북한의 핵무기 완성 사실과 우리를 공격하려는 의도는 변하지 않는다. 더욱이 현 국제정세에서 시간이 경과하면 북핵 성능이 증대될 것이고, 러시아로부터 첨단 기술까지 지원받는다면 핵무기 고도화는 시간 문제일 수 있다. 북핵이 더 고도화되고 핵협박이 가중될수록 우리는 훨씬 더 자극적이고 가공할 딜레마에 직면할 것이다.[69]

1%의 위협에도 대비해야 하는 국가안보의 특성을 고려하여 이러한 안보위해 요인이 현실화된다는 전제하에 대응해나가야 한다. 우선, 우리 국민 모두가 현 상황이 핵개발 이전의 상황과는 차원이 다르다는 것을 인식해야 한다. 재래식 무기로 핵에 대응할 수가 없다. 과학적으로 핵을 저지할 수 있는 것은 핵뿐이기 때문이다. 이제 우리는 북한이 더 이상 핵으로 위협하지 못할 수준의 억제력을 가지는 문제에 대해 집중해야 한다. **모든 옵션을 열어놓는 가운데 북핵 위협을 100% 제거할 수 있는 방안을 선택해야 한다**. 그 대응 수준은 향후 북핵의 진전 상황에 따라 달라질 것이다.

최악의 상황이 도래하여 우리가 독자 핵개발을 추진한다면, 수많은 난관을 넘어야 한다.[70] 다만, 우리의 핵개발은 북핵과는 완전히 다른 성격이 될 것이다. 그것은 타국을 공격하는 핵이 아니고 북핵을 저지하려는 방어적 핵이며 북한이 핵을 포기하는 동시에 우리도 핵을 포기하는 조건부 핵이 될 것이다. 북한의 핵개발로 사문화된 남북 비핵화공동선언도 북한이 비핵화할 때까지 효력이 정지되어야 할 것이다. 그리고 남한이 독자적 핵억지력을 확보한다면, 남북 간 핵군축을 통해 한반도 평화에 기여할 수 있을 것이다.

트럼프 행정부에서 미 · 북은 어떠한 방식이든 핵 대화를 재개할 것으로 예상된다.[71] 그러나 협상의 목표, 의제, 방식 등 여러 측면에서 이전과는 다를 것이다. 핵 고도화로 질주하는 상황에서 북한은 미국에 대해 대북 제재의 완전한 해제 요구, 핵군축 회담 제의 등 협상 문턱을 높일 가능성이 농후하다. 핵동결과 제재 해제를 맞교환하는 스몰딜도 타진할 것이고, 핵군축 회담까지 진행되면 북한은 사실상 핵보유국으로 인정받게 된다. 미국 민주 · 공화당 정강에서 비핵화가 제외된 것은 미국 내 북한 비핵화 협상에 대한 동력이 떨어졌다는 것을 방증하는 동시에 핵군축 협상을 할 수도 있다는 의미도 내포되어 있다. 물론 **북한은 미북 대화가 재개되더라도 핵고도화는 은밀히 계속할 것이다**. 북한은 향후 대미 전선에서 한미훈련의 중단 또는 축소, 미국 전략자산 한반도 전개 중단, 한미 확장억제 철회 또는 약화, 주한미군 철수 등을 추가로 노릴 것이다.

북한 비핵화를 위한 협상의 창은 항상 열어놓아야 하지만, 북한의 핵관련 전략 · 의도 · 역량 등으로 볼 때 비핵화 대화에 집착하는 것은 자원낭비만 초래할 가능성이 크다. 동시에 우리가 핵으로 맞대응하면 민족이 핵참화에 빠질 것이라는 감성적 접근도 북한에 그 틈새를 악용할 기회만 제공할 우려가 있다. 일각에서 비핵화 협상에 집중해야 한다고 주장하는 것은 여전히 그들만의 희망적 사고에 근거한 것이다. 북한의 핵무장은 루비콘강을 건넌지 오래다. 북한의 핵관련 입장변화가 없는 한, 한반도 평화는 협상이 아니라 실효적인 핵 억지를 통해서만 가능한 국면이 됐다.

북한의 대남전략·전술을 고려할 때, **우리가 대북 유화정책을 전개할 경우, 일시적인 긴장완화는 얻어낼 수 있지만 지속가능한 평화는 어려우며 북한의 은밀한 핵고도화만 지원해주는 전략적 실패를 또다시 반복할 가능성이 크다**. 지속가능한 평화는 북한의 진정한 비핵화가 이루어지고 신냉전 구조가 해체되어야 가능하다. 그러한 환경이 조성되더라도, 한반도에 항구적으로 평화가 정착되려면 북한이 대남 혁명전략을 폐기하고 적대적 2국가론에서 명실상부한 공존적 2국가론으로 전환해야 한다. 이러한 상황이 도래할 가능성은 낙타가 바늘 구멍으로 들어가는 것보다 더 어려울 것이다.

이제 우리는 선진국 체급의 역량을 토대로 강인한 결기, 전략적 결단, 노련한 실행력을 통해 북핵을 다스려 나가야 한다. 북핵에 대한 억지가 확보되면 남북관계를 포함한 여러 분야에서의 우리의 옵션은 더 확대될 것이다. 남북 간 대화·교류도 더 과감하게 추진할 수 있으며 통일로 가는 여정을 앞당기는 데도 기여할 것이다.

제 8 장

핵 비확산의 국제법적 함의와 국제정치적 현실

제 8 장 핵 비확산의 국제법적 함의와 국제정치적 현실

이 창 위

이제 한반도는 핵확산과 비확산의 갈림길에 섰다. 미국의 확장억제가 제대로 작동하지 않으면 한국의 안보는 심각한 상황에 직면할 것이다. 북한은 애초부터 부분적 핵실험금지조약, 해저비핵화조약, 포괄적 핵실험금지조약과 핵무기금지조약에 가입하지 않았고, NPT는 가입 후 탈퇴했다. 비확산조약 체제를 거부한 북한은 1960년대부터 핵개발을 준비한 셈이다. 우리는 국제사회의 비확산 체제의 현황을 알고 정책적 선택지를 넓혀야 한다. 특히 핵억지력 확보의 걸림돌인 NPT 문제를 국제법과 국제정치의 맥락에서 이해하고, 현실적 대책을 살펴볼 필요가 있다.

1. 핵확산과 비확산의 갈림길

협상에 의한 북한의 비핵화는 사실상 불가능해졌다. 제1장에서 본 것처럼, 북한은 모든 국가적 역량을 결집하여 핵개발에 성공했다. 더구나 북한은 핵과 미사일을 절대 포기하지 않을 것이며, 유사시 핵무기도 사용하겠다는 입장을 대내외적으로 밝히고 있다. 아산정책연구원과 랜드연구소의 예측처럼 북한의 핵탄두가 100기를 넘으면, 북한의 주장은 부인할 수 없는 사실이 된다. **북한의 공언대로 대륙간탄도미사일(ICBM)과 핵잠수함이 최종 완성되면, 북한은 명실상부한 '동방의 핵대국'이 되는 셈이다.**

미국이 1945년 7월 16일 뉴멕시코에서 핵실험에 성공한 후, 여러 국가가 핵개발에 나섰다. 냉전이 본격화하면서 소련, 영국, 프랑스, 중국이 경쟁적으로 핵보유국이 됐다. 미국과 소련은 안전보장이사회 상임이사국을 핵무기국(NWS: Nuclear Weapon State)으로 인정하는 NPT 체제를 1970년 3월 출범시켰다. 5대 핵무기국 외 모든 회원국은 조약상 핵 비확산 의무를 진다. 그러나 NPT 체제 밖에서 이스라엘, 인도, 파키스탄, 북한은 핵개발에 성공했고, 국제사회는 핵확산과 '핵 도미노' 현상의 발생을 우려하게 됐다.

북한은 국제사회가 이스라엘, 인도, 파키스탄 3개국처럼 북한을 '사실상 핵무기국'으로 인정하고 제재를 철회해달라고 주장한다. 미국과 유엔은 북한의 핵과 미사일이 국제사회의 평화와 안보에 가장 큰 위협이 된다고 판단하여 이를 거부하고 있다. 양측의 입장 차이가 너무 현격해서 단기간에 뚜렷한 해결책을 찾기는 쉽지 않다.

한반도는 핵확산과 비확산의 갈림길에 섰다. 북한의 비핵화가 불가능해진 상황에서, 미국이 취할 수 있는 선택지는 매우 제한적이다. 대북 제재를 완화하기 위해서는 어떤 형식이든 미국이 북핵을 인정해야 한다. 그럴 경우 미국은 북핵을 동결하고 북한과 핵군축 협상에 나설 수도 있다. 북한에 최소한의 핵무기를 인정하되, 전략핵잠수함이나 대륙간탄도미사일은 불허한다는 것이다.

그렇게 되면, 한국도 어느 순간 결단을 내려야 한다. 미국의 확장억제가 작동하지 않으면, 한국은 독자적인 핵억지력을 확보해야 한다. 한반도의 안보는 비확산 체제 대신 '공포의 균형'으로 유지될 수도 있을 것이다. 이제는 희망적 사고를 버리고 모든 경우의 수에 대비해야 한다.

이번 장에서는 국제사회의 핵 비확산에 대한 국제법적 현황과 국제정치적 현실을 살펴볼 것이다. 핵확산을 막기 위한 국제사회의 노력은 실패했고, NPT를 비롯한 비확산 체제는 구조적 한계를 드러내고 있다. 우리는 비확산 체제의 본질을 이해하여 북핵 위기에 제대로 대처할 필요가 있다.

2. 핵실험과 핵무기의 금지

(1) 부분적 핵실험금지에 대한 조약

1954년 3월 마셜제도 근처 비키니환초에서 조업하던 일본의 원양어선 제5복룡호(第五福龍丸)는 미국의 수폭 실험으로 방사능에 노출됐다. 이 피폭 사건으로 핵보유국의 핵실험에 대한 국제사회의 비난 여론이 높아지고, 일본에서도 반핵운동이 본격화됐다.[1]

미소 양국은 영국과 함께 1958년부터 핵실험 중단을 논의했지만 합의에 이르지 못했다. 미 · 영 · 소 3국은 핵실험의 중지와 재개를 반복했다. 별다른 진전이 없던 협상은 1962년 10월 쿠바 미사일 위기로 돌파구를 찾았다. 핵전쟁의 위험을 절감한 미소 양국은 '대기권, 외기권 및 수중에서의 핵무기 실험금지조약'(Treaty Banning Nuclear Weapons Test in the Atmosphere, in Outer Space and under Water)이라는 긴 명칭의 조약에 합의했다. 1963년 8월 모스크바에서 채택된 이 조약은 10월 발효했다. 동년 11월 유엔 총회에서 모든 회원국의 조약 비준을 요청하는 결의가 채택됐다.[2]

명칭에 나타난 것처럼, 이 조약은 지하 핵실험을 제외한 모든 핵실험을 금지하고 있다. 지하 핵실험을 금지하지 않았다는 의미에서 이 조약을 '부분적 핵실험금지조약'(PTBT: Partial Test Ban Treaty)이라고 부른다. 조약의 협상을 주도한 미 · 영 · 소 3국은 핵개발을 완료한 상태에서 제약을 받지 않고 지하 핵실험을 계속할 수 있었다.

핵개발 초기 단계에 있던 프랑스와 중국은 조약의 채택에 반대하여 가입하지 않았다. **한국은 1963년 8월 '부분적 핵실험금지조약'에 서명했고, 1964년 7월 국내적으로 비준 절차를 완료하여 조약 당사국이 됐다. 반면 북한은 처음부터 이 조약에 서명하지 않았고, 결국 가입하지 않았다.**[3]

(2) 해저비핵화조약

'해저비핵화조약'의 정식 명칭은 '핵무기 및 기타 대량살상무기의 해저, 해상 및 하층토에 있어서의 설치 금지에 관한 조약'(Treaty on the Prohibition of the Emplacement of Nuclear Weapons and other Weapons of Mass Destruction on the Seabed and the Ocean Floor and in the Subsoil)이다. '해저핵금지조약'(Seabed Arms Control Treaty)이라고도 한다. 이 조약은 1971년 2월 11일 워싱턴, 모스크바, 런던에서 서명을 위해 개방되어, 1972년 5월 18일 발효했다.[4]

조약의 당사국은 핵무기, 기타 대량살상무기, 이들 무기의 저장 · 실험 · 사용을 목적으로 하는 구조물, 발사시설 및 기타 시설을 해안에서 12해리 이원의 해저에 설치하거나 배치해서는 안 된다. 따라서 연안국들이 해안에서 12해리 이내의 해저에 이런 무기를 설치하는 것은 금지되지 않는다. 당사국은 이 조약의 의무를 위반한 것으로 의심되는 다른 당사국의 활동을 검증할 권리를 갖는다.[5]

미소 양국은 1960년대 말부터 18개국 군축위원회(ENDC: Eighteen-Nation Disarmament Committee)에서 협상을 진행했다. 협상 당시 소련은 12해리 이원의 해저에 대한 비군사화를 주장하고, 미국은 3해리 이원의 해저에 대량살상무기 설치의 금지를 주장했다. 결국 규율의 대상에 대해서는 미국 안이, 지리적 범위에 대해서는 소련 안이 채택됐다. 양국은 해저에서의 군비경쟁을 지양하기 위

해 양보하고 합의했다.[6]

다만, 핵무기나 대량살상무기를 장착한 잠수함이 일시적으로 해저에 정박하는 것은 설치나 배치와 무관한 것으로 해석된다. 따라서 핵잠수함의 항행이나 잠수함 발사 탄도미사일(SLBM)의 운용은 조약에 규정된 금지 대상에 포함되지 않는다. 핵잠수함의 항행과 전략·전술핵무기의 운용을 방해받지 않겠다는 양국의 정책은 그렇게 유지됐다.

1959년 남극조약으로 남극의 비군사화가 규정되고, 1967년 우주조약으로 우주공간에서의 핵무기 배치가 금지됐다. 그런 맥락에서 해저비핵화조약으로 해저에서 핵무기와 대량살상무기의 설치나 배치가 금지된 것은 주목할 만하다. 다만, 핵잠수함의 활동과 12해리 범위의 예외를 인정한 것은 이 조약의 한계라고 할 수 있다.[7]

한국은 1987년 6월 25일 이 조약을 비준했다.[8] 그러나 북한은 이 조약에도 서명하지 않았고, 결국 가입하지 않았다.[9]

(3) 포괄적 핵실험금지에 대한 조약

'포괄적 핵실험금지조약'(CTBT: Comprehensive Nuclear Test-Ban-Treaty)은 우주공간, 대기권, 수중, 지하를 포함한 모든 공간에서 핵무기의 실험적 폭발을 금지하는 핵군축 및 비확산에 대한 조약이다. 이 조약은 조약의 준수를 확보하기 위한 '포괄적 핵실험금지조약 기구'(CTBTO)의 설립, 국제감시(IMS), 협의 및 설명, 현지 사찰과 신뢰구축 조치 등 다양한 검증 제도를 규정하고 있다.[10]

핵무기의 개발 및 개량을 위해서는 핵실험이 필요하기 때문에, 핵실험의 금지는 핵군축과 비확산 추진에 필수 불가결하다. 1963년 '부분적 핵실험금지조약'은 지하 핵실험을 금지 대상으로 하지 않았고, 조약의 준수 여부에 대한 검증 조치가 없다는 점이 한계로 지적됐다. 이를 보완하기 위해 1994년 1월부터 제네바 군축회의에서 핵실험금지특별위원회를 중심으로 논의가 전개됐다. 조약의 취지에 반대하는 국가도 적지 않았지만, 유엔 회원국의 압도적인 지지로 1996년 9월 유엔 총회에서 조약이 채택됐다.[11]

지하 핵실험을 포함한 모든 핵실험을 금지하는 이 조약은, 1996년 9월 서명을 위해 개방된 이후 약 30년이 지난 2025년 1월까지, 187개국이 서명하고 178개국이 비준했다. 조약의 발효를 위해서는 협상에 참여한 원전 보유국 중 특정한 44개국의 비준이 필요한데, 미국, 중국, 이집트, 이란, 이스라엘은 조약에 서명했지만 비준하지 않았다. **인도, 파키스탄, 북한은 서명과 비준을 모두 거부하고 있다.**[12] 즉 44개국 중에서 8개국은 처음부터 일관되게 조약을 비준하지 않았다.

CTBT가 핵군축과 비확산을 실현하기 위해 핵실험을 전면적으로 금지한 것은 중요한 의미를 갖는다. NPT와 달리 핵보유국과 비보유국의 차별을 두지 않는 상호검증 제도는 획기적인 것이라고 할 수 있다. 그러나 물리적 핵실험이 금지되더라도, 슈퍼컴퓨터 시뮬레이션에 의한 핵실험이 가능하다는 문제는 남는다.

북한은 CTBT를 비준하지 않았기 때문에 언제든 추가 핵실험을 강행할 수 있다. 미발효 조약도 대부분의 국가가 준수하면 일정한 규범력을 갖지만, 북한은 그런 제약도 받지 않는다. 한국은 1996년 9월 24일 조약에 서명했고, 1999년 9월 24일 조약을 비준했다.[13]

러시아는 2023년 11월 CTBT의 비준을 철회했다.[14] 러시아의 철회로 현재 44개국 중 9개국이 조약을 비준하지 않은 상태다. 만약 러시아가 추가적 핵실험을 한다면, 강대국 간의 핵무장 경쟁은 더욱 가속화될 것이다.

(4) 핵무기금지조약

'핵무기금지조약'(TPNW: Treaty on the Prohibition of Nuclear Weapons)은 핵무기와 관련된 일체의 활동을 금지하는 절대적·포괄적 조약이다. 조약은 모든 핵무기의 개발, 실험, 생산, 획득, 보유, 비축, 사용 및 핵무기에 의한 위협을 금지한다는 내용을 규정하고 있다. 또한 당사국 영토에서 핵무기의 설치와 배치뿐 아니라, 핵실험이나 핵공격으로 피해를 입은 국가를 원조할 회원국의 의무도 두고 있다.[15]

이 조약은 이러한 금지 활동을 수행하는 국가에 대한 지원도 못하도록 규정하고 있다. 따라서 NPT에 규정된 핵무기국의 비확산 의무 외에 타국에 대한 '확장억제'의 제공도 금지됐다. NPT는 5대 핵무기국의 핵보유를 예외적으로 인정하지만, 이 조약은 모든 형태의 핵무기 관련 활동을 불법으로 간주하고 있다.

핵무기금지조약은 2017년 7월 7일 유엔 총회에서 122개국의 찬성으로 채택됐다. 이 조약은 그해 9월 20일 서명을 위해 개방됐으며, 50개국이 비준하고 90일이 지난 2021년 1월 22일 발효했다. 핵무기금지조약의 발효는 비확산 체제의 발전에 중요한 이정표가 됐다. 이 조약은 차별적 NPT에 비해 모든 회원국에 평등한 의무를 부과하고 있기 때문이다.[16]

그러나 NPT가 공인하는 핵무기국인 미국, 영국, 프랑스, 중국, 러시아와 사실상 핵보유국인 인도, 파키스탄, 이스라엘, 북한 등 9개국은 조약의 체결에 반대했다. NATO 회원국과 한국, 일본 등 미국의 '핵우산' 아래 있는 국가도 대부분 조약에 참여하지 않았다.[17] 오히려 평등하고 절대적인 비확산 의무의 부과로 조약의 미래는 밝지 않다. 핵무기의 완전한 폐기라는 목표가 실현될 가능성은 없다.

(5) 평가

핵무기가 등장하면서 핵확산에 대한 우려도 본격적으로 제기됐다. 핵확산에 대한 국제사회의 반대는 비확산조약 체제의 확립으로 어느 정도 성과를 냈다. 그러나 그 성과는 기대에 못 미친다. 핵을 가진 강대국의 기득권을 무력화할 수 있는 조약 체결은 성공하지 못했기 때문이다. 비확산조약은 대부분 핵보유국의 기득권을 반영하거나, 아니면 그들의 반대로 발효할 가능성이 없는 것들이다.

북한은 비확산조약 체제를 받아들이지 않았다. 북한은 모든 비확산조약의 당사국이 아니다. 전술한 네 개의 조약은 처음부터 가입하지 않았고, NPT는 가입 후 탈퇴했다. 북한은 해방과 건국, 한국전쟁을 거치면서 핵무기의 위력을 절감했고, 장래를 위해 핵무기 개발을 국가적 과제로 추진했다고 한다.[18] 그런 맥락에서 북한의 핵개발 과정을 이해하지 않으면 안 된다.

북한의 NPT 가입과 탈퇴의 배경에는 소련과의 관계가 크게 작용했다. 북한은 소련의 비확산 정책에 따라 1985년 NPT에 가입했다. 1950년대 중반 소련으로부터 원자력 기술을 전수받은 북한은 미소 양국이 합의한 비확산 체제를 받아들일 수밖에 없었다. 그러나 냉전의 종식으로 위기를 느낀 북한은 본격적으로 핵개발에 나섰고, 소련이 붕괴된 후 2003년에 NPT를 탈퇴했다.

북한의 일차적인 목표는 절대무기인 핵무기로 체제를 유지하는 것이다. 북한의 입장에서는 핵확산에 대한 국제법적 규제는 국가적 목표를 달성하기 위한 수단에 불과하다. 소련은 NPT를 제외하고 북한이 비확산조약 체제를 거부하는 데 반대하지 않았다. 결과적으로 북한은 국제법적 규제와 제약에 얽매이지 않고 핵·미사일 기술을 계속 발전시키고 있다.

반면 비확산 체제를 따르는 한국은 미국의 '확장억제'에 여전히 의존하고 있다. 한국은 부분적 핵실험금지조약, 포괄적 핵실험금지조약, 해저비핵화조약 및 NPT를 초기에 비준했다. 핵무기금지조약만 미국의 정책에 따라 비준하지 않았다. 북한의 핵위협이 임계점을 넘으면 한국도 독자적 핵억지력을 확보해야 하는데, 그럴 경우 이런 조약상 의무를 어떻게 처리할 것인지가 관건이다.

[표 12] 비확산조약 체제의 현황

조약 명칭	부분적 핵실험금지조약 (PTBT)	해저비핵화조약 (Seabed Treaty)	포괄적 핵실험금지조약 (CTBT)	핵무기금지조약 (TPNW)	핵비확산조약 (NPT)
서명 개방	1963.8	1971.2	1996.9	2017.9	1968.7
발효	1963.10	1972.5	×	2021.1	1970.3
당사국	125	94	178	73	191
한국의 비준	1964.7	1987.6	1999.9	×	1975.4
북한의 비준	×	×	×	×	1985.12 (2003.1 탈퇴)

출처: 유엔군축실(UNODA) 조약 데이터베이스와 국가법령정보센터 참조

3. 핵비확산조약(NPT)

(1) 북한의 NPT 탈퇴와 한국의 대응

케네디 대통령은 그의 임기 말까지 핵보유국이 최대 20개국이 될 수 있다고 예측한 바 있다.[19] 그러나 그의 예측과 달리 지금까지 5대 핵무기국 외에 4개국만 핵보유국이 됐다. 그렇게 9개국이 핵보유국이 된 것은 그나마 NPT 체제 덕분이라고 할 수 있다.

이스라엘과 인도, 파키스탄의 핵개발은 급변하는 국제질서 속에서 제재를 피할 수 있었기 때문에 가능했다. 당시 강대국들은 3개국을 **'사실상 핵무기국'**(de facto NWS)으로 인정할 수밖에 없었다. 그러나 국제사회는 여전히 북한의 핵무기에 반대하고 있다.

북한은 1993년 3월 핵 비확산과 핵군축에 대한 기본 조약인 '핵비확산조약'(NPT)에서 탈퇴한다고 선언했다가, 6월 그 선언을 번복했다. 북한은 2003년 1월 다시 NPT에서 탈퇴한다는 입장을 밝혔지만, 2005년 '9.19 공동성명'으로 조약에의 복귀를 약속했다. 그러나 복귀를 거부한 북한은 2006년 10월부터 2017년 9월까지 6차례 핵실험을 단행하여 핵개발에 성공했다. 북한은 그렇게 NPT에서 탈퇴하여 NPT 체제 밖에서 핵보유국이 됐다.

북한의 NPT 탈퇴 과정은 이 조약의 '존재 이유'(raison d'être)**에 대해 본질적인 의문을 제기한다. 핵보유국과 비보유국의 차별적 구조 외에, 이 조약은 핵확산 금지에 실패함으로써 국제사회의 불신을**

초래했다. 이스라엘 등 사실상 핵무기국은 처음부터 NPT에 가입하지 않았다. 이들 3개국은 조약의 위반이 문제가 될 여지가 없었다. 그러나 법적·정치적 논란을 증폭시킨 북한의 NPT 탈퇴는 국제사회에 심각한 갈등과 분란을 가져왔다.

미국의 '**확장억제**'에 기대고 있는 한국은 독자적 핵억지력이 없다. 한국의 북핵에 대한 방어 태세는 효과적이지 않다. 킬 체인(Kill Chain)이나 한국형 미사일방어체계(KAMD) 또는 대량응징보복체계(KMPR) 등 '**3축 체계**'로는 북한의 핵미사일에 제대로 대응할 수 없다. 미사일을 발사 이전에 탐지해서 격퇴하거나, 발사된 미사일을 탐지해서 요격할 수 있는 확률은 제한적일 수밖에 없다.

상식적으로 판단하면, 핵무기에 대한 확실한 대응수단은 핵무기뿐이다. 각국이 서로의 핵무기로 '**공포의 균형**'(balance of terror)을 이룰 때 진정한 억지력이 확보된다. 한국은 '독자적 핵무장'이나 '전술핵 재배치' 또는 '핵무기 공유'를 통해 핵억지 능력을 갖출 수 있다. 그런데 전술핵 재배치나 핵무기 공유는 미국의 동의가 있어야 실현될 수 있다.

한국의 핵무장도 마찬가지다. NPT와 국제원자력기구(IAEA)의 규제와 제약도 있고, 한미원자력협정의 제약도 있기 때문이다. 핵개발에 반대하거나 이를 회의적으로 보는 입장에서는 한국이 NPT를 탈퇴하면 국제사회의 제재를 극복하기 힘들 것이라고 우려한다. 한국의 핵무장은 일본, 대만, 이란 등 연쇄적 핵무장을 가져올 것이라고 주장하기도 한다. 국제사회는 그런 이유로 한국의 핵개발을 허용하지 않을 것이라고 한다.

그러나 미국이 한국의 핵개발에 동의하면 사정은 달라진다. NPT 제10조는 당사국의 탈퇴 권리를 명시하고 있기도 하다. 한국은 NPT에서 탈퇴하지 않고, 조약의 '이행 정지'와 같은 국제법적 해법을 통해 국제사회의 제재를 피할 수도 있다. 한국 정부가 국가의 생존을 위해 결단을 내리고 미국을 설득한다면, 북핵 문제는 해결될 수 있다. 국제정치의 맥락과 본질을 이해하면, 국제법적 금지와 당위는 극복할 수 있는 것이다.

(2) NPT의 구조와 특징

전문과 11개 조문으로 구성된 NPT는 핵강대국의 핵무기 보유라는 기득권의 유지와, 핵무기 비보유국의 비핵무장 의무 및 원자력의 평화적 이용을 규범적으로 정한 조약이다. 이러한 비대칭적 권리 · 의무의 배분은 대표적 대량살상무기인 핵무기의 확산을 방치해서는 안 된다는 국제정치적 합의의 산물이다. 구체적으로, 이 조약은 비확산을 통한 국제평화의 유지라는 핵심 가치를 실현하기 위해 다음과 같은 내용을 규정하고 있다.

첫째, 핵무기 보유국 내지 '핵무기국'(Nuclear Weapon State)은 '핵무기의 비확산'에 대한 의무를 진다. 핵무기국은 여하한 핵무기나 핵폭발장치 또는 그에 대한 관리를 누구에게도 직간접적으로 양도해서는 안 되며, 비핵무기국의 그에 대한 제조나 관리를 원조해서도 안 된다.[20] 이 조약상 핵무기국은 유엔 안보리 상임이사국 5개국을 말한다.[21] 핵무기 비보유국 내지 '비핵무기국'(Non Nuclear Weapon State)도 핵무기나 핵폭발장치 또는 그에 대한 관리를 누구로부터도 양도받아서도 안 되며, 이를 제조하거나 획득해서도 안 되고, 또한 그에 대한 원조를 구해서도 안 된다.[22]

'핵무기국'과 '비핵무기국'의 이와 같은 핵확산 금지 의무를 '**수평적 비확산**'(horizontal non-proliferation) 의무라 한다. NPT 제1조와 제2조의 핵확산 금지 의무는 미소 양국이 1962년 쿠바 미사일 위기 이후 부분적 핵실험금지조약(PTBT)의 체결에 이어서 오랜 협상을 통해 합의한 것이다.

둘째, 핵무기국은 핵군비경쟁의 조속한 중지와 핵군축을 위한 의무, 그리고 전면적 군축조약의 체결을 위한 교섭 의무를 진다.[23] 이는 이른바 핵무기의 '**수직적 비확산**'(vertical non-proliferation)에 대한 핵무기국의 의무가 되는데, 비핵무기국의 비확산 의무보다 느슨한 성격을 갖는다는 문제가 있다. NPT는 핵무기국이 갖는 핵탄두의 양적 증가와 질적 향상에 대한 '수직적 비확산'과 관련하여, 핵무기국의 핵군축에 대한 미온적인 교섭 의무만 규정하고 있을 뿐이다.

셋째, 비핵무기국은, 핵개발의 포기를 담보하기 위하여, 원자력의 평화적 이용이 핵개발로 전용되지 않도록 안전보장조치를 취해야 할 의무를 진다. 이를 위해 비핵무기국은 국제원자력기구와 핵안전조치협정(nuclear safeguard agreement)을 체결하고 핵사찰을 수락해야 한다.[24] 이와 같이 엄격한 통제와 위반에 대한 규제는 비확산 체제의 핵심이다.

다만, 비핵무기국의 비확산 의무가 그들의 원자력에 대한 평화적 이용 권리를 제한하는 것은 아니다. 비핵무기국은 핵무기의 제조, 보유, 획득이 엄격하게 금지되지만, 원자력의 평화적 목적을 위한 연구, 생산 및 이용을 발전시킬 수 있는 불가양의 권리(inalienable right)를 갖는다. 핵개발을 원하는 국가는 대부분 원자력의 평화적 이용을 내세운 후 점차 관련 기술을 발전시키기 때문에, 잠재적 핵개발국과 그렇지 않은 국가를 구분하는 것은 매우 중요하다.

이상과 같은 NPT의 주요 내용은 '핵확산의 금지'(nuclear non-proliferation), **'핵군축'**(nuclear disarmament)**의 촉진, '원자력의 평화적 이용'**(peaceful uses of nuclear energy)**의 장려라고 요약할 수가 있다.** NPT는 이와 같은 3대 목적(the three main goals)을 달성하기 위해 일종의 집행기구인 IAEA를 통해 그 내용을 실현하고 있다. NPT의 3대 목적을 **세 개의 기둥**(three pillars)이라고도 하는데, 회원국은 이런 목적과 원칙을 기준으로 NPT 각 조항을 해석하고 이행한다.

회원국은 5년마다 열리는 재검토회의(review conference)에서 조약의 이행을 논의하고 검토한다.[25] 각 재검토회의에서 핵무기국과 비핵무기국은 핵무기의 국제인도법 위반과 비확산 의무 이행을 둘러싸고 대립해왔다. 그러나 미국을 비롯한 핵무기국의 반대로 갈등은 해결되지 않고 있다.[26] 핵무기국의 기득권에 대한 비판이 제기되어 왔으나, 조약의 차별적 구조는 변하지 않았다. NPT의 영향력은 다른 비확산조약에 비해 강력하지만, 북한의 탈퇴로 조약의 장래를 회의적으로 보는 회원국도 적지 않다.

4. 조약의 종료와 이행 정지

(1) 조약법에 관한 비엔나협약

조약의 **'종료'**(termination)는 유효하게 성립·발효한 조약이 국제법상 인정되는 근거에 의해 효력을 상실하는 것을 말한다. 조약의 **'탈퇴'**(withdrawal)는 '종료'의 한 형태로 볼 수 있다. 다자간조약의 경우, 조약의 **'폐기'**(denunciation)도 동일한 법적 효력을 갖는 종료 형태가 된다.[27] 다자간조약의 당사국은 탈퇴나 폐기와 같은 종료 의사를 일방적으로 표시함으로써 그 조약을 준수할 의무에서 벗어난다.

조약의 당사국은 그 조약에서 탈퇴할 권리가 있다. 조약은 국내법상 계약과 마찬가지로 체결자의 자유의사에 의해 성립한다. 따라서 그 운용에 있어서도 당사국이 최종적인 결정권을 가진다. 조약의 목적상 탈퇴가 인정되지 않는 경우도 있지만, 그런 조약의 탈퇴를 주장하는 국가에 대한 제재는 쉽지 않다. 어느 쪽이든, 국가는 자국의 이익을 고려하여 조약의 탈퇴라는 정치적 판단을 내릴 것이다.[28]

1969년 '조약법에 관한 비엔나협약'(VCLT: Vienna Convention on the Law of Treaties)은 조약의 **'종료'**와 **'이행 정지'**(termination and suspension of the operation of treaties)의 내용을 탈퇴나 폐기의 경우를 들어 상세히 기술하고 있다. 그 내용은 조약 규정이나 당사국 합의에 의한 경우와 일방적 의사에 의한 경우로 구분할 수 있다. 비엔나협약은 일방적 종료의 근거로서 **'타국의 중대한 조약 위반'**, **'후발적 이행 불능'** 및 **'사정의 근본적 변경'** 등 세 가지를 들고 있다.[29]

비엔나협약 제60조 제2항은 '해당 위반국', '피해 당사국', '일반 당사국'으로 구분하여 서로의 관계에서 중대한 위반으로 인한 조약의 종료나 이행 정지를 규정하고 있다.[30] 제3항은 "이 조의 목적상 조약의 중대한 위반(material breach)이란 다음 각 내용을 말한다. (a) 이 협약에서 인정되지 않는 조약의 이행 거부, (b) 조약의 취지와 목적의 달성에 필수적인 규정의 위반"이라고 '중대한 위반'을 설명하고 있다.

북한이 NPT에서 탈퇴하지 않았다면, 북한의 핵개발은 '이 조의 목적상 중대한 조약의 위반'에 해당한다. 따라서 북한은 '해당 위반국'이 되고, 한국은 직접적인 '피해 당사국'이 된다. 그러나 북한이 NPT를 탈퇴한 후 핵실험을 했기 때문에, 피해국이나 다른 당사국은 북한의 조약 위반을 조약의 종료나 이행 정지 사유로 주장할 수는 없을 것이다.

이제는 북한이 NPT에서 탈퇴했기 때문에, NPT 당사국은 비엔나협약 제62조 '사정 변경' 조항을 적용하여 핵억지력을 강화할 수 있다. 제62조 제3항은 "당사국이 조약 규정에 따라 사정의 근본적 변경을 조약의 종료나 탈퇴의 근거로 원용할 수 있는 경우, 이를 조약의 이행 정지의 근거로도 원용할 수 있다"고 규정하고 있다. **즉 조약의 체결 시 당사국이 알았다면 조약을 체결하지 않았을 정도로 중대한 사정의 근본적 변경**(fundamental change of circumstances) **은 조약의 종료나 탈퇴, 이행 정지의 사유로 적용할 수 있다는 것이다.**[31]

북한의 핵개발은 NPT 가입 당시의 사정이 근본적으로 변한 것으로서, 바로 이 내용에 해당한다. 한국이 북한의 핵개발을 예상했다면 NPT에 쉽게 가입하지 않았을 것이기 때문이다. 따라서 한국은 북핵 위기를 '**사정 변경**'이 적용되는 경우라고 주장할 수 있다. 북한은 NPT를 탈퇴하여 조약을 종료시켰지만, 한국은 NPT의 이행을 정지하여 북핵 위기에 대응할 수 있다. 다만 조약의 이행 정지는 조약 적용의 일시적 중단이기 때문에 종료의 경우와 법적 효과가 다르다. 어쨌든 당사국은 '사정 변경'을 이유로 조약을 종료시키거나 이행을 정지할 수 있다.

[표 13] 비엔나협약상 합의에 의하지 않은 조약의 일방적 종료와 이행 정지

조문	원인	효과
제60조	중대한 조약 위반	조약의 상대적 종료 (조약의 종료와 이행 정지의 근거로 원용 가능)
제61조	후발적 이행 불능	
제62조	사정의 근본적 변경	
제63조	외교관계 및 영사관계의 단절	조약의 제한적 종료
제64조	새로운 강행규범의 성립	조약의 절대적 종료

(2) NPT 제10조

NPT 제10조는 이 조약의 탈퇴와 관련하여 각 당사국은 "그 주권을 행사함에 있어서 본 조약의 문제와 관련된 비상사태가 자국의 지상 이익을 위태롭게 한다고 판단하는 경우, 조약에서 탈퇴할 권리가 있다"고 명시하고 있다.[32]

즉 스스로의 판단에 따라 각 당사국이 국익을 위해 NPT에서의 탈퇴를 결정할 수 있도록 한 것이다. 이 조항의 문구만 해석하면, 각 당사국이 직면한 비상사태를 스스로 결정하는 것은 문제가 되지 않는다. 조약에 가입한 당사국은 당연히 조약의 운용에 대한 해석과 판단을 적극적으로 할 수 있을 것이기 때문이다.

한국의 입장에서는 북한의 핵개발은 명백한 조약상 '비상사태'로서, 자국의 '지상이익'을 위태롭게 하는 것이 된다. 따라서 한국도 NPT에서 탈퇴할 수 있는 권리를 갖는다.

또한 이 조항은 탈퇴의 형식적 요건으로 탈퇴의 '사전 통보'를 규정하고, 이어서 그 내용을 통보하는 기관을 유엔 안전보장이사회로 규정하고 있다. 즉 각 당사국은 "3개월 전에 탈퇴를 모든 당사국과 유엔 안전보장이사회에 통보해야 하며, 그 통보에는 긴급한 상황에 대한 설명이 포함되어야 한다"고 동 조항 후단에서 규정하고 있다.[33] 탈퇴 전 3개월이라는 '통보 기간'(notice period)을 둔 것은 법적으로나 일반적으로 큰 문제는 없다.

다만 NPT 회원국이 탈퇴 의사를 안보리에 통보하게 한 것은 국제정치적 의미나 함의가 작지 않다. 안보리는 회원국의 NPT 탈퇴가 국제사회의 평화에 심각한 위협이 된다고 보았다. 이는 핵확산금지라는 조약의 목적과 취지에도 부합한다. NPT가 인정하는 5대 핵무기국이 모두 안보리 상임이사국이라는 점을 감안하면, 통보 규정은 충분히 납득할 수 있는 것이라고 할 수 있다.[34]

유엔헌장은 유엔의 일차적인 목적을 특히 "국제평화와 안전을 유지하고, 이를 위하여 평화에 대한 위협의 방지, 제거 및 침략행위 또는 기타 평화의 파괴를 진압하기 위한 효과적인 집단조치를 취하고, 평화의 파괴로 이어질 수 있는 국제분쟁 또는 사태의 조정과 해결을 평화적 수단에 의해 그리고 정의와 국제법의 원칙에 따라 실

현한다"고 명시하고 있다.[35]

유엔의 일차적인 목적을 구체적으로 실현하기 위해 안보리는 중요한 권한을 행사한다. 즉 안보리는 평화에 대한 위협, 평화의 파괴 또는 침략행위의 존재를 결정하고, 잠정조치나 비군사적 조치를 권고하고, 나아가 군사적 조치를 취할 것을 결정할 수 있다.[36] 따라서 안보리가 NPT를 탈퇴하려는 회원국에 대해 그런 조치를 취하면, 회원국의 NPT 탈퇴에 제동이 걸리게 된다.

안보리가 취하는 조치의 결정은 절차적 사항을 제외하고 상임이사국 5개국의 찬성이 필요하다.[37] 안보리 상임이사국 중 한 국가라도 그런 제재 조치에 거부권을 행사하면, 해당 국가의 NPT 탈퇴를 막기 어려워진다. 결국 NPT 탈퇴에 대한 유엔과 국제사회의 제재는 NPT가 인정하는 5대 핵무기 보유국의 합의가 있어야 성립된다.

북한이 NPT를 탈퇴한 것은 북한에 대한 제재가 효율적으로 이루어지지 않았거나 제대로 작동하지 않았기 때문이다. 그 배경에는 유엔의 제재 조치에 반대하거나 소극적으로 임한 중국이 있었다. 만약 중국이 책임 있는 핵보유국으로서 북한의 NPT 탈퇴를 막았다면, 북핵 문제는 지금과 다른 모습으로 전개됐을 것이다.

5. 핵무기에 대한 국제법과 국제정치

(1) 불안한 비확산 체제의 출범

1950년대 중반 미국, 소련, 영국은 핵보유국이 됐고, 프랑스와 중국은 핵개발에 매진했다. 그런 상황에서, 1958년 유엔 총회 제1위원회에서 아일랜드의 제안으로 핵실험과 핵확산 금지 문제가 논의됐다. 1959년 유엔 총회에서 결의 1,380이 채택됐고, 10개국 군축위원회(TNDC: Ten-Nation Disarmament Committee)가 설립되어 비확산 문제가 본격적으로 다루어졌다.[38] 핵실험 금지에 대한 논의는 '부분적 핵실험금지조약'의 타결로 어느 정도 정리됐다.[39]

그리고 1968년 5월 21일 18개국 군축위원회에서 NPT 최종안이 채택됐다. 10개국 군축위원회가 확대된 이 위원회는 유엔 군축회의(CD: Conference on Disarmament)로 발전했다. 전문과 11개 조항으로 구성된 NPT는 전술한 것처럼 '핵확산의 금지', '핵군축' 및 '원자력의 평화적 이용'을 핵심 내용으로 하고 있다.[40]

협상 과정에서 가장 쟁점이 된 것은 미소 양국이 주도하는 핵질서를 인정하면서 비핵무기국의 안전을 담보하는 것이었다. 특히 비핵무기국은 핵공격을 받을 경우 핵무기국이 적극적으로 지원해주고, 또한 핵무기국이 비핵무기국에 핵공격을 하지 않는다고 선언해주기를 원했다. 전자는 '적극적 안전보장'(PSA) 문제이고, 후자는 '소극적 안전보장'(NSA) 문제였다. 그 외에 원자력의 평화적

이용, 핵군축 의무 및 그에 대한 검증과 준수의 방식이 치열하게 논의됐다.[41]

미소 양국은 그들이 구축한 **'상호억지'**(mutual deterrence) 체제 밖에서 다른 국가가 핵무기를 보유하는 것을 반대했다. 특히 양국은 각 동맹국들에 핵우산과 같은 '확장억제'를 제공함으로써 핵확산을 통제했다. NPT에는 이와 같은 핵강대국의 입장이 적극적으로 반영됐다. 결국 안전보장이사회 상임이사국인 미국, 영국, 프랑스, 러시아, 중국 5개국이 핵무기국으로 인정됐고, 그 외 국가는 비핵무기국의 지위를 받아들였다.

그렇게 NPT는 전형적인 불평등조약으로 출범했다. 핵무기 보유국의 기득권 인정 외에도, 핵무기 비보유국의 핵비확산 의무나 핵물질의 이용 메커니즘은 매우 불공평하고 비합리적이다. 그러나 미국과 소련이 냉전 체제하에서 동서 양 진영의 국가들을 설득했기 때문에 대부분의 국가는 이를 수용할 수밖에 없었다.

조약은 1968년 7월 1일 각국의 서명이 시작됐고, 1970년 3월 5일 발효했다. 한국과 북한은 1975년 4월과 1985년 12월 이 조약에 각각 가입했다. 5대 핵강대국 중에서 미국, 영국, 소련 3개국이 조약을 먼저 비준했고, 중국과 프랑스는 1992년 조약에 가입했다. 2024년 12월 현재, 191개국이 조약에 가입해 있고, 이스라엘, 인도, 파키스탄, 북한 등 일부 국가만 조약에 가입하지 않거나 탈퇴한 상태다.[42]

핵강대국의 정치적 합의로 겨우 출범한 NPT 체제는 발효 후에도 많은 갈등을 겪었다. 전술한 재검토회의에서 5대 핵강대국의 의무 불이행에 대한 비난의 목소리가 높았다. 특히 미국은 비핵무기국으로부터 '포괄적 핵실험금지조약'의 비준이나 '전략무기감축협정'(START)의 이행과 관련하여 비판을 받았다.[43] 그러나 핵강대국의 입장은 변하지 않았고, 조약의 구조적 불평등에 대한 갈등은 여전히 진행 중이다.

(2) 국제법적 당위와 국제정치의 현실

한국의 독자적 핵억지력 확보에 대한 가장 큰 걸림돌은 미국과 국제사회의 반대와 우려라고 할 수 있다. 국제사회의 반대는 NPT에 규정된 비확산 의무를 근거로 제기된다. 한국은 조약 당사국으로서 핵확산 금지라는 규범적 의무를 지켜야 한다는 것이다. 국내의 핵개발 반대론자도 NPT 탈퇴에 따르는 부담과 회원국의 반발을 이유로 든다. 그러나 체약국은 필요한 경우 조약으로부터 탈퇴할 수도 있고, 또 그 이행을 정지시킬 수도 있다.

NPT는 핵무기의 비확산과 핵군축 및 원자력의 평화적 이용에 대한 국제질서를 확립한 국제적 규범이다. 이 조약은 과거와 현재의 핵 문제에 대한 국제정치적 상황을 있는 그대로 반영하고 있다. 한국의 입장에서 보면, 확장억제의 신뢰나 독자적 핵억지력 논란의 중심에 NPT 문제가 존재한다. 그런 맥락에서 NPT의 본질과 특성을 이해하는 것은 매우 중요하다.

NPT를 제대로 이해하기 위해서는 먼저 국제법과 국제정치학의 관계를 알아야 한다. 국제법은 국제사회에서 법의 지배가 실현돼야 한다는 전제하에 국제적 사건에 규범을 적용하여 해석하는 접근법이고, 국제정치학 또는 국제관계학은 특정 현상에 대한 정치적 상황이나 맥락을 중시하는 방법론이다. 전자는 사안의 법적 중요성을 주목하지만, 후자는 국제관계에서 실제 사건의 전개와 상호작용 및 영향을 주목한다. 따라서 국제법학자는 조약과 국제관습법의 형성과 해석처럼 좁은 이슈에 관심을 갖고, 국제정치학자는 전쟁과 평화, 경제 및 핵무기와 같은 거대 담론에 대한 이론을 제시하고 발전시킨다.

NPT를 둘러싼 우리 사회의 논란도 양자의 차이를 이해하고 접근해야 한다. 한국이 NPT 당사국의 지위를 유지한 채 핵개발에 나서면, 그것은 국제법 위반이 되므로 국제사회의 반발과 제재를 피하기 힘들다. **그러나 국가적 생존이 위협받는 상황에서 국제법적 금지 때문에 안보를 포기할 수는 없다. 핵확산의 금지를 위해 핵강대국들이 정치적으로 합의한 조약이 NPT이기 때문에, 당사국은 정치력을 발휘하여 법적 규제를 해결하면 된다. 당사국은 국제법상 한계를 넘어 NPT에서 탈퇴하거나, 조약의 이행 정지와 같은 특단의 조치를 취할 수 있을 것이다.**

국제법과 국제정치의 맥락에서, '**자위권**'(right of self-defense)의 행사와 관련해서도 이 문제를 바라볼 수 있다. 국제법상 자위권이란 외국으로부터 위법한 무력공격이나 침해를 받은 국가가 자국의 방어를 위해 상대국에 무력을 행사할 수 있는 권리를 말한다. 그런 무력의 행사는 긴급한 것이고 침해의 정도와 균형을 이룰 경우에 국제법상 합법적인 것이 된다. 자위권은 형법상 개인의 위법성이 조각되는 '정당방위'와 유사한 개념이라고 할 수 있다.

현실적으로 국제사회는 주권국가가 병존하는 구조로서 상위의 세계정부나 통치조직이 존재하지 않는다. 국제정치학에서는 이를 자력구제가 작동하는 '무정부 상태'(anarchy of the international system)라고 표현한다. 따라서 국가는 생존이 위협받는 부득이한 경우 스스로의 방어를 위해 자위권을 행사할 수밖에 없다. 자위권은 국제법적으로 인정된 국가의 고유한 권리로서, 유엔헌장 제51조와 1996년 국제사법재판소의 '핵무기의 위협 · 사용의 적법성'에 대한 권고적 의견(advisory opinion)에서 확인됐다.[44]

더구나 초음속으로 발사되는 대륙간탄도미사일과 핵무기와 같은 대량살상무기(WMD)의 등장을 고려하면, 국가의 존망이 걸린 급박한 경우에 규범적 해석에만 매달려 있을 수는 없다. 북핵 위기에 대한 논의도 다르지 않다. NPT에 규정된 비확산 의무는 국제법적으로 엄격하게 해석해야 하겠지만, 그 해석에 있어서 국가의 존속이라는 현실적 문제를 감안하지 않으면 안 된다. 그런 맥락에서 보면, 국제법은 '**자살협정**'(suicide pact)이 아니므로 핵위협에 직면한 국가가 자위권을 예방적으로 행사할 수 있다는 '루이 르네 베레스'(Louis René Beres) 교수의 주장은 설득력이 있고, NPT 문제의 처리에 대해 시사하는 바가 적지 않다.[45]

(3) 핵무기의 사용은 적법한가?

핵무기는 파괴력이 너무 엄청나기 때문에 쉽게 사용할 수가 없다. 2차대전 후 핵강대국들은 역설적으로 핵무기 때문에 직접적인 무력충돌을 피해왔다. 그들은 공포의 균형과 상호확증파괴의 균형으로 서로 견제할 수 있을 뿐이다.

국제정치적 현실 외에도, 핵무기의 사용은 법적·도덕적 논란의 중심에 있다. 핵무기가 갖는 야만성과 문명파괴의 가능성은 누구든 비난할 것이다. 히로시마에서의 원폭 투하 이래 지금까지 핵무기 사용의 '법적 타당성'(legality)에 대한 문제는 국제적으로 논란이 되고 있다. 이와 관련하여, 국제사법재판소는 1996년 7월에 유엔 총회의 요청으로 무력충돌 시 '핵무기의 위협·사용의 적법성'에 대해 권고적 의견을 제시한 바 있다.

당시 국제사법재판소는 유엔 총회가 요청한 의견은 국제법적 판단이 필요한 것이라고 확인했다. 그것은 유엔헌장에 규정된 '무력의 행사에 관한 법'(jus ad bellum)과, '무력충돌 시 적대행위에 대한 법'(jus in bello) 내지 '국제인도법'(international humanitarian law)에 의한 판단이 필요하다고 했다. 그렇게 국제사법재판소는 핵무기의 위협과 사용이라는 고도의 정치적 판단이 필요한 문제에 대해 국제법적 판단을 내렸다.

우선 국제사법재판소는, "첫째, 핵무기의 위협이나 사용을 특별히 허가하는 국제관습법이나 조약은 존재하지 않으며, 마찬가지로 그런 위협이나 사용을 포괄적으로나 국제적으로 금지하는 국제관습법이나 조약도 존재하지 않고, 둘째, 유엔헌장 제2조 4항에 위배되고 제51조의 모든 요건을 충족하지 않는 핵무기를 사용한 무력의 위협이나 행사는 위법이며, 셋째, 핵무기의 위협이나 사용은 무력충돌에 적용되는 국제법의 요건, 특히 국제인도법의 원칙 · 규칙의 요건 및 핵무기를 명시적으로 규율하는 조약과 약속에 규정된 특정 의무와 양립해야 한다"는 것을 확인했다.

그리고 국제사법재판소는 결론적으로 "핵무기의 위협이나 사용은 무력충돌에 적용되는 국제법의 규칙, 특히 인도법의 원칙 · 규칙에 일반적으로 위배되지만, 그러나 국제법의 현재의 상황 및 재판소가 이용할 수 있는 사실의 제 요소를 고려하면, **국가의 생존이 위협받는 자위의 극한적 상황에서 핵무기의 위협이나 사용이 적법한지 위법한지 확정적으로 판단할 수 없다**"는 입장을 밝혔다.[46]

2차대전 이후 확립된 국제인도법의 일반적 원칙은 '차별성의 원칙', '비례성의 원칙', '군사적 필요성의 원칙' 및 '인도주의의 원칙'을 말한다. 즉 적대행위에 있어서 전투원과 민간인을 구별해야 하고, 과도한 군사적 대응을 해서는 안 되며, 군사적으로 필요한 대상을 공격해야 하며, 불필요한 고통을 주는 살상무기는 사용하지 말아야 한다는 것이다.

핵무기의 사용은 당연히 국제인도법의 원칙에 일반적으로 어긋난다. 그러나 핵무장국들이 강력한 '상호억지'로 공포의 균형을 이루고 있는 국제사회의 현실을 무시할 수는 없다. 국제사법재판소가 핵위협이나 핵무기 사용의 적법성을 확인하면 핵확산을 부추기는 판단이 되고, 적법성을 부인하면 무의미한 판단이 될 수도 있었다. 결국 국제사법재판소는 미국을 비롯한 5대 강대국의 핵무기 보유로 확립된 국제 핵질서를 인정했다. 국제사법재판소는 강대국이 상호확증파괴의 세력균형으로 서로 견제하는 국제정치적 상황을 고려하여, 애매하지만 의미 있는 판단을 내렸다.

6. 기로에 선 북핵 위기

(1) 안보 지형의 근본적 변화

한반도의 안보 지형은 북한의 핵개발로 완전히 바뀌었다. 핵보유국이 된 북한은 한미 양국이 무력을 사용하면 핵무기를 포함한 모든 공격력을 동원하겠다는 입장을 거침없이 밝히고 있다. 김정은 위원장은 2023년 12월 노동당 중앙위원회 제8기 제9차 전원회의에서 남북관계를 '적대적이고 교전 중인 두 국가 관계'로 규정하고, "유사시 핵무력을 포함한 모든 물리적 수단과 역량을 동원해 남조선 전 영토를 평정하기 위한 대사변 준비에 박차를 가해야 한다"며 한국에 대한 핵전쟁 위협을 언급했다.[47]

그는 2024년 10월 2일 조선인민군 특수작전부대를 방문하여 "만약 적들이 우리의 거듭되는 경고를 무시하고 한미동맹에 대한 과도한 신심에 넘쳐 한발 더 나아가 공화국의 주권을 침해하는 무력 사용을 기도하려 든다면, 가차 없이 핵무기를 포함한 수중의 모든 공격력을 사용할 것"이라고 경고했다. 이어서 "그런 상황이 온다면 서울과 대한민국의 영존은 불가능할 것"이라고 했다.[48]

김 위원장은 또한 7일 국방종합대학 창립 60주년 연설에서 "적들이 우리 국가를 반대하는 무력사용을 기도한다면 공화국 무력은 모든 공격을 주저 없이 사용할 것"이라고 하고, "여기에는 핵무기 사용이 배제되지 않는다"고 말했다.[49] 요컨대 핵무기를 가진 북한은 통일을 지향하는 특수관계로서 남북관계를 부인하고, 한국이 유사시 핵공격의 대상이라는 점을 분명히 하고 있다.

러시아와 북한은 2024년 6월 19일 '포괄적 전략 동반자조약'(Treaty on Comprehensive Strategic Partnership between Russia and North Korea)으로 1961년 '북소 우호협조 상호원조조약'을 대체하는 안보협력 체제를 구축했다.[50] 양국이 체결한 이번 조약은 '일방

당사국이 무력공격을 받아 전쟁상태에 놓일 경우, 타방 당사국은 모든 군사적 수단으로 원조한다'고 규정하고 있다.[51] 러시아가 북한에 고도의 핵기술을 제공할지는 두고봐야겠지만, 양국 관계는 냉전의 종식 후 어느 때보다 더 돈독해졌다. 러시아는 중국과 함께 북한의 핵무장을 지지하고 있다.

한국은 급변하는 동북아의 핵질서를 받아들이고, 북한의 완전한 비핵화에 대한 기대를 버려야 한다. 따라서 북핵 위기의 극복도 그런 맥락에서 이해하고 판단해야 한다. 북한이 만난(萬難)을 무릅쓰고 개발한 핵·미사일로 한국과 일본을 위협하는 상황에서, 한국만 비현실적 정책에 매달려 있을 이유는 없다.

(2) 독자적 핵억지력과 핵확산

한국은 미국의 동의를 전제로 독자적 핵억지력을 확보할 수 있다. 미국이 동의하면 국제사회의 제재도 피할 수 있을 것이다. 그럴 경우, 한국은 전술한 NPT에 대한 국제법적 해법을 적극적으로 검토해야 한다. NPT에서의 탈퇴와 이행 정지는 법적 효과가 다르기 때문에, 국제사회에 미치는 영향을 고려하여 정책적 선택을 하면 된다.

NPT의 탈퇴는 국제적으로 심각한 반대에 직면할 수 있지만, 이행 정지를 선택하면 반발은 경감될 수 있다. 이행 정지는 조약에서 탈퇴하는 것이 아니기 때문에, 국제사회의 반대는 법적 근거나 명분이 약하게 된다. 실제로 강대국들은 국제사회의 비난을 피하기 위해 군축조약의 폐기에 조약의 이행 정지를 원용해왔다. 강대국들의 실행을 고려하면, NPT 당사국도 필요에 따라 조약에서 탈퇴하거나 그 이행을 정지시킬 수 있다.

예컨대, 미국은 2019년 2월 1일 러시아의 조약의무 불이행을 이유로 '중거리핵전력조약'(INF: Intermediate-Range Nuclear Forces Treaty)의 이행을 정지한다고 선언했다. 러시아도 3월 4일 조약의 이행을 정지시켰다. 양국의 이행 정지 선언으로 이 조약은 실질적으로 폐기됐다. 러시아는 또한 2007년 12월 12일 '유럽재래식무기감축조약'(CFE, Treaty on Conventional Armed Forces in Europe)의 이행을 중단한다고 발표했다. 당시 조약에 탈퇴조항이 있었지만, 러시아는 국제관습법상 조약의 이행 정지를 적용했다.[52]

북한은 NPT 외의 모든 비확산조약에 처음부터 가입하지 않았다. 구체적으로, 1963년 부분적 핵실험금지조약과 1972년 해저비핵화조약은 물론 미발효한 포괄적 핵실험금지조약과 핵무기금지조약도 가입하지 않고 있다. 포괄적 핵실험금지조약은 북한을 비준 대상 44개국에 포함했지만, 북한은 조약의 서명과 비준을 거부했다. 1960년대 초 기초적 핵개발 연구에 나섰던 북한은 미래의 핵실험을 위해 비확산조약 체제를 받아들이지 않았다. 북한의 핵개발 정책은 60년 전부터 굳건하게 시작된 셈이다.

핵개발에 성공한 북한은 파키스탄과 함께 비확산이 실패한 전형적인 경우라 할 수 있다. 완강한 비핵무기국의 핵개발은 막을 수 없다는 **'핵확산 운명론자'**(proliferation fatalists)의 예측대로 된 것이다. 반면, **'핵억지 낙관론자'**(deterrence optimists)는 그래도 사실상 핵무기국에 대한 억지와 비확산을 통해 평화의 유지가 가능하다고 본다.[53]

트럼프 2기의 미국은 북핵을 동결하고 제재를 일부 해제하는 협상을 추진할 수 있다. 그렇게 되면 한반도의 안보 상황은 악화될 가능성이 높다. 한국이 독자적 핵억지력을 확보하지 않는 한, 북한의 핵위협은 계속될 것이다. 한국은 미국의 정책 변화에 적극적으로 대응해야 한다. 그런 맥락에서 핵잠재력의 강화나 핵무기 공유 등 현실적 대안을 우선 적용할 수도 있다. 한국의 핵억지력 강화는 핵확산의 계기가 되기보다 오히려 한반도의 안정에 기여할 수 있다.

케네스 월츠는 정치적 긴장으로 불안한 지역에서 핵확산은 오히려 무력충돌의 가능성을 낮춘다고 했다. 강대국들은 핵무기를 보유한 상황에서 비이성적으로 전쟁을 수행하지 않는다고 했다.[54] 글렌 스나이더는 핵무기국들은 재래식 무기에 의한 충돌은 모르지만 핵전쟁은 하기 힘들다고 주장했다.[55] 존 미어샤이머는 잠재적 분쟁지역에 있는 국가들은 핵무장을 통해 안정을 확보할 수 있다고 했다.[56]

반면, 스캇 세이건이나 베리 포전은 핵확산이 핵전쟁의 발발 가능성을 높인다고 했다. 핵무기를 가진 국가들의 노력에도 불구하고, 재래식 무기에 의한 충돌은 언제든 핵무기에 의한 우발적 확전 (inadvertent escalation)으로 이어질 수 있다고 주장했다.[57] 특정한 상황을 전제했다는 한계는 있겠지만, 양측의 주장이 갖는 현실적 함의는 주목해야 한다. 지금은 국제법적 당위와 국제정치의 현실을 고려한 현명한 판단이 필요한 시점이다.

에필로그

저자 대담

이창위 서울시립대 명예교수
박영준 국방대학교 교수
손재락 건국대학교 안보재난안전융합연구소 객원연구위원
조비연 한국국방연구원 선임연구원

[개관]

이창위: 이제 트럼프 2기 행정부가 출범하게 됐습니다. 한반도 안보는 시계 제로의 위기 상황이라고 하겠습니다. 그런데 일각에서는 지금 상황이 기회가 될 수 있다고도 합니다. 우리가 확장억제에만 의존해왔지만, 그것이 흔들린다면 한국의 독자적 핵능력 확보도 고려해야 한다는 주장도 있습니다. 트럼프가 재집권하게 된 상황에서, 4명의 저자들이 북핵 위기의 현재를 진단하고 각 분야에서의 전문성을 바탕으로 해법을 모색해봤습니다. 순서대로, 각자 맡은 원고에 대해서 말씀해주시면 감사하겠습니다. 먼저, 박영준 교수님, 간략히 소개 부탁드립니다.

박영준: 네, 트럼프 2기 행정부가 출범해서 미국이 전체적으로 글로벌전략이나 핵전략을 재검토하고 변화시킬 가능성이 높아지고 있습니다. 지금까지 한국은 미국과의 확장억제 체제 강화를 위해 한미 핵협의그룹(NCG)도 만들고, 한국의 전략사령부도 창설해서 미군 전략사령부와 재래식핵통합(CNI) 체제도 갖춰나가면서 북핵 문제에 대응해왔습니다.

다만, 이제 트럼프 행정부에서는 여러 가지 상황에 변화가 생길 거로 생각되는데요, 북핵 문제뿐만 아니라 러시아와 중국의 핵전력 증가에 대응하면서 그쪽에 중점을 둘 거라고 생각됩니다. 한국도 물론 북핵에 대한 대응이 가장 중요하지만, 지난 6월 러시아가 북한과 포괄적 전략동반자조약을 체결하여 유사시 북한을 지원할 수 있게 됐기 때문에 이런 부분도 우리가 고려할 필요성이 생겼습니다. 무엇보다 미국은 지금 중국의 핵전력이 2030년대에 거의 현재 미국의 수준으로 증가한다고 보기 때문에, 미국의 인도-태평양 전략이 중국의 대응에 따라 맞춰질 가능성이 높고, 따라서 한국도 북한뿐만 아니라 중국에 대하여 미국과 어느 정도 보조를 맞출 필요가 있습니다. 이러한 전반적인 문제의식을 기반으로 한국의 핵정책에 대한 정책 제언, 특히 '한미일 확장억제 연대'를 제시해봤습니다.

이창위: 알겠습니다. 그러면 그 다음 두 장을 맡아 작성하신 조비연 박사님, 말씀 부탁드립니다.

조비연: 저도 박영준 교수님께서 말씀하신 문제의식을 기반으로 한미 확장억제와 한국의 핵잠재력에 대해서 작성해봤습니다. 북한의 핵문제는 이제 30년이 넘어가는 상황인데요, 한미는 지난 30년 동안 북한의 남침이라든지 핵사용이 이루어지지 않도록 다양한 노력을 해왔다고 생각합니다. 특히 2023년 워싱턴선언 이후에 한미 차원의 다양한 노력들이 이어져 왔습니다.

그런데 문제는 트럼프가 재당선된 겁니다. 저희가 트럼프 1기 때 목도한 노골적 거래주의가 동맹에 미치는 영향, 특히 확장억제 분야에서 윤석열-바이든 정부하에서 이루어진 조치들이 과연 지속 가능한가라는 근본적인 문제가 제기됩니다.

그래서 제가 다룬 제4장에서는 확장억제의 목적과 발전 경과를 살펴보면서 윤석열 정부에서 새롭게 이루어진 성과들을 조명했습니다. 이제 트럼프 시대를 맞이하여 불확실성은 커졌지만, 이러한 확장억제의 지속성을 유지하는 것이 왜 중요한지, 어떻게 하면 트럼프 시대에도 그 합치성을 유지할 수 있는지를 고민했습니다. 구체적으로는 신속, 유연, 전진 재배치라는 안을 한번 담아봤습니다.

두 번째 원고는 핵잠재력에 대한 부분입니다. 지금 국내 조야에서 핵잠재력에 대한 공감대는 많이 높아지고 있는데, 이를 어떻게 구현해야 하는지에 대한 논의는 제한적입니다. 그래서 관련 내용을 한번 정리하고 제가 나름대로 생각한 추진 방향으로서의 안을 담아봤습니다.

이창위: 감사합니다. 손 박사님은 현재 북핵 위기를 이해하기 위한 전제 조건으로서 북한의 대남전략이 어떻게 진행돼왔는지, 그리고 핵심적인 북한의 핵전략은 어떠한지를 정리하신 것 같아요.

손재락: 우선 북한의 대남전략은 70년 동안 거의 변한 게 없다는 것이 제 주장입니다. 우리 정부가 좌우로 왔다갔다 하면서 우리가 변한 것이지 북한은 전혀 변하지 않았습니다. 마치 북한이 변한 것처럼 국민들에게 '희망적 사고'를 불어넣어서 잘못 인도한 것이고, 결국 그 결과가 북한의 핵무장이라는 게 제 생각입니다. 좌파 정부가 들어섰을 때는 북한이 핵을 포기한다며 국민들에게 홍보하고 협상도 했지만 결국은 북핵을 막지 못했습니다. 우파 정부도 대북 제재에 올인했지만, 결국 효과는 없었습니다. 제재만으로 북핵을 포기시킬 수 있겠는가? 어떻게 보면 그것도 환상일 수 있습니다. 과거의 오판과 실수를 교훈으로 앞으로는 전략적 실패를 반복하면 안 된다고 생각합니다.

북한의 핵전략은 결국 대남전략과 연관돼 있습니다. 북한의 핵개발 목적은 기본적으로 정권의 유지이고, 다음은 체제경쟁입니다. 70년을 거치면서 북한이 체제경쟁에서 패배했지요. 체제경쟁에서의 패배를 뒤집기 위해서 핵을 만든 것입니다. 많은 학자들이 급변사태를 이야기하지만, 가능성은 희박합니다. 장기 집권 속에서 국제정세도 북한에 유리하게 돌아가고 있습니다. 우리는 장기적이고 전략적인 관점에서 북핵을 접근해야 하고, 북한이 비핵화를 하면 좋겠지만 거기에만 집착하다가는 다시 북한에 이용당하는 전철을 밟을 수 있습니다. 대화의 창은 열어두어야겠지만, 이제 북핵을 억제하는 데 우리의 모든 역량을 경주해야 합니다. 그런 관점에서 제가 두 개의 장을 썼습니다.

이창위: 잘 알겠습니다. 마지막으로 제가 간단하게 말씀드리면, 저는 첫 번째 장에서 북핵 위기와 대북 제재의 실패를 살펴봤습니다. 국제사회와 한국의 대북 제재가 결국 실패했기 때문에 현재의 북핵 위기가 발생했다는 것입니다. 따지고 보면, 북핵은 '현대 외교사의 미스터리'입니다. 북한이 제재를 무릅쓰고 국가적 역량을 총동원해서 핵개발에 성공했기 때문입니다. 1994년에 클린턴 대통령이 북폭을 기획하지 않았습니까? 당시 김영삼 대통령이 극구 말리고, 페리 국방장관이 너무 많은 사람이 희생될 것이라고 보고하여 보류됐지요. 대북 제재의 과정에서 미국이 결단을 내렸더라면, 당시에 북핵 위기가 중단됐거나 최소화될 수 있지 않았을까 생각합니다.

저의 두 번째 장이자 마지막 장에서는 비확산조약 체제를 국제법과 국제정치의 맥락에서 다루었습니다. 박영준 교수님도 레짐 이론으로서 국제정치적인 입장에서 군축조약들을 많이 다루셨죠. 비확산 체제에서 NPT가 가장 중요하지만, NPT 이전에 부분적 핵실험 금지, 포괄적 핵실험 금지, 해저 비핵화, 핵무기 금지 등의 조약도 수복해야 합니다. 놀라운 것은 북한입니다. 북한은 소련의 압박으로 1985년에 NPT는 가입했지만, 핵개발을 위해 1993년에 1차 탈퇴하고 번복했다가 2003년에 완전히 탈퇴합니다. 그 외에 북한이 가입한 비확산조약은 없습니다. 북한은 아예 처음부터 가입하지 않았던 것이죠. 이 조약들은 1960년대 초부터 발효했는데, 당시부터 북한은 핵개발을 염두에 두었다고 생각합니다.

이 부분에 대한 국내에서의 연구가 전무하기 때문에 상당히 의미가 있을 것이라고 생각합니다. 트럼프 2기의 출범을 앞두고 미스터리했던 외교사의 과정을 살펴보고, 실패한 대북 제재의 반성에 입각하여 우리가 어떤 대응책을 세울 것인지 결론에서 제시했습니다.

[장별 토론]

제1장 북핵 위기와 대북 제재의 실패

● **이창위**: 그럼 각 장별로 질문과 토론을 진행하겠습니다.

1장입니다. 북핵은 '현대 외교사의 미스터리'입니다. 한국을 비롯한 많은 국가가 핵개발을 시도했습니다만, 대부분 미국과 소련의 압력으로 실패했습니다. 제재를 물리치고 성공했던 국가는 북한, 그 이전에 이스라엘, 인도, 파키스탄 3개국입니다. 그런데 3개국은 비확산 체제 조약은 물론이고 NPT에도 가입하지 않았습니다. 그리고 핵을 개발한 후 스스로 포기한 국가는 남아공이 유일합니다. 리비아의 경우는 미국과 영국의 제재가 성공했고, 그리고 당시 사담 후세인의 몰락 과정을 보면서 카다피가 포기를 결정한 사례입니다.

첫 번째 제 논문에서는 북한이 롤 모델로 삼은 것은 파키스탄이고 또 북한이 핵을 포기하지 않겠다는 반면교사로 삼은 것이 리비아라고 해서, 파키스탄과 리비아를 실패와 성공의 모델로서 다루었습니다.

● **손재락**: 북한은 이 교수님 말씀하신 대로 리비아 모델과 파키스탄 모델, 그리고 세 번째 사담 후세인 모델을 주목했겠지요. 북한은 독일의 통일 이후 동독 고위 관료들이 막노동자 아니면 더 비참한 위치로 전락한 것을 집중 교육해 왔습니다. 북한의 핵은 결국 자신의 정권 유지를 위한 거고, 그 다음 지배층의 기득권을 위한 겁니다. 그들은 이익 공동체이자 운명 공동체입니다. 따라서 북한이 핵을 포기한다는 건 사실상 불가능하다고 생각합니다.

우리 사회 일각에서는 여전히 북한이 핵을 포기할 수 있다고 하는데요. 이것은 희망적 사고에 지나지 않습니다. 북한을 똑바로 보지 못했기 때문에, 북한을 완전히 객관적인 시각이 아니라 자기 희망에 따라 보기 때문에 그런 사태가 발생했다고 생각합니다.

이창위: 제가 손 교수님 글을 읽고 가장 눈에 띄었던 키워드가 희망적 사고였거든요. 저도 희망적 사고(wishful thinking)를 강조했습니다. 그러면 손 박사님 말씀에 의하면, 이라크도 사담 후세인도 핵개발을 시도한 겁니까?

손재락: 부시가 WMD 개발을 명분으로 이라크를 침공할 때 이를 기초로 했죠. 나중에 틀린 것으로 밝혀졌지만, 당시 미국 정보공동체가 부시에게 그렇게 보고했습니다. 미국은 9.11 사태를 계기로 침공을 한 건데요. 그때 후세인도 미국 내 잘못된 소문을 막지 않고 일부러 흘러나가게 놔둔 측면이 있습니다. 핵을 가졌다고 해야 대외적으로 지위도 오르니까 부인하지 않은 거죠. 결국 그게 미국의 침공을 야기한 명분 중 하나가 됐지만요.

이창위: 재미있는 분석입니다. 저는 냉전의 와해 과정에서 우리가 희망적 사고를 너무나도 많이 가졌다는 것이 오늘날 이 사태의 본질이라고 생각합니다. 그 연장선에서 보면 남북 비핵화 공동선언이 가장 문제라고 생각합니다. 우리가 핵잠재력을 강조합니다만, 비핵화 공동선언을 보면 핵잠재력의 확보도 못하게 되어 있거든요. 그런 의미에서 저는 비핵화 공동선언을 폐기하는 것이 좋다고 생각합니다. 어떻게 생각하십니까?

손재락: 북한이 비핵화 공동선언을 먼저 위반했기 때문에 우리가 이를 폐기해도 무방하겠지만, 우리가 문명국으로서 또 선진국으로서 그것을 완전히 폐기하는 것도 여러 가지 문제의 소지가 있을 겁니다. 저는 사실 이 교수님이 논문에 쓰신 이행 정지라든가 그런 거 있었잖아요. 조약의 경우처럼 우리도 이를 일시정지하는 방안은 어떤가라는 생각도 해봤습니다.

이창위: 조약의 경우에 '조약의 탈퇴'와 동일한 효과를 갖는 '조약의 종료' 형태를 '이행 정지'라고 합니다. 비핵화 공동선언을 조약으로 볼 것인가라는 문제가 있습니다만, 선언은 조약으로 보기 힘들기 때문에, 이 경우는 우리가 바로 폐기할 수밖에 없다고 생각합니다.

박영준: 한반도 비핵화 공동선언은 당시 노태우 정부의 낙관적인 기대 때문에 나왔다고 생각합니다. 이제는 북한이 6차례 핵실험을 했고 2022년 핵무력법을 통해 핵무력 국가를 선언하고 핵전략을 내세우고 있기 때문에, 북한이 그걸 스스로 형해화시켰다고 생각합니다. 다만 우리가 이를 폐기한다는 것은 우리의 핵정책이나 한미 확장억제 또는 앞으로의 정책 방향에 비춰 판단해야 할 것 같습니다. 우리가 이를 폐기할 경우, 가령 NPT 회원국으로서 입장이나 IAEA 문제 등도 있기 때문에 신중하게 고려해야 할 필요가 있지 않나 싶습니다.

조비연: 저도 박영준 교수님의 말씀처럼 신중하게 검토해야 한다는 부분에 동의합니다. 예컨대 러시아와 중국의 핵선제불사용 정책을 보면, 러시아는 그것을 애초에 폐기하고 2014년에 크림반도를 무력으로 병합하고 이제는 우크라이나 침공까지 감행하지 않았습니까? 그런데 중국은 핵선제불사용 정책을 유지하면서 대만해협에 대한 여러 조치를 이행해나가고 있는데, 어떻게 보면 기존 정책을 뒤집지 않고 점진적으로 자신의 목표를 향해가는 후자의 모습이 좀 더 국제사회의 제재나 비판을 우회하는 것으로 보여집니다. 지금까지 유지한 정책을 파기하는 데 따르는 전략적 효과와 비용을 면밀히 검토할 필요가 있다고 생각합니다.

이창위: 잘 알겠습니다. 결론적으로 비핵화 공동선언을 형해화시킨 것은 북한인데, 우리가 또 거기에 맞받아쳐서 폐기할 것인지는 국제정치적인 상황을 충분히 감안해서 하자, 그렇게 정리하겠습니다.

저는 1장을 쓰면서 가장 가슴에 와닿았던 키워드가 북한이 주장하는 '동방의 핵대국'이라는 말이었습니다. 4차 핵실험 후, 북한은 핵과 경제 병진노선을 유지하면서 '동방의 핵대국을 지향한다'는 입장을 밝혔습니다. 어떤 강대국들도 북한을 넘볼 수 없는 핵대국이 되겠다는 북한의 자신감에 충격을 받았습니다. 이제 비핵화를 말한다는 건 희망적 사고를 넘어 잠꼬대가 아닌가라는 생각까지 들었습니다.

그리고 트럼프 1기 때 트럼프 대통령과 김정은 위원장의 거친 말 폭탄 공방과 이어진 화해와 정상회담 부분을 독자들이 재미있게 볼 수 있도록 정리했습니다.

제2장 글로벌 핵군비통제 질서의 동요와 한반도 안보

- **이창위**: 2장은 박영준 교수님의 첫 번째 논문인데요, 저는 핵군비통제를 핵군축의 맥락에서 그 전 단계로 이해했는데 그렇게 볼 수 있습니까?

- **박영준**: 핵군비통제와 핵군축은 미묘한 정의상의 차이는 있지만 거의 비슷한 걸로 써도 큰 문제는 없을 것 같습니다. 군비통제가 좀 넓은 개념이라고 볼 수는 있겠습니다. 핵군비통제라는 부분을 쓴 것은, 이창위 교수님도 말씀하셨지만, 미국과 소련 등이 핵개발 후에 만든 비확산이나 핵실험 금지 체제가 동요한다는 문제를 다루기 위한 것입니다. 국제사회는 NPT나 핵실험금지조약, 포괄적 핵실험 금지조약 등을 만들었고, 미소 양국은 1972년부터 각자의 핵무기 수와 기술을 서로 규제하는 양자조약을 체결했습니다. SALT, SALT II, START, NEW START 조약 등이 2010년대까지 합의됐습니다. 그래서 국제적인 차원의 NPT나 CTBT 또는 미국과 러시아 양국 간의 조약들을 핵군비통제 질서로 제가 표현했습니다.

2장에서는 이런 핵군비통제 질서가 2010년대, 특히 2022년 러시아-우크라이나 전쟁 발발 이후 붕괴 조짐이 있다고 보고 작성했습니다. 가령 냉전 시기에 미소가 체결한 중거리핵전력조약(INF)은 트럼프 행정부 때 파기됐고요. 또 쌍방이 그걸 사찰하기 위해 만들었던 오픈스카이조약도 트럼프 정부가 파기했습니다. 러시아도 우크라이나와 전쟁을 치르면서 포괄적 핵실험 금지조약의 탈퇴를 선언했고, 미국과 합의했던 뉴스타트 조약 또한 2026년 이후에는 탈퇴를 선언할 수 있는 상황입니다. 그렇게 되면 핵실험도 조약상 규제를 받지 않고 할 수 있게 되고, 핵탄두도 러시아가 1,550기 이상으로 늘릴 수 있게 되지요.

중국이 급속도로 핵전력을 증가시키면서 2030년에는 지금의 미국과 러시아와 맞먹는 수준의 핵전력을 가질 것으로 전망됩니다. 북한도 2040년까지 300기 수준의 핵탄두를 보유할 것이라고 합니다. 그러면 냉전과 탈냉전기를 거치면서 미국과 러시아 및 국제사회가 합의한 핵군비통제 질서 전체가 동요하고 붕괴되는 상황이 됩니다. 러시아와 북한은 지난 6월 포괄적 동반자조약을 체결하여 한반도 등 유사시에 서로 군사 지원을 하겠다고 했고, 북한은 러시아 쪽에 지금 1만 명 이상의 병력을 지원하고 있지 않습니까? 한국으로서는 북핵을 대처하는 것이 가장 중요하지만, 국제 핵군비통제 질서의 동요 속에서 혹시라도 러시아나 중국이 핵전략을 북한을 위해 쓸 수 있다는 점에 대비해야 한다는 내용을 2장에서 썼습니다.

이창위: 잘 알겠습니다. 처음에 제가 질문드린 대로 이제 핵군비통제 질서와 나아가서 핵군축은 결국 비확산 체제와 다 연결된다는 말씀이군요. 러시아와 중국의 핵전략 변화를 중점적으로 말씀하셨는데, 이것은 어떻게 보면 수직적 핵확산이 되겠죠. 같은 국가 내의 수직적 핵확산에 더해 핵비확산 체제 전반이 문제가 되면, 북핵 문제는 이런 상황에서 더욱 심각해진다고 볼 수 있습니다.

박영준: 이창위 교수님 표현에 의하면, 수직적 핵확산과 수평적 핵확산이 같이 나타난 거죠. 중국과 러시아 등 이미 핵을 가진 국가들은 사실 핵전력을 늘리고 핵전략도 지금 변화시키고 있단 말이에요. 중국은 선제불사용 원칙도 바꾸는 수직적 핵확산 가능성이 있는 것이고, 수평적 핵확산은 북한이나 이란과 같은 국가들이 핵을 갖는 상황을 의미합니다. 이게 글로벌 핵군비통제 질서에 큰 도전 요인이 되고 있다고 볼 수 있습니다.

이창위: 정확하네요. 수직적 핵확산뿐만 아니라 북한이나 이란에 대한 수평적 핵확산까지 볼 수 있는 정말 위중한 상황입니다. 우리가 어떻게 해야 할지는 나중에 논의하시죠. 조박사님, 의견이 있습니까?

조비연: 교수님 글을 잘 읽었고, 배운 것이 정말 많았습니다. 다시 한번 한국이 처한 엄중한 현실을 느낄 수 있었습니다. 방금 말씀하신 수직적 · 수평적 핵확산이 지금 한국이 처한 핵군비통제 질서의 핵심 과제인 것 같습니다. 교수님께서 미국, 중국, 러시아의 핵현대화를 굉장히 자세하게 다뤄주셨는데요, 특히 바이든 시기에 미국이 핵군비통제를 위해 노력했으나, 러시아-우크라이나 전쟁 발발로 이것도 어려워졌다는 걸 잘 이해했습니다.

제가 가장 흥미롭게 느꼈던 점은 트럼프와 바이든의 지속성 측면이었습니다. 트럼프 1기 때 핵현대화가 가속화됐는데, 바이든 행정부가 잠시 제동을 걸었지만 러우 전쟁을 계기로 다시 핵현대화로 회귀한 것 같습니다. 트럼프가 개발하겠다고 했던 신형 B61-12, W76-2 핵탄두를 유지하고 있고, 거기에 더해 B61-13이라는 새로운 중력탄과 중단했던 핵순항미사일 SLCM-N도 다시 개발하겠다고 나선 상황입니다.

교수님께 여쭤보고 싶었던 부분은 핵군비통제에 대한 부분입니다. 수직적 · 수평적 핵확산으로 핵군비통제 질서가 무너지는 상황에서, 저는 미국을 포함한 국제사회의 북한에 대한 군비통제 접근이 트럼프 시기에 우리가 마주할 가장 큰 위협이라고 생각합니다. 이제 비핵화가 어려워진 상황에서 트럼프의 정당 정책을 보면 비핵화가 아예 한 번도 언급이 되지 않습니다. 민주당의 정당 정책에도 한 번 정도 미미하게 나왔습니다. 그러니까 미국과 국제사회가 북핵에 대한 군비통제 조치를 중간 단계로 해서 비핵화로 가겠다고 하지 않고, 사실상 군비통제에만 집중함으로써 결국 북핵을 용인하는 상태가 된 셈입니다. 북한의 비핵화를 추진할 수 있는 인센티브가 사라지는 환경에 처한 것 같습니다. 교수님께서 생각하는 북핵에 대한 군비통제의 가능성이 얼마나 있을지, 트럼프 시기에 우리가 어떻게 해야 될지 궁금합니다.

● **박영준**: 조박사가 말씀하신 것처럼, 바이든 행정부는 2022년 핵태세검토보고서(NPR)에서 과거 트럼프 행정부와 달리 비확산 체제의 유지 기조를 표방했지만, 워낙 러시아와 중국의 핵태세 변화가 심각해서 중국에 대해서는 핵군비통제 협상을 제안하기도 했습니다. 미국은 과거의 핵시설을 재가동하여 핵전력의 증강 계획을 추진하고 있기도 합니다. 트럼프 2기가 되면, 트럼프 1기 때 NPR에 기술된 것처럼 본격적으로 핵전력이나 재래식 전력의 증강 방침을 표명할 걸로 보입니다.

북핵과 관련하여, 이제 북한의 비핵화라는 표현이 한미 간의 SCM 공동성명에서도 누락됐습니다. 또한 트럼프 행정부는 북한의 핵보유를 인정하고 미국을 직접 타격할 수 있는 ICBM 정도만 제외하고 나머지는 용인할 것이라는 관측도 있지만, 이건 좀 더 지켜봐야 할 것 같아요. 최근 미국 출장에서 트럼프 2기의 핵정책이나 인도-태평양 전략이 어떻게 될 것인지 집중적으로 물었습니다만, 당연히 큰 성과는 없었습니다. 우리는 새로운 트럼프 행정부와의 협상을 통해 우리의 입장을 분명히 밝힐 필요가 있습니다. 북핵은 한반도만의 문제가 아니라 일본이나 미국, 인도-태평양 전체 안보와 관련된 문제이기 때문에 트럼프 행정부도 이를 무시할 수는 없을 겁니다.

● **손재락**: 저도 한 가지 질문을 드리겠습니다. 트럼프 2기 행정부에서는 다시 미·중 패권 경쟁에 몰입하게 될 것 같은데요. 지금 미·러 간 중거리핵전력조약도 폐기됐고, 중국도 핵을 엄청나게 개발해서 2030년까지 천 개 이상이 된답니다. 중국, 러시아, 북한의 핵까지 합친다면 핵균형이 완전히 무너진다고 할 수 있습니다. 글로벌 차원에서도 트럼프 행정부는 NATO와 척을 질 가능성이 높습니다. 트럼프가 이런 상황을 그냥 방기할 것인지, 아니면 다른 체제를 구축할 가능성이 있는지, 예를 들면 일본 이시바 총리가 얘기하는 동북아에 나토식의 집단 체제를 만들 가능성이 있는지 궁금합니다.

● **박영준**: 손재락 박사님, 굉장히 중요한 지적입니다. 트럼프 행정부는 아마

러시아-우크라이나 전쟁의 종전을 서두르면서 중국에 대항하는 전략 태세를 구축할 걸로 생각됩니다. 그리고 러시아나 중국이나 북한이 기존 핵군비 통제 체제에서 벗어나서 핵전력을 증가시키면서 공격적인 핵전략을 표방하고 있기 때문에, 동북아의 핵균형 질서는 이전에 비해 상당히 동요되고 붕괴되는 현상은 분명히 나타나고 있지요. 이런 차원에서 우선 북핵에 대응하고 또 글로벌 차원에서 핵균형 질서를 모색해야 하는 우리는 굉장히 어려운 상황에 처했습니다. 그래서 우리는 트럼프 행정부에 이런 것들을 좀 강하게 제시할 필요가 있다고 생각합니다. 지금까지는 미국이 핵전력을 제공하고 한국은 재래식 전력을 분담해서 확장억제 체제를 구축하는 그런 정책을 취했습니다만, 이제 사정이 달라졌습니다. 러시아의 핵무기가 15,508개 이상이 되고, 중국도 1,000개 이상, 북한도 300개 정도가 된다면, 미국의 현재 배치된 핵무기가 1,550개이기 때문에 미국의 핵전력이 중국, 러시아, 북한의 합계에 비해 굉장히 열세에 처하는 상황이 됩니다. 그렇게 되면 미국이 한국과 일본에 제공하는 확장억제 체제 자체의 신뢰성에 문제가 생깁니다.

따라서 한국은 미국에 기존 핵전략으로는 확장억제에 대한 우리의 신뢰가 상실될 수 있다는 우려를 전달하면서 미국의 핵전략 변화, 핵전력 증강을 촉구해야 됩니다.

일본의 이시바 총리가 아시아판 NATO 구상도 얘기했고 핵공유 구상도 얘기했습니다. 일본의 기존 안보 정책에 비하면 굉장히 파격적인 변화인데요. 물론 이것이 일본 내의 핵에 대한 규범이나 일본 국민들의 반응에 따라서 실현될지는 모르겠습니다. 우리는 미국으로부터 확장억제를 적용받고 있는 한국, 일본, 호주 등이 공동으로 북한, 중국, 러시아의 핵전력 전망에 대응하는 태세를 미국과 함께 고민할 필요가 있습니다. 이를 '아시아판 NATO'로 불러야 할지는 모르겠지만, 제 논문에서는 이를 '한미일 확장억제 연대'라고 표현했습니다. 앞으로 한미 양국만의 확장억제가 아니라 인도-태평양 지역의 다른 국가들과의 핵협력 연대, 확장억제적 연대 그런 것들을 갖출 필요가 있습니다.

그 다음 이시바 총리가 말한 핵공유 구상은 아직 구체화되지 않았습니다만, 가령 미국이 전술핵을 괌에 배치하면 일본은 자위대를 괌에 전개해서 NATO처럼 하자는 것 같습니다. 이런 구상이 실현될 수 있을지 모르겠지만, 우리도 만약 일본에서 어떤 핵 정책 변화가 있다고 하면 긴밀하게 협의해서 우리의 안보에 도움되도록 할 필요가 있다고 생각합니다.

● **이창위**: 잘 알겠습니다. 제가 지금 책의 머리말을 쓰고 있는데요, 거기에도 이런 표현을 넣었어요. 북한이 ICBM과 SLBM 두 가지 전략 핵무기를 완성한다면, 그것은 '낙타의 등을 부러뜨리는 마지막 지푸라기(last straw that breaks camel's back)'와 같은 것이 됩니다. 낙타가 짐을 가득 싣고 가는데, 마지막에는 지푸라기 하나에도 낙타의 등이 부러진다는 겁니다. 저는 이런 전략 핵무기가 낙타의 등을 부러뜨리는 최후의 일격이 될 수 있다고 생각합니다. 즉 북한의 ICBM과 SLBM의 완성으로 미국의 확장억제가 무의미해진다는 것입니다. 손재락 교수님 논문을 보니, 북한의 비핵화는 '낙타가 바늘구멍에 들어가는 것만큼이나 어렵다'라고 돼 있어서, 낙타가 많이 등장한다고 생각했습니다.

● **박영준**: 두 분은 낙타파시군요(웃음).

● **이창위**: 캐멀 스쿨입니다(웃음). 요컨대, 북한은 이제 돌이킬 수 없을 정도로 엄청난 '동방의 핵대국'이 됐고, 우리가 이 책에서 그에 대한 대응 방안을 연구하고 제시한 것입니다. 지금 당장은 실현 가능성이 없다고 하지만, 궁극적으로는 이제 북한도 핵을 가졌고 한국도 핵을 가지면 제일 안정적이겠죠. 그러나 그게 우리 마음대로 되지 않기 때문에 가능한 해법을 찾아야 합니다. 오래됐습니다만, 국제정치학에서 케네스 월츠와 스캇 세이건의 유명한 논쟁이 있지 않습니까? 월츠는 어차피 핵개발을 원하는 국가를 모두

억제하기는 불가능하기 때문에 점진적인 핵확산은 반대하지 않는다고 했지요. 이제 돌이킬 수 없는 북한의 핵개발 문제는 핵확산과 비확산 어느 쪽이 더 안정적인지, 지금처럼 현상유지를 하는 것이 좋은지 고민하면서 논의를 계속해야 한다고 생각합니다.

제3장 한국의 핵억제정책 담론 평가와 대안적 핵대응전략 모색

이창위: 그러면 이제 박 교수님의 두 번째 논문, 한국의 수많은 핵담론과 핵대응 전략입니다.

박영준: 이창위 교수님이 말씀하신 것처럼 국내에서 북핵 대응을 위해 독자적 핵무장론이 나타나고 있고, NATO식 핵공유론이나 전술핵 재배치론 등도 제기되고 있습니다. 그래서 나름대로 관련 담론을 소개하고 평가했습니다. 물론 군사적으로는 우리도 독자적 핵무장을 통해 억제능력을 보여주는 것이 가장 합리적입니다. 케네스 월츠와 같은 현실주의자들이 말한 것처럼요. 다만 우리는 NPT 회원국으로 IAEA의 중요한 참여국이고, 또한 미국과 원자력협정을 맺어서 평화적 이용의 핵개발이라는 제한을 받습니다. 그래서 독자적 핵무장은 군사적으로는 상당히 합리적이지만, 외교적 내지 경제적 측면에서는 비용이 많이 따를 수밖에 없습니다. 따라서 가령 우리가 핵무장을 한다면 NPT나 국제기구로부터의 압력과 경제 제재의 가능성도 사실 염두에 둬야 합니다. 박정희 대통령처럼 강력한 리더십을 가졌던 지도자도 미국의 압력을 돌파하지 못했는데, 국내적으로 어떤 지도자가 그런 문제를 해결할 수 있을지 모르겠습니다.

나토식 핵공유론이나 전술핵 재배치론은 나름 일리가 있습니다만, 문제는 현재 미국의 전술핵이 굉장히 축소돼 있다는 겁니다. 러시아는 현재 2,000개 이상의 전술핵이 있다고 평가되는데 미국은 200여 개 정도라 합니다. 이건 조박사가 잘 아십니다만, 200여 개 중 100여 개는 유럽에 배치돼 있고 나머지는 미국 본토에 있어서 아시아에 추가적으로 배치할 전술핵이 사실 충분하지 않다는 문제가 있습니다. 우리가 트럼프 행정부에 미국의 핵전략 변화나 핵전력 증강을 촉구해야 할 이유가 그런 데 있어요. 전술핵을 재배치한다고 해도 재고를 늘리지 않으면 안 됩니다. 그래서 한국, 일본, 호주와 같은 인도-태평양 지역 국가들이 미국의 확장억제를 강화하기 위한 공동연대를 구성해서 그런 정책을 요구하자는 겁니다. 핵전력의 수량도 늘려서 북한뿐만 아니라 러시아와 중국에 대해서도 대응할 수 있는 체제를 갖춰야 합니다. 미국의 전술핵이 증강된다면 전술핵 재배치도 우리가 충분히 논의할 수 있게 됩니다.

이제는 NPT 체제하에서 남북 기본합의서에만 의존하고 미국의 확장억제에만 기대는 그런 태세로는 급변하는 상황에 대응할 수가 없고, 따라서 국제규범에 부합되는 여러 가지 옵션들을 찾아야 합니다. 그런 내용을 이번 장에 담았습니다.

이창위: 수고하셨습니다. 잘 정리하셨고, 지금 박 교수님이 말씀하신 것을 좀 더 구체적으로 조비연 박사님이 두 논문에서 정리하신 셈입니다. 조 박사님, 간단한 코멘트 부탁합니다.

조비연: 이번 장에서 제가 가장 주목한 것은 한국의 핵정책 방향에 대한 부분입니다. 박 교수님은 한국의 핵정책 방향을 4가지 단계로 총체적으로 체계적으로 작성해주셨습니다. 저는 우리나라의 핵잠재력이든 확장억제든 그게 산업의 원자력 에너지 분야이든 범정부적 차원의 문제라는 생각이 들었습니다. 지금 확장억제는 핵협의그룹(NCG) 중심으로 추진되고 있는데요, NCG는 사실 NSC 주도로 처음에 출범했다가 이제는 국방부 레벨로 내려간 상황입니다. 그래서 차관급에서 확장억제전략협의체(EDSCG)가 운영되고 있습니다. 그런데 EDSCG가 이 4가지 단계를 충분히 아우르기에는 좀 부족하다는 생각이 들었습니다.

그래서 대통령실이라든지 고위급에서 발 빠르게 움직인다고 생각했습니다. 핵에 대해서는 산업과 안보를 분리한다는 게 한국의 입장인 것 같습니다. 이런 문제에 대한 교수님의 생각이 궁금했어요.

제가 작성한 장도 그렇고, 교수님이 말씀하신 4가지 단계의 공통된 전제는 트럼프도 어느 정도 협상이 가능하다는 것입니다. 그런데 만약 그렇지 않다면, 정말 최악의 상황에서, 방위비 분담금을 대폭 올리고, 한미일 동맹도 필요 없다고 하면, 그때 우리가 어떻게 해야 할지를 다음에라도 살펴봐야겠다는 생각을 해봤습니다.

손재락: 어쨌든 우리 국민이나 정부는 트럼프 2기의 정책 방향에 대해 너무 안이하게 생각하는 것 같습니다. 트럼프도 1기를 거치면서 많은 내공이 쌓였을 거예요. 그래서 2기 때는 속전속결로 나갈 거고요. 지금 트럼프의 모든 상황을 보면 브레이크 없는 벤츠 같습니다. 아무도 그걸 못 막는 그런 상황입니다. 예컨대, 1기 때는 주한미군 철수 주장을 의회가 법으로 막았지만, 지금은 그럴 수도 없습니다. 우리가 심각하게 고민할 필요가 있습니다.

북한은 지금 남한을 핵으로 통일하려고 합니다. 확장억제도 트럼프 행정부에서는 아주 약화될 수 있다고 봐요. 트럼프는 한국에 전략자산을 전개해도 돈을 내라, 주한미군도 어떻게 하겠다고 하겠지요. 북한은 오히려 핵우산을 러시아와 연대해서 강화하고 있는데, 우리는 더 약해질 가능성이 있는 상황입니다.

우리가 핵잠재력과 강력한 확장억제를 갖고 있다면 문제가 없겠지만, 트럼프 행정부가 출범해서 확장억제가 약화된다면, 핵잠재력을 가져봤자 북핵을 억제하는 데는 현실성이 없을 겁니다. 북한은 더 기고만장하겠죠. 우리는 좀 더 현실적이고 강력한 대응 방안을 고민해야 합니다. 이제는 우리가 가지 않은 길, 완전히 새로운 길, 거친 황야로 가야 하는 상황이 될 가능성이 높습니다.

박영준: 손재락 박사님께서 거친 황야를 가는 선택이 필요하다고 하셨는데, 제 논문에서도 사실 이 부분을 고민했습니다. 트럼프 행정부가 방위비 분담금 증액이나 주한미군 철수 등 한미동맹 기조와 다른 정책을 추진해서 확장억제를 뒤흔들 수 있거든요.

트럼프 1기 때 특히 아베 총리가 골프를 통해 트럼프의 환심을 샀기 때문에 미일동맹에 대한 피해를 막을 수 있었다고 하는데요, 사실 아베는 트럼프가 취하려는 정책을 예상하고 선제적으로 대처하여 피해를 최소화했다고 보는 게 맞습니다. 따라서 우리도 트럼프가 추진하려는 전략에 부합하는 정책을 선제적으로 제안해서 트럼프 1기 때 미일동맹과 같은 한미관계를 구축해야 합니다.

트럼부 행정부가 중국에 대응하기 위해 재래식 전력과 핵전력을 증강할 것은 분명합니다. 중국에는 지금 360척 이상의 함정이 있는데, 미국은 290척에 머물러 있는 상황이고, 트럼프는 1기 때부터 이를 350척까지 늘리려고 했습니다. 그런데 미국 조선업의 쇠퇴로 함정을 늘리지 못했습니다. 트럼프 2기에서 다시 함정을 늘리려고 할 텐데, 조선이 강한 우리가 이를 선제적으로 지원하겠다고 제안할 필요가 있습니다.

지금 미국은 핵시설도 재가동하려고 합니다. 그러나 전문인력도 그렇고 기술이 예전보다 못합니다. 한국은 상대적으로 원전을 잘 가동해 왔기 때문에 미국을 지원하고 전력 생산도 늘려 도와주겠다고 제안할 필요가 있습니다.

반도체의 경우처럼 우리가 할 수 있는 모든 카드를 사용해서 트럼프 행정부와 신뢰관계를 형성해야 합니다. 그러기 위해서는 조비연 박사가 말한 것처럼 한미 관계의 강화를 포괄적으로 추진하는 범정부 차원의 기구가 필요하다고 생각됩니다. 예컨대 특별위원회 같은 조직을 두어 NSC 차원에서 전반적인 전략을 조율하고 각 부처에서 역할을 분담하는 체제로 갈 필요가 있다고 생각됩니다.

이창위: 잘 알겠습니다. 그러면 박영준 교수님의 두 번째 논문도 마무리 짓

겠습니다.

제4장 슈퍼 트럼피즘 시대 한미 확장억제의 발전방향

이창위: 조비연 박사의 첫 번째 논문, 확장억제를 논하겠습니다. 현재의 북핵 위기는 미국이 제공하는 확장억제를 우리가 신뢰할 수 있는가라는 문제로 귀결됩니다. 윤석열 정부는 NCG를 통해 확장억제를 강화했다고 하는데, 그게 이제 위기에 처하게 된 상황입니다. 한미의 NCG는 미국과 유럽의 핵기획그룹(NPG)을 모델로 했지만, 사실은 NCG가 NPG보다 견고하다는 말도 있습니다. NPG가 합의되는 과정에서 유럽도 미국의 확장억제를 불신했습니다. 확장억제의 신뢰성이 문제였습니다. 머리말에서 언급했습니다만, 영국의 국방장관이었던 데니스 힐리는 '미국이 확장억제를 제공하는데 실제 능력의 5%는 소련의 핵을 억제하는 데 사용되고, 나머지 95%는 유럽인들을 안심시키는 데 사용된다'고 했습니다. 이게 현재 우리나라의 상황과 너무나 똑같아요. 조비연 박사님이 언급한 CNI에 대해 국내에서 실질적인 액션 플랜이 없다는 비난을 많이 하거든요.

조비연: 네, 제가 이 장을 쓸 때 가장 큰 문제의식이 확장억제의 불완전성이었습니다. 손재락 교수님이 언급하신 것처럼, 저도 북핵에 대한 억제는 강력한 확장억제와 핵잠재력이 같이 갈 때 의미가 있다고 생각합니다. 확장억제만으로는 부족합니다.

두 번째 문제의식은 지금까지 우리가 의지해온 확장억제에 대한 믿음과 노력이 흔들리는 것 자체가 문제라는 것이었습니다. 확장억제는 지속성이 유지되지 않으면 북핵에 대한 억제력이 갑자기 확 낮아지는데요, 그렇다고 해서 우리가 원하는 플랜 B인 핵잠재력을 단기간에 획득할 수는 없습니다. 결국 우리는 최대한 확장억제를 발전시켜야 하고, 그 과정에서 자강 노력이 뒷받침돼야 합니다. 그런 맥락에서 확장억제의 발전 과정과 그것이 지속돼야 하는 이유를 살폈습니다.

저는 신속, 유연, 전진 전술핵 재배치를 통해 한미가 재래식·핵통합(CNI)을 위해 노력하는 모습을 보여주고자 했습니다. CNI의 목적은 첫째, 한국의 재래식 방어역량을 미국의 핵 작전에 결합하여 핵억제력을 높이고, 둘째, 미국의 핵 작전에 참여하여 미국의 안보 공약을 실행하게 하는 자물쇠 효과를 확보하는 겁니다. 그런데 지금은 전진 배치할 수 있는 미국의 핵이 부족하다는 게 한계입니다.

이 문제의 해결책으로 영국의 라켄히스 공군 기지 케이스를 검토했습니다. 이 기지는 과거 미국이 전술핵을 배치했던 시설인데, 미국이 이를 보수하여 유사시 핵무기를 배치하려고 합니다. 미국은 제한된 핵을 완전히 고정 배치를 안 해도 되고, 동맹국은 언제든 핵무기가 올 수 있다는 그 가능성을 갖는 거지요. 한국도 확장억제와 CNI의 지속성을 보여주기 위해 이처럼 시설 현대화를 추진해야 합니다.

손재락: 저는 조 박사님 논문을 꼼꼼하게 다 읽어봤습니다. 새로운 방향을 찾으려고 하는 점에서 많은 영감을 줍니다. 그런데 지금은 이런 것들이 빨리 실현되지 않고, 북핵 위협은 훨씬 더 위중하다는 게 문제인 것 같습니다. 그래서 지금 말씀하신 방안도 유효하지만, 더 강력한 방안을 강구해보는 것도 좋지 않을까 생각합니다. 물론 우리가 원하는 100%의 방안을 찾을 수는 없겠지만, 계속 고민하다 보면 답이 없는 문제는 아니라고 생각합니다.

이창위: 좋습니다. 조 박사님의 다음 논문으로 넘어가도록 하겠습니다.

제5장 한국의 핵잠재력 확보를 위한 그랜드 바게인

이창위: 현재 가장 현실적인 대안으로 많은 사람들이 핵잠재력을 듭니다. 조 박사님이 이 부분을 잘 정리하신 것 같아요. 저는 개인적으로 세 가지 환

상에 대한 부분이 인상적이었습니다.

조비연: 핵잠재력을 얘기할 때 주로 듣는 코멘트가 두 가지 있습니다. 첫 번째는 핵잠재력을 원하면, 이 단어를 쓰지 말라는 것입니다. 핵잠재력을 말할수록 한국은 거기에서 더 멀어질 것이라는 얘기입니다. 두 번째는 일본처럼 해야 한다는 겁니다. 한국이 완전한 비확산 국가가 되어 산업으로 이걸 풀어가야 된다는 건데요, 그런데 문제는 둘 다 한국의 상황에 부합하지 않는다는 것입니다.

왜냐하면 핵잠재력은 범정부 차원에서 추진하지 않으면 성과를 거두기 힘듭니다. 장기적인 계획이라면 그렇게 할 수 있겠지만, 트럼프의 재집권으로 안보환경이 더 악화됐을 때, 과연 그렇게 할 수 있을지 모르겠습니다. 또한, 우리가 일본이 될 수 있을지도 의문입니다. 박정희 대통령이 핵개발을 추진하기도 했고, 2000년대에 우라늄 농축 사건도 있었지요. 무엇보다 지금 여론은 70%가 핵무장을 지지한다고 나옵니다. 그런데 일본은 핵에 대한 금기가 훨씬 더 높은 국가입니다. 한국은 이제 여야 모두 핵잠재력을 공식적으로 논하는 상황이죠. 따라서 아무리 우리가 일본처럼 핵비확산을 하고 산업으로 풀어가려고 해도, 국제사회와 동맹은 우리를 그렇게 보지 않습니다.

핵잠재력을 다루면서 재처리에 대한 부분도 주목했습니다. 지금 사용후핵연료 저장시설이 포화상태이기 때문에 재처리가 필요하다는 이야기가 많은데요, 박영준 교수님도 말씀하신 것처럼 트럼프와의 이해관계는 재처리보다는 농축 우라늄 분야에서 더 잘 맞을 것 같습니다. 농축 우라늄을 전 세계가 러시아에 상당 부분 의존하고 있고, 미국이 여기에서 다변화를 추구하고 있습니다. 한국도 이에 적극적으로 편승하여 미국과 협력할 필요가 있습니다.

박영준: 저는 이 논문을 아주 재미있게 읽었습니다. 핵잠재력과 관련하여, 아마 조박사가 국내에서 처음으로 이런 아이디어를 제시하셨다고 생각합

니다. 핵잠재력을 통해 우리의 핵억제태세와 의지를 보여줄 수 있다는 것 같습니다. 그래서 핵잠재력은 우리가 포기할 수 없는 정책이라는 것을 강조하고 중요한 제안도 해주셨습니다. 저는 인력양성 부분이 매우 중요하다고 생각합니다. 무엇보다 4만 5천명의 산업 인력이 모두 핵잠재력에 직접 관련됐는지에 대해서는 의문의 여지가 있어요. 서울대나 KAIST 등 주요 관련 대학들의 원자력공학과를 보면, 핵분열 등 과목을 가르치는 교과는 하나도 없습니다. 대학에서 그런 것을 가르치면 취업이 어렵다는 분위기가 있습니다.

북한은 여러 대학에서 꾸준하게 1950년대부터 관련된 인력을 양성해왔습니다. 우리는 지금 그런 전문인력 양성이 거의 없는 상황이고요. 그래서 내년부터 국방대학교에 핵전략학과가 처음 생기는데, 인력양성에 기여할 수 있기를 기대하고 있습니다. 한국에도 전략사령부가 만들어졌는데 미국과 함께 전략사업이나 핵문제를 논의할 수 있는 인력이 매우 부족한 실정입니다.

손재락: 저도 핵잠재력에 대해서 굉장히 재미있게 읽었습니다. 우리가 핵잠재력을 가지면 국제사회에 핵을 개발한다는 우려를 줄 수 있다는 것이 큰 장애요인 같습니다. 그러나 우리는 이제 북핵을 머리에 이고 있어서, 핵을 보유하든지 재배치하든지 어쨌든 핵능력을 갖추지 않으면 안 되는 절박한 상황입니다.

이와 관련하여, 미사일 규제 문제를 돌이켜볼 필요가 있습니다. 우리가 박정희 시대부터 계속 미국에 미사일 사거리와 중량을 높여달라고 이야기했지만. 전혀 실현되지 않았습니다. 미국이 우리를 믿지 못한 거죠. 결국 문재인 정부 때 완전히 해결됐습니다. 이건 미국이 우리를 갑자기 신뢰해서 풀어 준 것이 아닙니다. 주변 정세상 규제가 무의미해졌기 때문이지요. 북한이 핵과 미사일을 고도화하고 중국과 러시아도 핵능력을 증강시키는 등 상황이 완전히 달라진 겁니다. 그래서 우리도 핵개발이 불가피하지만, 현실적으로 핵잠재력을 가질 수밖에 없다. 이것은 핵확산이나 남을 공격하기 위한 것이 아니고, 북핵의 위협에 대해 방어적으로 필요한 것이라고 주장해야 합니다.

만약 우리가 핵을 개발하거나 잠재력을 갖게 되면 우리는 투명하게 할 수 있고, 그 기간은 북한이 비핵화할 때까지다. 북한이 비핵화하는 순간 우리도 그렇게 한다는 논리로 국제사회를 설득해야 한다고 생각합니다. 북중러의 핵능력이 강화되는데 확장억제에만 머물러서는 우리 안보가 너무 위태롭다고 말씀드리고 싶습니다.

이창위: 저는 한미 원자력협정을 개정하여 재처리 능력을 갖추는 것이 환상에 가깝다는 부분을 주목했습니다. 원자력협정의 개정이 힘들다는 것은 다른 전문가들도 많이 이야기하는 것 같습니다. 왜냐하면 미국은 한국에 대한 무역 적자를 첨단 무기나 운용 체계의 판매로 일부 만회하고 있는데, 재처리를 허용하면 미국의 무기 판매도 감소하기 때문에, 미국 의회도 개정을 반대할 거라는 겁니다.

조박사님은 그래서 신뢰를 축적하여 농축 문제를 해결해야 한다는 것 같습니다. 최종현학술원 세미나에서 박인국 대사는 이런 문제는 핵개발의 '핵'자도 꺼내지 말고 우라늄 공급망 확보 차원에서 접근해야 한다고 했습니다. 한국과 미국이 함께 우라늄 농축에 나서야 한다는 것이었습니다.

일본은 미일 원자력협정 개정 당시 재처리를 안 하는 것은 화장실 없는 아파트를 잔뜩 짓는 것과 다름없다는 논리를 주장했다고 합니다. 지금 우리의 사용후핵연료 문제도 마찬가지 상황 아닙니까? 우리도 화장실 없는 아파트 논리를 강력하게 주장해서 이 문제를 해결해야 한다고 생각합니다.

제6장 북한의 실체와 대남전략의 본질

이창위: 다음 손재락 교수님의 북한의 대남전략에 대해 논의하겠습니다. 핵을 가진 북한의 한국에 대한 통일전선전술이나 적화통일전략은 변하지

않았다는 게 손 교수님 글의 논지인 것 같아요. 손 교수님, 간략하게 말씀해 주십시오.

● **손재락**: 이 교수님이 말씀하셨지만, 북한의 전략이 전혀 변하지 않았다는 게 명명백백하게 드러난 게 올해 초 북한이 언급한 2국가론입니다. 남한을 핵으로 통일하겠다는 게 그 요점이거든요. 2국가론의 방점은 '적대적'에 있는데, 북한의 대남전략의 연장선에서 봐야 합니다. 해방 이후 상당기간 북한이 우리보다 더 우위에 있었죠. 김정일 때는 체제가 흔들렸지만, 김정은 체제에서는 입지가 굉장히 높아져서 현재는 최고의 전성기라 볼 수 있지요. 그렇다면 우리는 어떻게 할 것이냐? 그런 고민으로 이번 장을 작성했습니다.

북핵 협상 과정에서 직접 봤지만, 여러 대통령들도 우리가 뭔가 지원해주면 북한이 핵을 포기할 것이라고 했는데 결국은 이게 실패하였습니다. 앞으로 우리가 김정은 체제에서 대응하려면, 결국은 핵과 핵의 균형밖에 없다는 게 제 생각입니다.

● **조비연**: 교수님께서 말씀해주신 맥락에 동의하면서 원고를 읽었습니다. 그런데 결국 다시 그 질문에 도달하는 것 같아요. 북한의 '외통수' 전략에 대해 우리도 핵으로 대응해야 한다는 말씀인데, 그렇게 되면 우리도 국제사회의 제재로 함께 외통수의 길로 빠질 수 있지 않을까요? 이를 모두 감내해야 하는데, 이 방법밖에는 없을까요?

● **손재락**: 우리가 지금까지 계속 북핵대응에 실패해왔는데, 이제는 다른 차원에서 생각해야 합니다. 북핵 완성 이전과 이후를 같은 방식으로 대응해서는 문제가 해결될 수 없고, 결국 북한에 대한 예속화만 가중됩니다. 돌이켜 보면, 6.25 당시는 북한이 우세했지만 우리가 한·미동맹으로 북한을 격퇴해서 체제경쟁을 하고, 우리가 승리했지요. 북한이 그걸 다시 뒤집기 위해 핵을 만들었는데, 이에 대하여 한미일이 다시 결집하게 된 거죠. 북핵에 대응하기 위해 확장억제를 하게 되었고, 북한은 이것을 우려합니다. 핵도발 시

정권이 소멸된다고 경고하니까 자기들도 겁먹죠. 그래서 다시 러·북동맹을 복원시켜버린 거예요. 이런 tit-for-tat 국면이 반복되는 상황에서, 남북한은 mirroring 효과라고 서로 닮아가는 겁니다. 즉 안보 딜레마로 이어지는데, 이것의 최종 종착점은 결국 외통수입니다. 결국 북한도 러시아를 통해 재래식 무기를 현대화할 것입니다. 지금 러시아의 도움으로 평양의 방공망을 강화한다고 하잖아요. 북한이 재래식 무기를 현대화하여 우리의 80~90% 수준까지 따라올 것이라고 생각합니다. 그렇게 하여 핵과 현대화된 무기를 가진 북한을 생각한다면, 결국은 한국도 핵을 갖는 수밖에 없다는 결론에 도달합니다. 우리는 정말 과거와 다른 결기로 접근해야 합니다.

이창위: 알겠습니다. 조 박사님의 질문이 핵심입니다. 또 같은 질문에 우리가 도달하게 됩니다. 말씀하신 안보 딜레마, 미러링 효과, 이런 것들은 결국 신냉전이 끝나야 해결된다는 것인데, 당분간 우리는 가능성을 알 수 없지 않습니까? 그래서 그 부분을 우리가 고민해야 할 것 같습니다.

손 교수님은 오랫동안 대북 문제를 실무로 다루시고, 6자회담에서 직접 느끼신 바, 이제는 협상이나 설득으로 북한의 비핵화를 바라는 것은 무의미하다는 것 같습니다. 다음 장에 들어가기 전에 박 교수님도 코멘트 부탁드립니다.

박영준: 저도 북한의 대남전략은 북한 정권 건국 이후 변하지 않았고 여러 상황의 변화에도 불구하고 지속되어 왔다고 생각합니다. 북한은 그 전략을 구현하기 위해 총력을 기울여 핵개발을 추구했고, 이제 성공했기 때문에 이를 포기하지 않을 겁니다. 당분간 북한과는 긴장 국면, 강대강 대결 국면이 불가피해 보이고요, 우리도 거기에 대비한 준비를 해야 한다고 생각합니다.

북한은 6차 핵실험을 통해 핵보유국임을 선언했고 핵무력이 완성됐어요. 그러면 이를 바탕으로 대남전략이나 국제전략의 변화를 시도할 수도 있다고 봅니다. 그래서 북한이 한국에 대해 적대국 관계와 교전 상태를 선언했던 거지요.

북한은 핵을 가짐으로써 한국의 우위에 섰다고 자신하는 것 같습니다. 이런 자신감을 바탕으로 더 공세적인 전략으로 나오지 않을까 싶은데, 그것도 어떻게 대처해야 할지 궁금합니다.

● **손재락**: 정확한 포인트를 말씀하셨습니다. 지금 우리 일부에서는 통일을 포기하고 2국가론으로 가자는 주장도 하지 않습니까? 그런데, 이는 완전히 잘못된 분석에 기초하고 있는 겁니다. 자신들의 이념적 편향성 때문에 북한을 제대로 못 보는 겁니다. 북핵 문제에서 한 번 실패했으면 됐지, 또다시 그런 길을 가자는 것이거든요. 북한의 대남전략을 이해할 생각도 안 하고 자신들의 희망적 사고로 그렇게 하려는 것입니다. 우리는 북한이 핵을 가지게 됐고 공세적 무력통일 전략을 취하기 때문에 우리도 그에 대응해야 하고, 그래서 상당 기간 대립이나 긴장 국면을 감수하고서라도 북핵을 상쇄시켜야 한다고 생각합니다.

제7장 북한의 핵전략

● **이창위**: 손 교수님의 북한의 핵전략에 대한 논의로 들어가겠습니다. 먼저 간단한 취지를 말씀해주시겠습니까?

● **손재락**: 북한의 핵개발은 여러 번 말씀드렸듯이 자기들 국가전략의 최대 목표로 추진해온 것입니다. 이걸 공개적으로 협상하면서 그 이면에서 기만적으로 개발했던 것입니다. 이제는 핵능력 고도화를 바탕으로 공세적 핵교리를 수립해서 선제공격의 가능성까지도 열어둔 상황입니다. 앞으로 자신들에 대한 참수작전이 임박하다고 임의적으로 판단하면 바로 핵공격할 수 있는 상황입니다.

북한의 핵전력이 계속 확대되고 있지만, 그게 100% 안 맞을 수도 있습니다. 쉽게 말해서 허풍이 있을 수도 있고요. 그러나 이제 러시아와의 관계가 긴밀해지고 또 북중 연대가 강화될수록 그 가능성은 높아질 겁니다. 결국은 시간문제인 셈이죠. 따라서 북한의 비핵화를 기대하는 것은 연목구어와 거의 같은 것으로 이제 생각을 완전히 바꾸어야 하는 상황이라는 것이 제 의견입니다. 북한이 핵을 포기하게 하려면 정권과 핵 사이에 양자택일하게 해야 하는데, 그런 상황을 조성할 수 있는 카드는 사실상 없습니다.

30년간 협상하고 제재했지만, 협상은 실패했고 제재도 중국과 러시아 때문에 실패했습니다. 중국과 러시아는 북한을 완충지대나 전초기지로 보기 때문에 핵을 포기하도록 절대 놔두지 않을 겁니다. 오히려 뒤에서 계속 도와주겠지요. 그래서 우리가 이런 상황을 알고 대처하자는 게 요지입니다.

이창위: 북핵에 대한 오판으로 그 영향을 우리가 받고 있다는 것이고, 제재만으로 핵 포기를 유도하기는 불가능하고 국제적으로 그런 전례도 없다는 말씀이신 것 같습니다. 인도와 파키스탄, 이스라엘의 사례를 보면, 대부분 제재를 거의 안 받았지요. 3개국은 애초에 NPT에 가입하지 않았기 때문에 북한처럼 UN과 같은 플랫폼을 통한 제재 부과가 안 됐습니다. 미국의 개별적 압력과 제재도 실패했습니다. NPT에 가입했다가 탈퇴한 북한은 많은 제재를 받지만 결국 핵개발에 성공합니다. 다만 리비아의 경우, 제재를 받았지만 후세인의 몰락 등 국제정치적 상황에서 카다피가 핵을 포기했습니다. 그런 전례도 거의 없다고 정리하시면 될 것 같아요.

손재락: 리비아에 대해서는 영국과 미국이 계속 정보 채널을 통해서 압박을 많이 했죠. 영국은 2차대전 후 리비아를 일시 통치했기 때문에 긴밀한 관계가 역사적으로 있었던 것 같아요.

이창위: 알겠습니다. 김일성, 김정일 시기 핵개발 과정에서 핵을 포기한다고 한 것은 기만적 전술이라고 쓰셨는데, 전적으로 동의합니다. 지금 북한은 핵을 가짐으로써 과거에 누리지 못했던 국제적인 위상을 갖게 됐습니다. 북한의 주장대로 '동방의 핵대국'이 됐다고 봐야겠죠. 그런데 북한은 우라늄 농축과 플루토늄 재처리 중 어느 쪽에 중점을 두고 있는 겁니까?

손재락: 초기에 우라늄 농축시설이 미비했을 때는 5MWe 원자로에서 폐연료봉을 꺼내서 주로 썼고요. 그래서 1차와 2차 핵실험이 플루토늄으로 진행됐습니다. 그런데 지금은 원심분리기 공장이 너무나 확장돼 있기 때문에 5MWe 원자로를 가동할 필요가 없습니다. 그리고 재처리는 정찰위성에 금방 노출이 됩니다. 반면 우라늄은 은밀하게 건물 속에서 고농축할 수 있습니다. 물론 전력이 많이 필요하지만, 주민들에게 전기를 덜 주고 거기에 다 투입하면 됩니다. 우리가 보면 문제가 되겠지만, 북한 관점에서는 전혀 문제가 되지 않습니다. 모든 주민이 수령을 위해 존재합니다. 북한군의 러시아 파병에 대해서도 말이 많은데, 이것도 북한을 잘못 이해한 겁니다. 북한군은 전사하더라도 나머지 가족들이 특혜를 받을 수 있기 때문에 파병을 영광으로 생각할 것입니다. 러시아 쿠르스크 지역전장에서 사망한 북한군 병사의 자필 메모에도 그런 내용이 있었습니다.

이창위: 외부에 노출되지 않기 때문에 농축에 중점을 둔다는 것인데, 이게 우리에게 시사하는 부분도 크다고 생각합니다. 이론적으로는, 한국은 우라늄을 수입하고 있어서 농축하기가 불가능하지만, 지금 보관 중인 사용후핵연료를 재처리해서 플루토늄을 확보하면 핵실험을 거쳐 핵무기를 개발할 수 있다는 겁니다. 그러나 핵실험을 하려면 우리가 NPT를 탈퇴하거나 그 이행을 정지해야 하는데, 그렇게 되면 다른 비확산 체제 조약들을 그대로 두고 갈 수는 없잖아요. 경제적 제재가 문제가 아니라 국제법적 규제를 해결하고 생각해야 합니다.

손 교수님은 결국 북한 체제의 엄청난 경직성을 강조하시는 것 같습니다. 러시아에 파병되더라도 국가를 위한 희생으로 감수할 것이라는 말씀이 주목됩니다. 북한은 체제 유지를 위해 모든 희생을 감수하고 핵무기를 개발했기 때문에 이를 포기할 가능성은 없다는 겁니다. 핵위협이 없는 평화로운 한반도를 만들기 위해 발상의 전환을 하자는 결론인데, 또 외통수 공방으로 돌아오는 것 같습니다.

박영준: 전반적으로 모두 공감하며 읽었습니다. 그런데 북한이 러시아와 조약을 맺고 북한군을 러우 전선에 보내는 부분까지 서술하셨는데, 러시아가 이제 반대급부로 북한에 어떤 핵기술을 제공하고, 그래서 어떻게 더 진화할 수 있을지 같은 부분도 좀 언급하시면 어떻겠나 싶습니다. 가령 러시아의 SLBM 기술이나 다탄두 기술 같은 게 있겠지요. 북러조약은 북한의 위협적 핵전력을 더욱 위협적으로 만들 것 같습니다.

손재락: 전적으로 동의합니다. 지금 미사일 재진입 기술 정도는 충분히 제공할 수 있다고 봅니다. 그리고 최근에 발사한 화성19형 미사일 탄두가 좀 동그래졌어요. 그게 다탄두일 가능성이 있다는 주장도 있는데 그건 좀 더 검증해봐야 합니다. 북한이 요구하면 나머지 투발 수단도 얼마든지 러시아가 제공할 수 있다고 봅니다. 정찰위성이나 방공망도 북한이 제공받을 수 있다는 것을 염두에 두고 우리가 대비해야 합니다. 무엇보다 심각한 것은 '동방의 핵대국'과 '북방의 핵대국'의 결합입니다. 이미 결합됐어요. 미국의 확장억제 공약과 달리 향후 확장억제의 신뢰도가 낮아지면, 우리는 결국 위험에 처해 질 수밖에 없는 상황입니다. 우리 안보는 누가 책임지나요?

박영준: 제가 이번 조약을 '핵동맹'이라고 표현했는데, 핵동맹이 맞습니다. 교수님 말씀대로 '동방의 핵대국'과 '북방의 핵대국'이 합치니 이제 천하무적이 되겠네요. 그럼 우리는 '사방(한국, 미국, 일본, 호주)의 핵억제'를 결성해야 할까요?

이창위: 맞습니다. 오늘 중요한 말씀이 다 나오네요.

조비연: 저는 손 교수님께서 쓰신 문구 중 가장 와닿았던 게, "북한은 미북 대화가 재개되더라도 핵고도화는 은밀히 계속할 것이다"라는 문장입니다. 앞에서도 북한의 핵전략은 변한 적이 없다고 말씀하셨는데요, 그래서 다시 군비통제에 대한 생각을 하게 됩니다. 북한의 핵전략에서 군비통제는 무엇

일까요? 미국, 중국, 러시아 등 핵보유국은 항상 핵만이 아니라 군비통제를 함께 얘기하지 않습니까? 북한도 이제 이 정도 핵능력을 가졌기 때문에 군비통제도 그들의 전략 속에 있을 것 같은데, 북한이 생각하는 군비통제가 무엇일지 궁금합니다.

방금 교수님들 말씀을 들어보니, 북한의 핵은 농축이 핵심이 됐네요. 그러면 국제사회도 농축 기술을 주목할 수밖에 없는데, 제가 작성한 장에서는 우라늄 농축을 한미가 풀어가야 된다고 했습니다. 다시 생각해 보니, 농축이 워낙 민감하기 때문에 한국이 재처리를 얘기한 것인데, 재처리가 어려우니까 이제 다시 농축을 얘기하는 형국인 것 같습니다. 즉 농축이든 재처리든 다 어려운 상황이라는 게 우리의 현실이지 않은가 싶습니다.

● **손재락**: 우리의 사용후 연료봉은 지금 포화상태에 있지 않습니까? 따라서 재처리에 대한 설득의 여지가 있다고 생각하고, 만약 우리가 핵을 만들게 되면 농축도 같이 하면 좋겠습니다. 그리고 북한이 군비통제를 자꾸 주장하는 것은 파키스탄을 따라가겠다는 의도입니다. 미국과 국제사회의 제재도 해제하고 핵 보유도 인정받아 관계를 정상화해서, 결국은 이스라엘이나 파키스탄식으로 가겠다는 거죠. 북한도 미국과 대화가 재개되면 그렇게 주장할 텐데, 북한과 미국의 핵군축 협상이 되겠습니까? 그럼 우리는 어떻게 해야 하나요? 남북 간 핵군축 협상으로 다시 판을 바꿔야 됩니다. 남북 간의 핵군축으로 돌리려면, 결국 우리가 핵을 개발하든, 북한의 핵이 100개라면 우리도 한 100개 정도 갖다 놓고, 거기서 핵군축을 해야 하는 것이고, 그래야 핵도 억제되고 한반도에 평화가 정착되지 않을까요? 결국은 우리가 핵을 보유하든 재배치하든, 우리 영토나 인근에 북핵을 상쇄시킬 수 있는 핵 역량을 가지고 있어야 한다는 겁니다.

● **이창위**: 잘 알겠습니다. 손 교수님 두 논문은 여기서 마무리 짓도록 하겠습니다.

제8장 핵 비확산의 국제법적 함의와 국제정치적 현실

이창위: 마지막 장입니다. 간단하게 말씀드리겠습니다. 우선 비확산 5개 조약의 현황을 정리했습니다. 북한은 1963년의 부분적 핵실험 금지조약에 가입하지 않았을 때부터 이미 핵개발 의도를 가진 것이지요. 이런 부분은 우리가 전혀 신경을 안 썼던 것입니다. 북한은 2003년에 NPT까지 탈퇴해서 결론적으로 5개 비확산조약을 모두 거부했습니다. 북한은 처음부터 핵비확산 체제를 받아들이지 않았습니다.

다음 핵억지력 확보의 걸림돌인 NPT 문제를 어떻게 처리할 것인지를 살펴봤습니다. 일전에 모 정치인이 NPT에서의 탈퇴가 아닌 이행 정지라는 해법을 제시한 사람은 이 교수 말고는 없다고 말했어요. NPT는 전형적인 불평등조약입니다. 안보리 5개 상임이사국들이 자기들의 핵 능력은 기득권으로 유지하고 다른 국가들의 핵개발은 철저히 막은 겁니다. 한국과 일본은 순진하게 30년 동안 비핵화를 묵묵히 따라왔지만, 그 대가는 '동방의 핵대국' 북한의 끊임없는 핵위협이라는 것이 제 글의 취지입니다.

조약법에 관한 비엔나협약은 NPT 이후에 발효했습니다만, 이 조약의 중요한 국제법 원칙은 발효 시기에 상관없이 국제관습법이 됐습니다. 한국의 핵개발 반대론자들이 언필칭 주장하는 것이 NPT 때문에 국제적인 제재를 피할 수 없다는 것인데요, 저는 대안이 있다고 생각합니다. NPT를 탈퇴하지 않고 조약의 '이행 정지(suspension of the operation of treaties)'를 하면 되는 것이거든요. 비엔나협약에 따라서 조약의 운용에 대한 이행을 정지하여 탈퇴는 하지 않되 똑같은 효과를 가질 수가 있습니다.

박 교수님이 말씀하신 중거리핵전력조약(INF)도 미국과 러시아가 모두 처음에 이행 정지를 합니다. 정치적으로 고려하여 탈퇴가 아닌 이행 정지를 하고 나중에 조약을 종료시킵니다. 따라서 NPT는 한국의 독자적 핵개발에 문제가 아닐 수 있습니다. 북한의 비핵화가 합의되면, 이행 정지를 철회하면 됩니다. 이 부분은 박 교수님도 주목해주시면 좋겠습니다.

손 교수님도 이제 한반도의 상황이 과거와 다르다고도 말씀하셨는데, 이것은 국제법적으로 보면 '사정변경'(fundamental change of circumstances)이 됩니다. 라틴어로는 'rebus sic stantibus'라고 합니다. 조약이나 계약도 사정이 바뀌면 준수 의무가 면제된다는 겁니다. 지금 한반도의 안보 상황이 그런 경우가 되기 때문에, 독자적 핵억제력을 강화하여 복합적 위기에 대처해야 한다고 생각합니다.

핵확산과 비확산의 갈림길에 서 있는 한반도의 안보 상황을 우리가 염두에 두고 현명한 정책 판단을 해야 한다는 게 우리 프로젝트의 핵심 주제가 될 것 같습니다.

박영준: 굉장히 흥미롭게 읽었습니다. NPT의 이행 정지는 매우 중요한 이슈인데 그렇게 된 사례가 있었나요?

이창위: NPT는 이행 정지와 같은 국제법적 해법을 적용한 사례는 없습니다. NPT를 탈퇴한 국가도 북한뿐입니다.

박영준: NPT 자체에 탈퇴 조항으로 10조가 있지 않습니까? 이행 정지에 대해서는 조약 문안에 없는데, 다만 국제관습법에 따라서 우리가 이행 정지를 선언할 수 있다는 말씀이신가요?

이창위: 그렇습니다. 모든 조약의 체결과 종료에 대한 포괄적 조약이 '조약법에 관한 비엔나협약'입니다. 각 국가들이 조약을 체결하면서 구체적으로 이행 정지나 사정변경의 원칙 같은 내용을 다 넣을 수가 없으니까, 이런 포괄적 조약을 통해 개별적 조약의 체결을 규제하게 된 것입니다.

박영준: 그러면 우리가 문재인 정부 때 한일 간 지소미아(군사정보포괄보호협정)를 효력 정지한다고 하지 않았습니까? 효력 정지와 이행 정지를 같은 걸로 봐도 되는 건가요?

이창위: 그렇죠. 그때 지소미아를 종료할 때 외교적인 문제가 있으니까 그렇게 했습니다. 다만, 지소미아는 1년마다 갱신하게 돼 있어서 연장을 하지 않고 종료시킨 셈이지요. 결과는 같습니다.

손재락: NPT와 관련하여 이렇게 새로운 해석을 제시한 이 교수님의 견해에 중요한 함의가 있다고 봅니다. 지금까지 아무도 생각 못한 거를 찾으신 것인데, 결국 해결책을 찾으면 있다는 거예요. 북한의 핵이 우리에게 치명적인 위협이 된 이 상황에서는 모든 카드에 대해서 우리가 안 된다는 생각을 버려야 합니다. 북핵 억제를 위한 아이디어를 개발하고 그걸 현실화시키는 방법을 찾아야 한다고 생각합니다.

조비연: 간단한 질문인데요. 그러면 트럼프 2기에서 한국이 이행 정지로 비확산 체제에서 좀 벗어난다면, 미국이 과거보다 이를 용인할 수 있는 여지가 좀 더 넓어질 것으로 전망하시는 건가요?

이창위: 공화당은 민주당보다 유연한 정책을 취할 거라고 봅니다. 전통적으로 민주당보다는 공화당이 힘에 의한 평화를 중시하고 맹목적인 비핵화에만 매달리지는 않았지요. 북중러의 핵확산에 대항하기 위해서는 한미일 동맹의 핵억제력을 강화해야 한다고 보기 때문에, 민주당보다는 아무래도 공화당이 그렇게 할 가능성이 있다고 생각합니다.

오랜 시간 수고하셨습니다. 트럼프 2기의 출범으로 한반도와 동북아의 안보 상황은 더욱 엄중해졌습니다. 기시다 총리의 퇴장과 윤석열 대통령의 탄핵 사태로 한미일 공조 체제가 무너질 수 있다는 시각도 있습니다. 저희들이 책에서 제시한 대응책을 면밀히 검토하여 한국의 안보 정책이 길을 잃지 않도록 해야 할 것입니다.

주

제1장 북핵 위기와 대북 제재의 실패

1 이창위, 『북핵 앞에 선 우리의 선택: 핵확산의 60년 역사와 실천적 해법』, 궁리, 2019, pp. 204~205.

2 John Bolton, The Room Where It Happened: A White House Memoir, Simon & Schuster, 2020, pp. 77~78.

3 북핵, 대통령들이 어리석고 비겁했던 대가, 동아일보(2016. 9. 21.).

4 한반도 비핵화와 평화구축을 위한 선언, 『한국민족문화대백과사전』(한국학중앙연구원).

5 이창위, 전게서, pp. 288~289.

6 조민 · 김민하, 『북핵일지 1955~2014』, 통일연구원, 2014, pp. 8~9.

7 1. 남과 북은 핵무기의 시험, 제조, 생산, 접수, 보유, 저장, 배비, 사용을 하지 아니한다. 2. 남과 북은 핵에너지를 오직 평화적 목적에만 이용한다. 3. 남과 북은 핵재처리시설과 우라늄 농축시설을 보유하지 아니한다. 4. 남과 북은 한반도의 비핵화를 검증하기 위하여 상대측이 선정하고 쌍방이 합의하는 대상들에 대하여 남북핵통제공동위원회가 규정하는 절차와 방법으로 사찰을 실시한다. 5. 남과 북은 이 공동선언의 이행을 위하여 공동선언이 발효된 후 1개월 안에 남북핵통제공동위원회를 구성, 운영한다. 6. 이 공동선언은 남과 북이 각기 발효에 필요한 절차를 거쳐 그 본문을 교환한 날부터 효력이 발생한다.

8 이창위, "비핵지대조약 체제와 한반도 비핵화 공동선언", 『국가전략』 107호, 세종연구소, 2023, pp. 46~47.

9 Chang-Wee LEE, "NWFZ Treaty Regime and Denuclearization of the Korean Peninsula", Korea Law Review, Vol. 113, 2024, pp. 169~170.

10 적극적 안전보장은 비핵무기국이 핵공격을 받았을 경우, 핵무기국이 핵을 사용한 반격을 포함하여 적극적으로 안전보장을 제공한다는 개념이다. 소극

적 안전보장은 핵무기국(NWS)이 NPT와 같은 구속력 있는 조약의 당사국에 대하여 핵무기의 사용 · 위협을 해서는 안 된다는 이론을 말한다(이창위, "핵확산방지조약(NPT) 체제의 동요와 북한의 NPT 탈퇴의 국제법적 정당성", 『인권과 정의』 495권, 2021.2, pp. 14~15); Mongolia's international security and nuclear-weapon-free status(General Assembly resolution 53/77 D); joint statement providing political security assurances to Mongolia (A/55/530-S/2000/1052).

11 Cecilie Hellestveit and Daniel Mekonnen, "Nuclear weapon-free zone: the political context" (Gro Nystuen, Stuart Casey-Maslen, Annie Golden Bersagel(Eds), Nuclear Weapons under International Law, 2015, Cambridge University Press), pp. 360~361.

12 남극조약 제1조, 제5조.

13 우주조약(달과 기타 천체를 포함하는 외기권의 탐사 및 이용에 있어서 국가활동을 규율하는 규칙에 관한 조약) 제4조; 달협정(달과 기타 천체에 있어서 국가활동을 규율하는 협정) 제3조.

14 해저비핵화조약(핵무기 및 기타 대량살상무기의 해저, 해상 및 하층토에 있어서 배치의 금지에 대한 조약) 제1조.

15 박영준, "국제 핵질서와 일본의 군축 및 비확산 정책", 『국방연구』」 제52권 제3호, 2009년 12월, pp. 40~41.

16 문병철, "동북아 제한적 비핵지대의 가능성과 안보적 함의: 이익균형론의 관점에서", 『사회과학연구』 제42권 제2호, 경희대학교 사회과학연구원, pp. 127~132; 김지현, "한반도의 비핵화에 관한 공동선언", 『통일법연구』 제3권(2017. 10), pp. 163~164; 정용하, "한반도 비핵지대화와 평화협정", 『한국민족문화』 74(2020. 2), pp. 329~337.

17 조민 · 김진하, 전게서, pp. 9~10.

18 핵무기의 비확산에 대한 조약 제3조.

19 조민 · 김진하, 전게서, pp. 10~11.

20 전쟁나면 서울 불바다, 북 단장 폭언, 『동아일보』(1994. 3. 20.).

21 First Strike Is Option Few can Stomach, New York Times, July 6, 2017.

22 Shirley V. Scott, International Law in World Politics, 2004, pp. 195~196; 이용준, 『게임의 종말: 북핵협상 20년의 허상과 진실, 그리고 그 이후』, 한울(2010), pp. 62~73.

23 서해 평화수역 설치와 북방한계선, 『매일경제』(2018. 5. 29.).

24 유용원 · 신범철 · 김진아, 『북한군 시크릿 리포트』, 플래닛미디어(2013), pp. 116~119.

25 Kirsten Schmalenbach, Casebook Internationales Recht, (Wien, facultas.wuv Universitäts) 2014, pp. 171~172.

26 PSI는 국제법적인 근거가 확실한 조치는 아니다. 공해상 차단조치는 공해자유의 원칙과 필연적으로 충돌하기 때문이다. 영해에서의 무해통항권과의 정합성도 문제가 될 수 있었다. 그럼에도 불구하고, 북한의 무기 수출은 PSI 때문에 타격을 입었다고 평가된다.

27 北 BDA계좌 동결때 수출입銀 통한 송금案 법무장관이 반대하자 문재인 실장 크게 화내, 동아일보(2020. 9. 22.).

28 완전하고, 검증 가능하며, 불가역적인 방법에 의한 핵 프로그램의 포기는 미국이 6자 회담에서 일관되게 주장한 CVID(complete, verifiable and irreversible disarmament)의 원칙을 결의의 내용으로 규정한 것이다.

29 吉川　元 · 水本和実, 『なぜ核はなくならないのかⅡ: 核なき世界への視座と展望』, 法律文化社(2016), pp. 140~141.

30 조민 · 김진하, 전게서, pp. 52~53; 이용준, 전게서, pp. 190~191.

31 이승현, 『국제사회의 대북 제재: 현황과 과제』(NARS 현안보고서 224호), 국회입법조사처(2013. 12. 31.), pp. 8~10.

32 吉川 元 · 水本和実, 前揭書, pp. 130~131.

33 외교부 보도자료 16-859, 2016. 11. 30.

34 오바마의 핵 정책과 한 · 미동맹, 『국민일보』(2010. 5. 3.); "오바마 행정부의 핵정책 관련 보고서", 『북한경제리뷰』 KDI, 2010년 4월호, pp. 65~66.

35 THE VALUE OF REPORTING: National Reporting Practices under the UN Sanctions Regime on North Korea, Small Arms Survey, Graduate Institute of International and Development Studies, April 2023, p. 20

36 역대 대북 제재 결의 이행보고서, 『동아일보』(2016. 10. 19.).

37 조선민주주의인민공화국 외무성, "자위적 전쟁억제력 새 조치 앞으로 핵시험을 하게 된다", 『조선중앙통신』(2006. 10. 3.); 조선민주주의인민공화국 외무성, "대변인 담화문", 『조선중앙통신』(2006. 10. 11.).

38 조선민주주의인민공화국 외무성, "대변인 담화문", 『조선중앙통신』(2009. 5. 29.); 조선민주주의인민공화국 외무성, "외무성 성명", 『조선중앙통신』(2009. 6. 13.).

39 조선인민군 최고사령부, "성명", 『조선중앙통신』(2013. 3. 26.).

40 北 黨중앙위 전원회의, 경제 · 핵무력 병진노선 채택, 『연합뉴스』(2013. 3, 31.).

41 조선민주주의인민공화국 외무성, "대변인 담화문", 『조선중앙통신』(2016. 1. 15.); "조선로동당 제7차 대회 결정서", 『조선중앙통신』(2016. 5. 9.).

42 조선민주주의인민공화국 외무성, "대변인 담화문", 『조선중앙통신』(2016. 9. 12.).

43 조선민주주의인민공화국 핵무기연구소, "대륙간탄도로케트 장착용 수소탄 시험에서 완전 성공", 『로동신문』(2017. 9. 4.).

44 트럼프 "미군, 세계 경찰 아니다 … 먼나라 갈등 해결 책무 없어", 『조선일보』(2020. 6. 14.).

45 그는 2024년 10월 한국을 '머니 머신'(부유한 국가)이라며 기존 방위비의 열배인 100억 불의 분담금을 내야 한다고 주장했다(트럼프 "한국은 머니 머신 … 방위비 13조원 내게 할 것", 『조선일보』 2024. 10. 17).

46 "… any threats would be met with fire and fury like the world has

never seen"("Trump Threats 'Fire and Fury' Against North Korea if It Endangers U.S.", New York Times, August 9, 2017); "North Korea Missile Crisis Seen Pushing South Korea to Gun Up", Reuters, August 11, 2017; 북한 "트럼프 '화염과 분노' 망발 늘어놔 … 괌 포위 사격 검토 中", 『매일경제』(2017. 8. 10.).

47 "The United States has great strength and patience, but if it is forced to defend itself or its allies, we will have no choice but to totally destroy North Korea. Rocket Man is on a suicide mission for himself and for his regime."(Trump and Kim Jong-un, and the Names They've Called Each Other, New York Times, March 9, 2018).

48 로켓맨의 원곡자 엘튼 존(Elton John)은 트럼프 대통령이 김정은 위원장을 그렇게 부른 것을 긍정적으로 평가했다(엘튼 존 "트럼프가 붙인 김정은 별명 '로켓맨' 웃겼다", 『국민일보』 2024. 9. 11.).

49 김정은 "美 늙다리 미치광이 반드시, 반드시 불로 다스릴 것", 『중앙일보』(2017. 9. 22.).

50 "North Korean Leader Kim Jong Un just stated that the 'Nuclear Button is on his desk at all times.' Will someone from his depleted and food starved regime please inform him that I too have a Nuclear Button, but it is a much bigger & more powerful one than his, and my Button works!".

51 John Bolton, The Room Where It Happened: A White House Memoir, Simon & Schuster(2020), pp. 78~79.

52 "Exclusive: With a piece of paper, Trump called on Kim to hand over nuclear weapons", Reuters, March 30, 2019.

53 Bruce W. Jentleson and Christopher A. Whytock, "Who 'Won' Libya? The Force-Diplomacy Debate and Its Implications for Theory and Policy", International Security, Vol. 30, No. 3(Winter, 2005/2006), pp. 48~50.

54 Why North Korea called John Bolton 'human scum and a blood sucker' in 2003, Washington Post, Mar 23, 2018.

55 Ibid.

56 오크리지는 2003년 리비아의 핵물질과 핵관련 기자재가 옮겨진, 미국의 국립연구소(ORNL)가 위치한 곳이다.

57 How the 'Libya Model' Became a Sticking Point in North Korea Nuclear Talks, New York Times, May 16, 2018.

58 "If India builds the bomb, we will eat grass or leaves, even go hungry, but we will get one of our own. We have no other choice!", New York Times, July 1, 1979.

59 Samina Ahmed, "Pakistan's Nuclear Weapons Program: Turning Points and Nuclear Choices", International Security, Vol. 23 No. 4, 1999, p. 184.

60 FOREIGN AFFAIRS Pakistan, India and The Bomb, "We know that Israel and South Africa have full nuclear capability. That Christian, Jewish and Hindu civilizations have this capability. The Communist powers also possess It. Only the Islamic civilization was without it, but that position was about to change.", New York Times, July 1, 1979

61 Samina Ahmed, op.cit., p. 185.

62 '신뢰적 최소 억제'는 최소한의 억제력도 갖지 못한 국가가 핵공격 의사를 적극적으로 표명하여 억제력을 갖춘 것으로 상대국이 믿게 하는 전략을 말한다(이창위, 전게서, pp. 12~13).

63 広島市立大学 広島平和研究所, 『平和と安全保障を考える事典』, 法律文化社, 2016, pp. 126~127.

64 대한변협신문, "북한의 핵실험과 일본의 핵무장: 진정한 평화를 위한 NPT 체제의 의미에 대한 모색"(2009. 6. 15.).

65 북핵 위협 상쇄할 실질적 카드 없나, 『중앙일보 시론』(2022. 11. 9.).

66 정성장, 『왜 우리는 핵보유국이 되어야 하는가』, 메디치미디어, 2023, pp. 22~23.

67 Richard Nixon, In the Arena: A Memoir of Victory, Defeat and Renewal, 1991, pp. 407~410; 北 태평양서 수폭 실험하면 국제법상 공적으로 응징 가능, 『중앙일보』(2017. 9. 24.).

제2장 글로벌 핵군비통제 질서의 동요와 한반도 안보

1 Albert Wohlstetter, "The Delecate Balance of Terror", Foreign Affairs (1958. 1). 한창식, "냉전시 미·러의 핵전략", 『국가전략』 제16권 2호, 세종연구소(2010), pp. 222~223에서 재인용. 올스테터의 핵전략론에 대해서는 Lawrence Freedman, "The First Two Generations of Nuclear Strategists", Peter Paret, ed., Makers of Modern Strategy: from Machiavelli to the Nuclear Age (Oxford: Clarendon Press, 1986), pp. 751~753도 참조.

2 한창식, "냉전시 미·러의 핵전략", 『국가전략』 제16권 2호(2010), p. 230.

3 그 일환으로 1958년 이래 한국에 배치된 미국의 전술핵도 모두 철거됐다.

4 다만 미국은 상원의 부정적인 입장으로 인해, CTBT 조약을 비준하지 못하고 있다. Peter Baker, "Senate Delay Stalls Obama's Grand Plans for Arms Control", The New York times, August 4, 2010.

5 1990년대 이래 미러 양국은 국제우주스테이션(International Space Station) 공동건설 및 운영, 선진국 경제협력기구 G7의 G8확대, 북극평의회(Arctic Council) 등에서 상호 협력했다.

6 미러 간 New START는 그해 12월 상원에서 71대 26으로 가결, 비준됐다. Peter Baker, "Senate Set to Give Obama a Victory on Arms Control", New York Times, December 22, 2010.

7 Department of Defense, Quadrennial Defense Review 2014(Department of Defense, March 4, 2014) 참조. 『朝日新聞』(2014. 4. 8.) 기사도 참조.

8 The White House, The National Security Strategy of the United States of America(September 2002).

9 Department of Defense, The National Defense Strategy of the United States of America(March 2005), p. 2.

10 Department of Defense, Nuclear Posture Review Report(April 2010), p. 3. The White House, National Security Strategy(May 2010), p. 4.

11 『동아일보』(2003. 12. 22.), 『조선일보』(2011. 3. 3.).

12 송민순, 『빙하는 움직인다: 비핵화와 통일외교의 현장』, 창비(2016), p. 125.

13 2014년까지 진행된 이란 핵협상 주요 의제에 대해서는 『朝日新聞』(2014. 1. 22.) 기사 참조.

14 “Editorial: Progress on Nuclear Security”, International New York Times, March 27, 2014.

15 『朝日新聞』(2014. 5. 11.).

16 미 국가정보위원회(NIC)는 CIA, 국방정보국(DIA) 등 16개 정보기관을 총괄하는 기구이다. 『동아일보』(2012. 12. 12.).

17 다음 기사에서 재인용. Thom Shanker, “Assessment criticizes Pentagon plan for Asia shift” International Herald Tribune, August 2, 2012.

18 General Norton A.Schwartz, USAF & Admiral Jonathan W.Greenert, USN, “Air-Sea Battle” The American Interest(February 20, 2012).

19 Graham Allison, “Avoiding Thucydides's Trap”, Financial Times (August 22, 2012).

20 The State Council Information Office, China's Military Strategy(May 2015), p. 12.

21 다만 미국의 잠수함발사 미사일은 다탄두 규제의 적용을 받지 않았다. “Editorial:China buys into multiple warheads” International New York

Times, May 21, 2015.

22 『朝日新聞』(2018. 11. 19.).

23 Olga Oliker, "Moscow's Nuclear Enigma: What is Russia's Arsenal Really For?", Foreign Affairs, (November/December, 2018), p. 54.

24 이 시기 파키스탄의 핵전력 증강 추세에 대해서는 다음 글들을 참조. Michael Krepon, "Nuclear race on the subcontinent", International Herald Tribune(April 5, 2013); Tim Craig, "Report: Pakistan adding nuclear arms", The Washington Post(August 27, 2015); "Editorial: Nuclear Fears in South China Asia", International New York Times (April 7, 2015).

25 The White House, National Security Strategy of the United States of America(December 2017), p. 25.

26 보다 구체적으로 기존 ICBM 미뉴트맨-Ⅲ를 2029년까지 Ground Based Strategic Deterrent로 대체하고, 기존 오하이오급 전략핵잠수함을 컬럼비아급으로 대체하고, B-52H와 B-2A 전략폭격기에 더해 B-21 Raider를 차세대 전략폭격기로 개발한다는 것이다. Office of the Secretary of Defense, Nuclear Posture Review(February 2018), p. 6.

27 David E. Sanger and William J. Broad, "Fraying of Cold war pact reveals new problem", New York Times International Edition(2018. 12. 12.).

28 Tim Morrison, "Abandon the open skies treaty", New York Times International Edition(2020. 5. 23.).

29 트럼프 정부의 이러한 결정에는 국가안보보좌관 존 볼턴의 역할이 컸던 것으로 판단된다. 볼턴은 그의 회고록에서 자신이 트럼프 대통령에게 러시아 및 중국의 중거리 미사일 증강, 북한과 이란 등의 미사일 능력 증강에 대응하여 미국이 INF에서 탈퇴해야 하고, 미국의 국익에 무용한 오픈스카이조약에서도 탈퇴할 것을 건의했다고 밝히고 있다. 또한 그는 러시아와 체결한 New START나 포괄적 핵실험금지조약(CTBT)에서도 탈퇴해야 한다고 주장했

다. 존 볼턴, 『그 일이 일어난 방: 존 볼턴의 백악관 회고록』, 시사저널(2020), pp. 237, 239, 256.

30 David E. Sanger and William J. Broad, "U.S.pushes others to disarm as it bulks up", New York Times International Edition(2018. 5. 17.).

31 David E. Sanger and William J. Broad, "Fraying of Cold war pact reveals new problem", New York Times International Edition(2018. 12. 12.).

32 U.S. Department of Defense, 2022 Nuclear Posture Review(2022. 10. 27.)

33 U.S. Department of Defense, 2022 Nuclear Posture Review(2022. 10. 27.), p. 20.

34 다음 기사에서 재인용. Roger Cohen, "Putin makes Europe feel vulnerable once more", The New York Times International Edition (2022. 2. 26.).

35 W. J. Hennigan, "How we returned to the brink", The New York Times(2024. 3. 12.) 기사에서 재인용. 이 기사에 의하면 미국 바이든 행정부가 러시아가 크리미아 방면이나 동부 전선 방면에서 우크라이나의 반격에 밀릴 경우, 전술핵을 사용할 가능성이 커질 것이라고 전망하고, 그에 대한 대응 방안을 강구했다고 한다.

36 David E.Sanger, "Putin's shift may signal the end of nuclear arms control", The New York Times(2023. 2. 23.).

37 『朝日新聞』(2023. 10. 19.), 11. 4. 기사 각각 참조.

38 『朝日新聞』(2023. 3. 27.), 『국방일보』(2023. 6. 15.). 러시아 핵무기가 해외에 배치되는 것은 1996년 소련방의 국가들이 자국 보유 핵무기를 러시아에 반환한 이래 처음 사례가 됐다.

39 Secretary of Defense, Military and Security Development Involving the People's Republic of China 2021: Annual Report to Congress (Department of Defense, 2021), pp. 90~92.

40 U.S. Department of Defense, 2022 Nuclear Posture Review(2022. 10. 27.), p. 4.

41 David E.Sanger, William J.Broad and Chris Buckley, “3-way nuclear rivalry upends U.S. strategy”, The New York Times(2023. 4. 24.).

42 Andrew F. Krepinevich, Jr., “The New Nuclear Age: How China's Growing Nuclear Arsenal Threatens Deterrence”, Foreign Affairs, (May/June 2022), p. 98.

43 The Editorial Board, “Nuclear talks with China are essential and long overdue”, The New York Times(2023. 11. 7.).

44 The Editorial Board, “Nuclear talks with China are essential and long overdue”, The New York Times(2023. 11. 7.).

45 Robert Collins, Slaves to the Bomb: The Role and Fate of North Korea's Nuclear Scientist(The Committee for Human Rights in North Korea, 2024), sec. 2. 下斗米伸夫,『アジア冷戰史』, 中公新書(2004), p. 31.

46 이춘근, 『북한의 핵패권』, 인문공간(2023), pp. 191~199 등.

47 이춘근, 앞의 책, p. 220. 이춘근은 북한이 1988년부터 1993년 간에 추진한 제1차 및 제2차 과학기술발전 3개년 계획의 목표 가운데 우라늄 농축, 고속증식로 개발, 핵융합, 사용후 핵연료 재처리, 폐기물 처리 등 원자력 주기 전반에 대한 연구가 포함되어 있음을 지적하고 있다.

48 미국 CIA는 1980년대 초반부터 정찰위성을 통해 북한 영변 지역 등에서 플루토늄을 추출하기 위한 원자로(reactor)가 건설되고 있다는 증거를 확보했다. 미국은 이러한 핵기술이 소련 몰락 이후 미사일 개발에 종사하던 과학자들이 북한으로 이동하여 기술을 전수했을 것으로 추정했다. David E.Sanger and William J.Broad, “Americans misgauged North Korea nuclear risk”, New York Times International Edition(2018. 1. 10.).

49 이춘근, 앞의 책, pp. 226, 239 등 참조.

50 1994년과 2007년 북한 영변을 사찰한 경험을 갖고 있는 올리 하이노넨 전 IAEA 사무총장은 2018년 한국 언론과의 인터뷰에서 자신이 2007년 방문했을 때 영변 단지 안에 원자로, 우라늄 농축, 플루토늄 재처리 시설 등이 배치된 것을 보았고, 플루토늄 기반 핵무기 제조공장을 확인했다고 밝힌 바 있다. 『중앙선데이』 2018년 9월 29일 인터뷰 기사 참조.

51 이춘근, 앞의 책, p. 327.

52 이 표는 다음 자료를 토대로 작성됐음. "Editorial: North Korea's Nuclear Expansion" International New York Times, (February 28, 2015), David E.Sanger and William J.Broad, "Americans misgauged North Korea nuclear risk", New York Times International Edition (2018. 1. 10.), 함형필, "북한의 핵 미사일 능력 평가 및 전망", 한국국가전략연구원 『제12회 한국국가전략연구원+미국 브루킹스연구소 국제회의 자료집: 한미일 및 북중러 연대 가속화와 한반도 안보』(2024. 1. 10.) 등.

53 2024년 5월 개최 국방대 안보문제연구소 주최 제1회 인도-태평양 정책포럼에서의 함형필 박사 발표 요지 참조(2024. 5. 22.).

54 이춘근, 『북한의 핵패권』, 인문공간(2023), 제7장, 제8장 참조.

55 함형필, "북한의 핵 미사일 능력 평가 및 전망", 한국국가전략연구원 『제12회 한국국가전략연구원+미국 브루킹스연구소 국제회의 자료집: 한미일 및 북중러 연대 가속화와 한반도 안보』(2024. 1. 10.), p. 220.

56 중국의 제2포병 사령부는 2015년 군지휘구조 개편에 따라 로켓군으로 개칭됐다.

57 이병철, "북한 핵무기 사용 법제화 분석 및 대응", 『IFES 브리프』 2022-19, 경남대 극동문제연구소(2022. 9. 14.) 참조.

58 함형필 박사는 북한이 핵무기 생산과 유지, 그 운용에 대해 각각 별개의 관리체계를 갖고 있다고 분석한다. 즉 핵탄두의 생산과 유지 등은 노동당 군수공업부와 그 산하 핵무기연구소가 실행 책임을 담당하고, 핵무기 운용은 김정은 국무위원장에서 당중앙군사위원회, 그리고 전략군 부대로 이어지는 지휘체계를 갖고 있다는 것이다. 함형필, 앞의 논문(2024), p. 225.

59 정성장, "북한의 핵지휘통제 체제와 핵무기 사용 조건의 변화 평가: 9.8 핵무력정책 법령을 중심으로", 『세종논평』 2022-06(2022. 9. 14.).

60 중국의 선제 핵불사용 원칙에 대해서는 인민해방군 군사과학원 야오윤주(Yao Yunzhu) 대교의 다음 글 참조. Yao Yunzhu, "China will not change its Nuclear Policy", PacNet 28(CSIS Pacific Forum, April 23, 2013).

61 러시아의 핵전략에 대해서는 다음 논문 참조. Olga Oliker, "Moscow's Nuclear Enigma: What is Russia's Arsenal Really For?", Foreign Affairs, November/December, 2018.

62 홍민, "한반도 비핵평화체제 구축과 북한 체제보장 방안", 한반도미래전략연구원 전문가 포럼 발표문 참조(2024. 5. 18.).

63 노태우, 『노태우 회고록(하권)』, 조선뉴스프레스(2011), p. 324.

64 박영준, "남북 무합의 시대의 안보전략", 『세계일보』(2024. 6. 9.).

65 Conflict Armament Research에 의하면 북한제 미사일 50여 기가 러시아에 공급된 것으로 추정되고 있다. David E.Sanger, Julian E.Barnes and Eric Schmitt, "A new threat in the skies above Ukraine", The New York Times(2024. 1. 24.).

66 "조선민주주의인민공화국과 로씨야련방사이의 포괄적인 전략적동반자관계에 관한 조약"(2024. 6. 19.).

제3장 한국의 핵억제정책 담론 평가와 대안적 핵대응전략 모색

1 함형필, "북한의 핵 미사일 능력 평가 및 전망", 한국국가전략연구원 『제12회 한국국가전략연구원+미국 브루킹스연구소 국제회의 자료집: 한미일 및 북중러 연대 가속화와 한반도 안보』(2024. 1. 10.).

2 이병철, "북한 핵무기 사용 법제화 분석 및 대응", 『IFES 브리프』 2022-19, 경남대 극동문제연구소(2022. 9. 14.).

3 2023년 12월 31일. 조선로동당 중앙위원회 제8기 제9차전원회의 확대회의

에서의 연설.

4 노태우, 『노태우 회고록(하권)』, 조선뉴스프레스(2011), p. 324.

5 『국방일보』(2024.7.15.). 이 지침의 영문명은 “United States and Republic of Korea Guidelines for Nuclear Deterrence and Nuclear Operations on the Korean Peninsula”이다.

6 여당에서는 유용원 의원 등이 핵잠재력 강화를 위한 ‘무궁화포럼’을 발족시켰고, 나경원 의원 등이 핵정책 문제를 논의하는 세미나를 개최했다. 야당에서도 김민석 의원 등이 핵정책을 재검토하는 세미나를 개최했다.

7 임동원, 『피스 메이커: 남북관계와 북핵문제 20년』, 중앙books(2008), p. 232.

8 박정희 대통령은 1975년 6월, 미국 언론과 가진 인터뷰에서도 미국이 핵우산을 제거한다면 한국이 독자적으로 자신을 방어하기 위한 핵능력 개발을 추구할 것이라고 밝혔다. “If the U.S. nuclear umbrella were to be removed, we have to start developing our nuclear capability to save ourselves.” Don Oberdorfer, The Two Koreas: A Contemporary History(Basic Books, 1997, 2001), p. 71. 이호재, “동북아 국제질서, 핵무기, 그리고 한반도”, 『국제정치논총』 제17집(1977), p. 152도 참조.

9 2011년 5월 23일, 외교통상부 한미안보협력과 김태진 과장 등의 한미동맹 관련 브리핑 자료.

10 2002년 9월, 미국의 싱크탱크 CSIS가 작성한 <통일 한국에 대한 미국 정책의 청사진> 보고서에서도 미국이 한국에 의한 한반도 통일이 이루어진 후에도 통일 한국에 대해 핵우산을 제공해야 한다는 방안이 제안되기도 했다. 『동아일보』(2002. 9. 19.).

11 『국방일보』(2006. 10. 20.) 기사 참조.

12 『중앙일보』(2006. 10. 23.) 기사 참조.

13 송대성, “제39차 한미안보협의회 합의내용 및 평가”, 『세종논평』 제95호(2007. 11. 8.).

14 박휘락, "한반도 핵균형(nuclear balance)과 한일 안보협력", 『한일군사문화연구』 제30집 (2020년), p. 71. 김광진, "북핵 위협 대응의 과정과 전망", 국방대 미래안보아카데미 강의자료(2023. 9. 22.)도 참조.

15 김재천, "미국의 확장억지는 신뢰할 만한 것인가", 『서울경제』(2022. 6. 13.). 김재천 교수는 자신이 2013년 한미 양국 정부 간 확장억제 전략대화에 참가한 경험을 바탕으로, 현재 확장억제 태세로는 북한의 핵 및 미사일 도발을 억제하지 못한다고 주장했다.

16 "Washington Declaration"(2023. 4. 26.), "Leaders' Joint Statement in Commemoration of the 70th Anniversary of the Alliance between the United States of America and the Republic of Korea"(2023. 4. 26.) (White House, Homepage) 등 종합.

17 한용섭, "한국형 핵공유'체제 상설화 필요성", 『문화일보』(2023. 4. 26.).

18 『국방일보』(2024. 7. 15.) 기사 참조.

19 『朝日新聞』(2013. 7. 30.). 미국 전략핵 자산의 배치는 아래와 같다. ICBM-몬테나, 노스 다코타, 와이오밍 3개주에 미뉴트맨 Ⅲ 450기, SLBM-조지아주, 워싱턴주 기지, 오하이오급 전략핵잠수함 14척, 전략폭격기-미주리, 루이지애나, 노스 다코타, 괌 등 B-2 20대, B-52 70여대 등. 김광진, 강의자료 참조.

20 정성장, 『우리는 왜 핵보유국이 되어야 하는가』, 메디치(2023), p. 5.

21 정성장, 앞의 책, p. 121 참조.

22 Jennifer Lind and Daryl G.Press, "Should South Korea build its own nuclear bomb?", The Washington Post(2021. 10. 7.).

23 Yulgok Kim, "South Korea needs a new nuclear strategy", The National Interest, March 14, 2024.

24 한용섭, 『핵비확산의 국제정치와 한국의 핵정책』, 박영사(2022), p. 246.

25 북한은 김일성종합대학, 김책공업대학 등지에서 핵물리학 등 관련 학문 연구자 층이 상당히 양성되고 있고, 이들을 활용할 수 있는 과학기술 시설과

단지도 영변 등에 체계적으로 정비되고 있는 것으로 보인다. 이춘근, 『북한의 핵패권』, 인문공간(2023) 등 참조. 반면 한국 대학의 원자력공학과에서는 핵무기 관련 교과목이 전연 개설되어 있지 않으면 한국원자력연구원 등의 연구시설에서도 관련 연구는 엄격한 규제 대상이 되고 있는 것으로 안다. 2024년 6월 15일, 플라자프로젝트 주관 <한국의 안보상황과 북한 핵위협: 한국 핵무장은 필요하고 가능한가> 주제 국회세미나, 경희대 원자력공학과 우승민 교수 토론 자료 참조.

26 2014년 시점에서 벨기에 11개 저장고에 B61 전술핵탄두 20개, 독일 11개 저장고에 B61 핵탄두 20개, 이탈리아 18개 저장고에 50개, 네덜란드 11개 저장고에 20개, 터키 25개 저장고에 B61 전술핵탄두 50개가 배치되어 있다. 전성훈, "핵공유와 전술핵 재배치", 『Deep Dive Ⅶ 세미나 자료집: 확장억제와 한국의 선택』, 최종현학술원(2021. 11. 26.)에서 재인용.

27 브루스 베넷, 최강, 코르테즈 쿠퍼, 브루스 벡톨, 고명현, 그레고리 존스, 차두현, 양욱, 『한국에 대한 핵보장 강화 방안』, 아산정책연구원, RAND Co-operation(2023. 8).

28 브루스 베넷, 최강, 코르테즈 쿠퍼, 브루스 벡톨, 고명현, 그레고리 존스, 차두현, 양욱, 『한국에 대한 핵보장 강화 방안』, 아산정책연구원, RAND Co-operation(2023. 8), p. 93.

29 브루스 베넷, 최강, 코르테즈 쿠퍼, 브루스 벡톨, 고명현, 그레고리 존스, 차두현, 양욱, 『한국에 대한 핵보장 강화 방안』, 아산정책연구원, RAND Co-operation(2023. 8), p. 97~98, 109~112.

30 최강, "'공포의 균형'이 대북 억제의 핵심", 『조선일보』(2022. 6. 21.).

31 한용섭, "한국형 핵공유'체제 상설화 필요성", 『문화일보』(2023. 4. 26.).

32 박휘락, "한반도 핵균형(nuclear balance)과 한일 안보협력", 『한일군사문화연구』 제30집(2020), pp. 77~82.

33 박영준, "인도-태평양 지역 비핵국가들의 확장억제 연대 구상: 한국과 일본의 핵억제정책 유사성과 연대 가능성을 중심으로", 『국가전략』 제29권 2호, 세종연구소(2023년 여름호).

34 W. J. Hennigan, "China's nuclear ambitions have changed the world", The New York Times(2024. 4. 18.).

35 『경향신문』(2024. 6.10.) 기사 참조.

36 Roger Wicker, "Not ready for war, or even peace", The New York Times(2024. 5. 31.). 그는 자신의 주장을 구체화한 보고서를 별도 발간하기도 했다.

37 Colby 박사와의 간담회는 채텀 하우스룰에 따라 진행됐으나, 그가 공개석상에서도 유사한 취지의 발언을 했기에 여기 개요를 소개한다.

38 트럼프 대통령은 2016년 12월, 대통령 선거 승리 직후 발언을 통해 "미국이 핵능력을 대폭 증강하여, 미국의 국방과 전략에서 핵무기 역할을 감소시켜온 양대 정당 대통령들의 이전 정책에 종지부를 찍어야 한다"(the United States should greatly expand its nuclear capability, appearing to suggest an end to decades of efforts by presidents of both parties to reduce the role of nuclear weapons in American defense and strategy)고 주장했다. … Michael D.Shear and James Glanz, "Trump wants rise in nuclear capacity", International New York Times, December 24, 2016.

39 미국은 Jones Act에 따라 미국 연안을 항행하는 선박은 미국 본토에서 건조해야 한다는 규정을 고수하고 있다.

40 『조선일보』(2024. 6. 22.) 인터넷판 참조.

41 Lala Jakes, "Moving to meet Europe's demand for more arms", The New York Times(2024. 1. 3.).

42 John Ismay, "An arms plant in Texas opens to aid Ukraine", The New York Times(2024. 5. 31.).

43 Damien Cave, "U.S. enlists allies like Australia to make weapons", The New York Times(2024.3.5.).

44 송의달, 『신의 개입: 도널드 트럼프 깊이 읽기』, 나남(2024) 참조.

45 웨스트 버지니아 주의 상원의원 Joe Manchin이 미국 우라늄 농축 시설 재건 위한 법률안을 준비하고 있다. Max Bearak, "Despite war, U.S. still pays Russia for uranium", The New York Times(2023. 6. 16.).

46 Shigeru Ishiba, "Japan's New Security Era: The Future of Japan's Foreign Policy", Hudson Institute(2024. 9. 27.).

제4장 슈퍼 트럼피즘 시대 한미 확장억제의 발전방향

1 한미는 1978년 제11차 안보협의회의(SCM: Security Consultative Meeting)부터 매년 공동성명을 통해 미국의 핵우산 제공원칙을 명시해왔다.

2 2006년 제38차 SCM 공동성명.

3 2009년 제41차 SCM 공동성명.

4 2011년 제42차 SCM 공동성명.

5 2021년 1월 조선노동당 8차 당대회 중.

6 2022년 4월 25일 인민군 창건 90주년 열병식에서 김정은 위원장은 "어떤 세력이든 우리 국가의 근본 이익을 침탈하려 든다면 핵을 사용할 것"이라며 육성으로 최초로 선제적 핵사용 가능성을 선언했으며, 2022년 9월 8일 기존의 '핵보유국법'(2013)을 대체하는 '핵무력정책법'을 제정하며 선제적·자동적 핵사용을 명문화하기에 이르렀다.

7 2022년 12월 노동당 전원회의 중 김정은 위원장은 한국을 "명백한 적"이라고 강조하며 전술핵무기의 "다량 생산"과 "핵탄 보유량을 기하급수적"으로 늘릴 것으로 선언했다.

8 2023년 2월 20일, 북한은 한국군의 F-35A 스텔스 전투기가 배치된 청주 공군기지와 미 F-16 전투기가 배치된 군산 미 공군기지를 '전술핵 타겟'으로 상정한 초대형 방사포(KN-25) 도발을 감행했다.

9 한국국가전략연구원, "2022년 새정부에 제언하는 국가안보 전략과 과제," KRINS, 2021년 11월 12일; 류제승, "한미 '핵공유 체제'는 선택 아닌 의무다," 한경, 2019년 8월 1일; 유용원, "아시아판 핵공유그룹 만들자 … 아시

아, 유럽 전직 장관들의 북핵 해법," 주간조선(2021).

10 2023년 4월 26일 워싱턴선언 당시 '일체형' 표현은 사용되지 않았으나 NCG의 1차~3차 회의를 거치며 '일체형 확장억제' 개념이 사용되기 시작했다.

11 "There is no scenario in which the Kim regime could employ nuclear weapons and survive." US Department of Defense, *2022 Nuclear Posture Review*(2022), p. 12.

12 2023년 워싱턴선언을 계기로 설립된 한미 핵협의그룹(NCG: Nuclear Consultative Group)의 미측 대표인 비핀 나랑 국방부 우주정책 수석부차관보는 "김정은 정권이 핵을 사용하고도 생존할 수 있는 시나리오는 없다"고 강조해왔다.

13 정책홍보담당관실, "한미 한반도 핵억제 핵작전 지침에 관한 대한민국 윤석열 대통령과 미합중국 조셉 R. 바이든 대통령의 공동성명"(2024. 7. 12.).

14 조비연, "우크라이나 전쟁 2주년과 나토 핵공유 체제의 동향: 재래식핵통합(CNI) 개념을 중심으로", 『정세와 정책』 371호(2024), pp. 1~4; Anderson, Justin and James R. McCue. "Deterring, Countering, and Defeating Conventional Nuclear Integration." *Strategic Studies Quarterly*, Vol. 15, No. 1(2021), pp. 28~60; CSIS, "Conventional-Nuclear Integration to Strengthen Deterrence"(2023).

15 저자의 논문에서 발췌. 조비연, "한미동맹의 변화와 발전 : 재래식핵통합(CNI)과 글로벌 포괄적 전략동맹으로의 이행", 『한국정치외교사논총』, Vol. 45, No. 2(2024), pp. 75~100.

16 본 절의 일부 내용은 저자가 2024년 2월 발간한 원고를 발췌한 것임을 밝힌다: 조비연, "우크라이나 전쟁 2주년과 나토 핵공유 체제의 동향: 재래식핵통합(CNI)의 개념을 중심으로", 『정세와 정책』 2월호(2024).

17 류제승, "한미 핵공유 체제는 선택 아닌 의무다", 한경(2019. 8. 1.).

18 유용원, "아시아판 핵공유그룹 만들자 … 아시아, 유럽 전직 장관들의 북핵 해법", 조선일보(2021).

19 미 시카고국제문제연구소, 『핵확산 방지와 미국의 동맹국들에 대한 안전보장』(2021).

20 문정인, "핵 공유는 없다", 한겨레(2021. 3. 21.).

21 스테파니 본 홀라트키 & 안드레아스 웬거. (2018). 핵확장억제의 미래: 미국 북대서양조약기구 그리고 그 범위를 넘어서. 논산: 국방대학교 국가안전보장문제연구소; 조비연, 영국식 독일식 핵공유 체제와 한미 확장억제에 대한 시사점, 서울: 한국국방연구원(2022).

22 조비연, 『1960년대 나토 핵기획그룹(NPG)의 태동기와 한미 확장억제에의 함의』, 서울: 한국국방연구원(2023); 조비연, "NCG의 당위성은 명확 … 지속성 확보 주요 쟁점", 『국방일보』(2023).

23 Peter D. Feaver, "How Trump Will Change the World: The Contours and Consequences of a Second-Term Foreign Policy", Foreign Affairs, November 6(2024).

24 US House Armed Services Committee on Strategic Forces, "Statement of Anthony J. Cotton Commander United States Strategic Command Before the House Armed Services Committee on Strategic Forces" (2024. 3. 21.).

25 밥 우드워드, 『공포: 백악관의 트럼프(Fear: Trump in the White House)』, 서울: 딥인사이드(2019).

26 김성한. "슈퍼파워 트럼프시대 맞는 尹 … '이익 교환'으로 '동맹 약화' 막아야", 『문화일보』(2024. 11. 12.).

27 이수훈, "트럼프 2기 행정부의 대외정책 전망과 우리의 대응 방향", 『동북아 안보정세분석』(2024. 11. 15.).

28 Hans M. Kristensen, et al., "Chinese nuclear weapons, 2024", Bulletin of the Atomic Scientists(2024); Kristensen, Hans et al., "Chinese Nuclear Forces, 2024: A Significant Expansion", Federation of American Scientists.

29 『조선중앙』(2020).

30 US Department of Defense(2022), p. 9.

31 이하의 내용은 저자가 작성한 원고에서 발췌했음을 밝힌다. 조비연, "미국의 핵전력 · 전략의 변화 동향: 신형 B61-13 중력폭탄과 영국 라켄히스 공군기지를 중심으로", 『동북아안보정세분석』(2024. 2. 23.).

32 Hans M. Kristensen, "Lakenheath Air Base Added to Nuclear Weapons Storage Site Upgrades", Federation of American Scientists(2022. 11. 4.).

33 Harold Smith, former US Assistant Secretary of Defense for Nuclear, Chemical, and Biological Defense Programs, Hans M. Kristense, US Nuclear Weapons in Europe. Washington, DC: National Resources Defense Council(2005), p. 15.

34 조비연, "나토식 핵공유 체제의 대안 모색", 『KIDA Brief』(2022); 조비연. 『영국식 · 독일식 핵공유 체제와 한미 확장억제에의 시사점』, 서울: 한국국방연구원(2022).

35 US Office of the Under Secretary of Defense, "Construction Programs(C-1)"(2023).

36 BBC, "RAF Lakenheath: Plans to Progress to Bring US Nuclear Weapons to Suffolk"(2024. 1. 29.).

제5장 한국의 핵잠재력 확보를 위한 그랜드 바게인

1 조비연, "동아시아 비핵국가들의 Plan B: 핵잠재력 확보를 통한 잠재적·보험적 억제력 구축", 『국가전략』 제27권 4호(2021), pp. 35~64.

2 Rachel Elizabeth Whitlark and Rupel N. Mehta, "Hedging Our Bets: Why Does Nuclear Latency Matter," The Washington Quarterly. Vol. 42, No. 1(2019), pp. 41~52; Mattiacci, Eleonora, Rupal N. Mehta and Rachel Elizabeth Whitlark, "Atomic Ambiguity: Event Data Evidence on Nuclear Latency and International Cooperation," Journal of Conflict

Resolution, online publication(2021); Mehta, Rupal N. and Rachel Elizabeth Whitlark, "The Benefits and Burdens of Nuclear Latency," International Studies Quarterly, Vol. 61, No. 3(2017), pp. 517~528.

3 Glenn H. Snyder, Deterrence and Defense: Toward a Theory of National Security, Princeton, NJ: Princeton University Press(1961), p. 3.

4 Ariel E. Levite, "Never Say Never Again: Nuclear Reversal Revisited," International Security. Vol. 27, No. 3(2003), pp. 59~88.

5 Michael Howard, "The Forgotten Dimensions of Strategy," Foreign Affairs(1979); Michael Malyshev, "Nuclear Latency and the Future Strategic Environment," The Strategist, March 11(2015).

6 Vipin Narang, "What Does It Take to Deter? Regional Power Nuclear Postures and International Conflict," Journal of Conflict Resolution. Vol. 57, No. 3(2013), pp. 478~508; Vipin Narang, Nuclear Strategy in the Modern Era: Regional Powers and International Conflict, Princeton University Press(2014).

7 Andreas Persbo, "Latent Nuclear Power, Hedging, and Irreversibility," Joseph F. Pilat (ed.), Nuclear Latency and Hedging: Concepts, History, and Issues, Washington, DC: Wilson Center(2019).

8 조비연, "동아시아 비핵국가들의 Plan B: 핵잠재력 확보를 통한 잠재적·보험적 억제력 구축,"『국가전략』 제27권 4호(2021), pp. 35~64.

9 Mark Fitzpatrick, Asia's Latent Nuclear Powers: Japan, South Korea, and Taiwan, London: IISS(2016).

10 정현숙, "1950년대 북한의 핵전략 연구: 원자력의 평화적 이용전략 중심으로,"『현대정치연구』, 제11권, 1호(2018), pp. 129~164; 한용원, "북한의 핵잠재력과 남북한 관계,"『사회과학연구』 제3권(1993), pp. 29~46; 이은철, "북한의 핵기술개발 잠재력 평가,"『북한학보』 제15권(1991), pp. 177~189.

11 BBC, "국회서 불붙은 핵무장론 … 트럼프 당선되면 우리도 핵보유 주장 나오는 배경은"(2024. 7. 11.).

12 2기(월성 1호, 고리 1호)는 영구정지 상태, 4기(신고리 5호, 6호와 신한울 1호, 2호)는 건설중, 2기(신한울 3호, 4호)는 건설 보류, 4기(천지 1호, 2호와 대진 1호, 2호)는 건설 취소 상태.

13 Fitzpatrick, Mark. Asia's Latent Nuclear Powers: Japan, South Korea, and Taiwan(2016), p. 27.

14 GBU-57가 콘크리트를 60m까지 뚫고 들어가는 것을 감안해 역산하면 현무-4는 최대 120~180m 두께의 콘크리트를 관통할 수 있다고 추정된다. 민병권, "미사일지침 '족쇄' 풀리는 현무 탄도탄 … '저위력 핵무기' 버금갈까," 『서울경제』(2021. 5. 23.).

15 노병렬, "한국 핵무장론의 안보정책화 가능성", 『평화학연구』 제18권 4호(2017).

16 김귀근, "한국, 경항모 확보 위해 영국과 항모기술 협력추진"(2020. 3. 22.).

17 Tristan A. Volpe, "Atomic Leverage: Compellence with Nuclear Latency," Security Studies. Vol. 26, No. 3(2017), pp. 517~544.

18 한경, "한수원 사장, 韓 우라늄 안보 취약 … 20% 우라늄 농축 필요"(2024. 8. 28.).

19 US Congressional Commission on the Strategic Posture of the United States, "America's Strategic Posture, Final Report"(2023), October.

20 연합뉴스, "정부, '핵안보 위협 대응' 위해IAEA에200만달러 지원"(2024).

21 MBC, "한국 피폭자 7만명 인데, 30년 걸린 위령비 건립"(2021).

제6장 북한의 실체와 대남전략의 본질

1 새뮤얼 퍼파로 미국 인도태평양사령관은 2024년 12월 7일 북한이 러시아 파병대가로 전투기와 지대공 미사일을 제공받기로 했다고 공개했다. 특히 미그29와 수호이27 등 전투기에 대한 합의를 포착했으며 이들 전투기는 스텔

스 기능을 장착한 5세대 버전은 아니지만, 여전히 가공할 위력을 지녔다고 언급했다.

2 안보 딜레마는 무정부상태인 국제정치에서 A국의 군사력 증강 · 국방비 증가 등 안보강화 조치가 주변 B국의 안보를 위협하게 됨으로써 B국의 안보 강화를 야기하게 되고 결국에는 A국의 안보에 위협이 되는 악순환의 결과를 초래하는 현상을 말한다.

3 김정은은 2012년 4월 6일 '4 · 6담화'를 통해 주체사상을 김일성-김정일 주의로 대체하면서 김일성-김정일 주의는 주체시대를 대표하는 혁명사상이라고 강조하고 4차 당대표자회의(2012. 4. 11.)에서 당의 지도적 지침으로 채택했다(『2023북한이해』, 국립통일교육원, pp. 43~44).

4 송인호, "북한의 '당의 유일적 영도 체계 확립의 10대원칙'에 대한 고찰", 『법학총론』, 제43권 제1호(2019), pp. 153~167.

5 김일기 · 김인태, "북한의 「개정 당규약」 분석과 시사점", INSS전략보고, 국가안보전략연구원, No. 127(2021. 8), p. 4.

6 당 조직과 당원들이 준수해야 할 규범이자 원칙인 노동당 규약에 따르면 노동당은 위대한 수령들을 높이 모시고 수반(김정은)을 중심으로 하여 조직 사상적으로 공고하게 결합된 노동계급과 근로인민대중의 전위부대라고 규정하고 있다.

7 김병로 · 김성철, "북한사회의 불평등 구조와 정치사회적 함의", 연구보고서 98-01, 민족통일연구원(1998. 10), pp. 29~33.

8 『북한법령집 上』, 국가정보원(2022. 10), p. 174.(https://www.nis.go.kr/resources/down/2022_nor th_law_01.pdf, 2024.11 방문).

9 양영희, "북한의 신소청원제도", 『통일사법정책연구(2)』, 법원행정처(2018), pp. 188~189.

10 대표적 우상화 사례로서는 솔방울로 수류탄을 만들고 모래로 쌀을 만들었으며 축지법을 사용(김일성), 생애 첫 골프에서 홀인원 11개를 기록한 세계 최고의 골프선수(김정일), 7개국 언어를 정복하고 세 살 때 사격하여 1초간격으로 10개 과녁에 명중(김정은) 등이 있다.

11 『북한이해』, 국립통일교육원(2023), p. 189.

12 "조선초기의 사회와 신분구조", 우리역사넷 25권, 국사편찬위원회(http://contents.history.go.kr/mobile/nh/list.do?treeId=40&levelId=nh_025 2024.11 방문).

13 양승진, 소름끼치는 김일성의 후계교육, 이코노믹 포스트, 2022. 1. 10. (https:// www.economicpost. co.kr/31494 2024. 11 방문).

14 주민들을 무한노동으로 내몰아 온 천리마 운동, 만리마 운동, 70일 전투(1974), 80일 전투(2020), 100일전투(1971, 1978, 1980, 2006, 2009), 150일 전투(2009), 200일 전투(1988), 그리고 매년 전개되는 퇴비 전투, 모내기 전투, 풀베기 전투, 가을걷이 전투 등이 그것이다.

15 임을출, "80일 전투 : 과거 유사사례와 시사점", IFES브리프 No 2020-24, 경남대 극동문제연구소(2020. 10. 12.).

16 재미교포인 김동철 목사는 2002년 북한 당국의 허가를 받고 사재 280만 달러를 털어 나선지역에 두만강 호텔을 운영하다가 2015년 간첩혐의로 체포됐다. 그는 미북 정상회담 직전인 2018년 석방된 후 자서전을 저술했다.

17 김정우, "北 억류됐던 김동철 목사 '내 스파이활동 돕다 처형된 北 6명에 미안'", 『한국일보』(2019. 8. 11.), 4면.

18 유동열, 『북한의 대남전략』, 통일교육원(2010), pp. 7~8

19 김태경 · 이정철, "조선노동당 제8차대회 당규약 개정과 북한의 전국혁명론 변화", 『통일정책연구』, 제30권 2호(2021. 12), pp. 14~22.

20 1970년 당 규약에서 전국적 범위에서 민족해방인민민주주의 혁명(당면목적), 공산주의 사회건설(최종목적)로 변화됐다. 1980년 규약에서는 당면목적은 동일하지만 온 사회의 주체사상화 · 공산주의 사회건설(최종목적)로 변경됐다. 2010년에는 민족해방민주주의 혁명(당면목적)과 온사회의 주체사상화(최종목적)으로 변경됐고 2016년 규약에서는 전국적 범위에서 민족해방민주주의(당면목적), 온사회의 김일성 · 김정일주의화(최종목적)로 바뀌었다. 2021년에는 민족해방민주주의를 삭제하고 남한내 사회의 자주적이며 민주주의적 발전(당면목적), 인민의 이상이 실현된 공산주의 사회건설

(최종목적)로 변화했다.

21 『정치사전』, 북한 사회과학출판사(1973. 10. 10.), pp. 431~432

22 정치사전의 민족해방민주주의혁명 용어 정의에 부연 설명된 김일성의 교시는 민족해방민주주의혁명의 핵심이 통일전선 전술임을 재확인 해주고 있다. 김일성이 '김일성 저작선집'(1권 7쪽)에서 '민족해방민주주의 혁명을 완수하려면 노동계급이 핵심이 되고 농민, 애국 지식인, 민족 자본가까지 망라하는 민주주의 통일전선을 형성하여 노동계급이 영도하는 민주주의 인민공화국을 건설해야 한다'고 교시했다는 것이다.

23 성기홍, "75년 김일성 남침지원 요구에 中 '남북대화해라'", 『연합뉴스』(2012. 5. 16.).

24 네이버 사전(https://dict.naver.com).

25 정영태, "북한의 대남전략전술과 대남테러 지속 가능성", 『대테러 연구』 제32집(2010), pp. 35~44.

26 레닌이 '너에게 3명의 적이 있으면 그중 2명과 연대하여 하나를 타도하고 나머지 하나와 동맹하여 다른 하나를 제거하고 마지막 하나는 1대1로 대결하여 타도하라'고 말한 전술이다.

27 김준섭, "북한의 통일전선전술 연구", 동국대 박사학위 논문(2022), p. 227.

28 김일성이 정권수립 다음날인 1948. 9. 10. 발표한 '조선민주주의 인민공화국 정부 정강'에서 미소 양국군 철수를 국토완정과 민족통일의 선결조건으로 제시했다. 국토완정(完整)은 사회주의권에서 통상 영토보전(territorial integrity) · 국토보전의 뜻으로 사용하고 있지만 당시 김일성의 국토완정론을 자신의 대남혁명 전략과 연계해 보면 전 한반도의 공산화와 같은 말이며 국토완정의 국토라는 용어에 남한이 이미 포함된 개념이라고 할 수 있다. 2022년 8월 3일 북한 외무성 대변인이 대만문제와 관련하여 '대만문제에 대한 외부세력의 간섭행위를 규탄 배격하며 국가 주권과 영토완정을 견결히 수호하려는 중국정부의 정당한 입장을 전적으로 지지한다'라고 성명을 발표한데서도 마찬가지(중국입장에서는 대만이 중국영토에 이미 포함된 개념)로 나타난다.

29 북한은 남북 평화협정체결 제의(1963. 12), 3대 혁명역량 노선 채택(1964. 2)으로 대남혁명 역량 강화, 무장간첩 침투(1968. 1 청와대, 1968. 11 울진 · 삼척), 남북 자유왕래 제의(1968. 9), KAL기 납치(1969. 12) 등 전술을 파상적으로 전개했다.

30 북한은 미군철수, 정치협상회의 개최, 연방제 실시 등 대남제안(1971. 4), 7.4 남북공동성명 발표(1972. 4), 육영수 여사 총격살해(1974. 8), 남침땅굴 발견(1974. 11), 판문점 도끼만행(1976. 8), 고려민주연방공화국 창립 '방안 제시(1980. 10), 아웅산 테러(1983. 10), 다대포 무장공비 침투(1983. 12), 수해물자 전달(1984.9), 이산가족 방문단 교환(1985. 9), 각종 남북대화(1971 적십자 예비회담, 1972~77 남북 조절위 회담 · 적십자 회담, 1984~87 체육회담, 1984~85 경제회담, 1984~85 적십자 회담, 1989 체육회담 등), KAL기 폭파테러(1987. 11) 등을 단행, 대결과 대화가 혼재했다.

31 북한은 조국통일 5대방침 제시(1990. 5), 남북 통일축구대회(1990. 10), 민족통일정치협상회의 개최제의(1991. 1), 남북 체육회담(1990. 11~1991. 2) 및 세계탁구선수권대회 단일팀 참가(1991. 5), 유엔 동시가입(1991. 9), 남북고위급회담(1990. 7~1992. 9)을 통해 기본합의서 · 비핵화공동선언 채택(1991. 12), 미북 고위급회담(1992. 1~1994. 9) 및 미북 기본합의서(AF) 타결, 전민족 대단결 10대강령(1993. 4) 발표, 남북정상회담 제의(1994. 6), 4자회담(1997. 5~1999. 8) 등 각종 평화공세와 함께 남북회담에 적극 호응하여 합의를 도출하고 남북간 교류에도 호응했다. 그러면서 또 다른 한편으로 제4땅굴 설치(1990. 4 발견), DMZ 무장병력 침투(1992. 5), 조선노동당 간첩단 침투(1992. 10 체포), 특사교환 회담에서 서울 불바다 협박(1993. 3), 1차 북핵 위기 발발(1993. 3), 남파 무장공비 김동식 체포(1995. 10), 판문점 JSA에 무장병력 투입(1996. 4), 강릉 잠수함 침투(1996. 9), 부부간첩 남파(1997. 11 체포) 등 도발과 함께 1차 북핵위기를 촉발시켰다.

32 북한은 이 기간중 정치 · 군사 · 경제 · 사회 · 문화 · 체육 · 인도적 현안 등 제 분야에 걸친 남북회담과 교류협력을 전방위적으로 진행했다. 정상회담(2000. 6)부터 실무회담까지 회담이 총 246회 개최됐고 채택된 합의서는 170건이었으며 남북간 왕래인원은 431,683명, 남북간 교역액도 76억불에 달했다. 개성공단이 운영되고 금강산 · 평양 · 개성 관광도 진행됐으며 북핵

문제 해결을 위한 북핵 6자회담(2003. 8~2008. 12)도 개최됐다. 이와 함께 북한은 여러 도발도 배합한 강온 양면의 전술을 구사했다. 북한 잠수정 속초침투(1998. 6), 대포동1호 발사(1998. 8), 반잠수정 여수 침투(1998. 12 격침), 제1연평해전(1996. 6), 서해 NLL 무효화 선언(1999. 9), 금강산 관광객 억류(1999. 6), 제2연평해전(2002. 6), 제2 북핵 위기 촉발(2003. 1), 핵무기 보유선언(2005. 2), 대포동 2호 발사(2006. 7), 1차 핵실험(2006. 10) 등이 감행된 것이다.

33 이 기간에 북한의 대화 · 협력을 위한 조치로는 김대중 조문단 방한(2009. 8), 이산가족 상봉행사(2009. 9, 2010. 10), 임태희-김양건간 비밀접촉(2009. 9~10), 개성공단 출경 차단(2013.3)후 개성공단 당국회담 7회 개최(2313. 7~8), 남북 고위급접촉(2014.2), 이산가족 상봉행사(2014. 2), 북한 올림픽위원회 대표단 방한(2014.9), 인천 아시안게임 참가 및 최고위급 3인 방한(2014. 10), 연천 국제유소년 축구대회 북한팀 참가(2014. 11), 고위당국자 2+2접촉(2015. 8), 이산가족 상봉행사(2015. 9~10), 평양 노동자 축구대회(2015. 10), 차관급 당국회담(2015. 12) 등이 있었다. 한편 비평화적 강경조치로는 금강산 관광객 총격(2008. 7), 장거리 로켓발사(2009. 4), 대청해전(2009. 11), 천안함 폭침(2010. 3), 연평도 포격(2010. 10), 비핵화공동선언 백지화(2013. 1), 정전협정 백지화(2013. 3), 남북 함정 NLL 교전(2014. 10), 북한 대북풍선 총격으로 민통선내 낙탄(2014. 10), DMZ 내 목함지뢰도발(2015. 8), 평양 표준시각 적용(2015. 8), 대북 확성기 포격(2015. 8), 개성공단 폐쇄(2016. 2) 등이 있었다.

34 홍민, 『북한의 핵 · 미사일 관련 주요활동 분석』, 통일연구원(2017), p. 33.

35 이 기간중 평창올림픽 참가 및 고위급 대표단 방한(2018. 2), 특사방북(2018. 3, 2018. 9), 예술단 · 태권도 시범단 방북(2018. 4), 통일농구 대회(2018. 7), 이산가족 상봉(2018. 8), 공동연락사무소 개소(2018. 9) 등이 진행됐다.

36 『2023 통일백서』(2023), p. 260, p. 264, p. 272.

37 The CNS North Korea Missile Rest Database, Nuclear Threat Initiative (NTI, https://www.nti.org/analysis/articles/cns-north-korea-missile-

test-database/2024. 11 방문).

38 북한은 금강산관광지구 시설철거 통보(2019. 10), GP에 총격(2020. 5), 모든 남북통신연락망 차단(2020. 6), 남북공동연락사무소 폭파(2020. 6), 월경 공무원 사살(2020. 9) 등 공세적 조치를 감행했다.

39 북한이 원한 것은 미국으로부터 핵보유를 인정받는 동시에 경제적 지원도 받는 것을 말한다.

40 김정은이 2022년 9월 최고인민회의 시정연설에서 '한반도 주변 세력구도가 명백해지고, 다극세계로의 전환이 눈에 띄게 가속화되고 있어, 자주강국의 지위에 맞게 대외관계를 주동적으로 발전시킬 것'이라고 선언한 것이 그 징표이다.

41 노동신문은 2017년 11월 20일 정론 '신심 드높이 질풍노도 쳐 나가자'에서 최초로 주장했고 화성-15형 미사일 발사 다음날인 2017년 11월 30일 사설 '조국청사에 길이 빛날 민족의 대경사, 위대한 조선인민의 대승리'에서 다시 강조했다.

42 전영선, "민족제일에서 국가제일로-우리국가제일주의의 의미와 전망", 『KDI북한경제리뷰』 2020년 7월호, pp. 33~36.

43 정영태, "북한군대의 대내외 정세인식 형성과 군대변화", 연구총서 07-09(2007), 통일연구원, p. 25.

44 김정은은 2013년 12월 31일 노동당 중앙위 제8기 제9차 전원회의 확대회의에서 '지금 남조선에는 정치가 실종되고 사회 전반이 양키 문화에 혼탁되어 있으며 국방과 안보는 미국에 전적으로 의존하는 반신불수의 기형체, 식민지 속국에 불과하다'고 규정했다.

45 북한이 2국가론을 개정헌법에 반영했다는 사실만 공개하여 상세한 내용을 알수가 없지만 김정은이 지시한 내용이 헌법에 모두 포함됐을 것으로 예견된다.

46 이봉기, "동독의 2국가 2민족론의 전개과정과 배경", 온라인 시리즈, CO 24-39(2024. 5. 30.), 통일연구원, pp. 2~6.

47 오창민, "북한 급변사태 대비 개념계획5029 다시 주목", 『경향신문』(2011. 12. 19.).

48 오영환, "리영호 놈의 직권에 눌리여 … 북 이영호 실각문건 보니", 『중앙일보』(2016. 6. 7.).

49 김종원, "김정은 정권의 군부통제 강화 : 군정지도부의 기능과 역할", INSS 전략보고 No. 247, 국가안보전략연구원(2023. 12).

50 다만 남한이 잘산다는 사실을 알고 있는 북한 주민들도 개념적으로만 알고 있지 그것을 피부로 직접 느끼지는 못한다. 심지어 드라마에 나오는 호화사치한 장면을 연출이라고 간주하는 주민들도 많다고 한다. 그러나 교류협력 과정에서 방한한 북한 주민들이 남한의 발전된 현실을 목도하고 충격에 휩싸인다는 것이다. 북한이 이산가족 상봉을 금강산에서만 진행하겠다고 고집한 이유이기도 하다.

51 5만여 명의 북한 근로자(4인가족 총20만명)들이 원자재, 완제품, 생산기계, 식당 밥, 간식(초코파이), 공단운영 체계, 편의점 상품, 야근수당, 통근버스, 은밀반출 제품 사용 등을 통해 자신들이 접하지 못한 새로운 문명을 직접 체험한 것이다.

52 단군 조선에 대해서는 한무제의 침입으로 붕괴됐다는 설과 내분 · 권력투쟁 등으로 인해 조선-대부여-북부여-고구려로 이어지면서 재편됐다는 설이 병존하고 있어 붕괴원인이 달라질 수 있다. 다만 한무제가 단군조선을 멸망시키고 한반도 내에 낙랑군 등 한 4군을 설치했다는 것이 그간의 통설이었는데 낙랑군의 위치가 평양이 아니라 북경부근 하북성에 있었다는 것이 중국 사료와 문헌에 나와 있어 전반적으로 다시 연구할 필요가 있다.

53 이영종, "중국의 대북경고-핵고집땐 간부 · 가족 가혹하게 처벌", 『중앙일보』(2020. 1. 10.), 24면.

54 동맹조약 4조는 쌍방중 어느 일방이 개별적인 국가 또는 여러 국가들로부터 무력침공을 받아 전쟁상태에 처하게 되는 경우, 타방은 유엔헌장 제51조와 북한 · 러시아의 법에 준하여 지체없이 자기가 보유하고 있는 모든 수단으로 군사적 및 기타 원조를 제공하게 되어 있다.

55 Henry A. Kissinger, A World Restored, Houghton Mifflin Company (1957), pp. 2~3.

제7장 북한의 핵전략

1 김지진, "중국의 한국전 참전과 미국의 핵무기 사용검토에 관한 연구", 서울대 석사학위논문(2020. 1), pp. 97~100.

2 박한식, "김일성의 이율배반적 유훈 … 트럼프는 이해하는가?", 한겨레신문(2019. 5. 20.); 북한 전문가로 수십 차례 방북했던 박한식 조지아대 명예교수의 글이 방증해 준다(나는 다년간 학문적으로 교류했던 북한의 C교수로부터 김일성이 핵무기에 주목했던 까닭을 구체적으로 배울 수 있었다. 항일 무장투쟁에서 고군분투했던 김일성은 일본이 미국의 원자탄 투하에 한순간 항복하는 모습을 보면서 핵무기의 위력에 깊은 인상을 받았다. 김일성은 핵무기만 확보하면 아무리 강력한 외세의 침략도 단호하게 격퇴할 수 있다고 확신했다. 더욱이 김일성은 한국전쟁 때 미국의 무자비한 폭격을 당하면서 핵무기의 필요성을 절감했다).

3 이장훈, "김정은과 푸틴의 위험한 만남", 『주간조선』 2551호(2019. 4. 1.), p. 50.

4 김민식, "1958년 한반도 전술핵무기 배치요인 재고찰", 『군사(軍史)』 제117호(2020. 10), pp. 233~245

5 박병광, "전술핵배치 지상토론", 이슈브리핑17-18, 국가안보전략연구원(2017), p. 2.

6 김보미, "북한의 핵개발 전략 변화" INSS연구보고서 2021-03, 국가안보전략연구원(2021), pp. 32~33.

7 Don Oberdorfer, 『The Two Koreas』, Basic Books(1997), 이종길譯, 『두 개의 한국』, 경기 고양시: 길산(2002), p. 378.

8 50MWe 원자로와 200MWe 원자로는 1995~96년에 완공할 예정이었으나 미북간 제네바 합의에 의거 공사가 중단됐다.

9 북한은 1991년 4월 핵안전조치협정을 비준하고 1992년 1월 동 협정에 서명

한 후 IAEA의 사찰을 수용하겠다고 발표했다.

10 김영삼, 『김영삼 대통령 회고록 (상)』, 조선일보사(2001), pp. 316~317; 미국의 북핵시설 정밀타격 검토에 대해 김영삼 대통령은 회고록에서 '내가 대통령으로 있는 이상 우리 60만 군대는 한명도 못 움직이며 한반도를 전쟁터로 만드는 것은 절대 안된다'라고 클린턴 대통령에게 강력히 반대했고 미국은 최종적으로 이를 보류했다(작전 명칭은 이스라엘이 1981년 이라크의 Osirak 원자로를 선제 타격한 데서 유래된 것으로 보인다).

11 이용준, 『북한핵, 새로운 게임의 법칙』, 조선일보사(2004), p. 130.

12 제네바에서 체결된 합의서(AF, 10개 조항)는 북한이 핵을 동결하고 미국은 경수로 2기 건설, 연간 중유 50만톤 지원, 정치 · 경제적 관계 정상화를 추진한다는 내용이다.

13 김일성 사후 3년을 애도기간으로 설정하고 그 명분 아래 공식 권력승계도 미룬 채 김일성의 후광을 빌어 군부 주도의 위기관리체제로 운영했다. 3년 탈상을 마치고 유훈통치를 끝낸 뒤 1997년 10월 김정일을 당 총비서로 추대하고 1998년 9월 헌법 개정을 통해 제도를 새롭게 정비했다.

14 김영만, "김정은 핵포기 결단 내려 … 비핵화는 김일성 · 김정일 유훈", 『연합뉴스』(2015. 10. 11.).

15 이지훈 · 한기재, "北, 괌-하와이 전략무기 철수 요구했다", 『동아일보』(2019. 3. 22.).

16 무샤라프 파키스탄 대통령은 2006년 9월 25일 발간한 자서전(사선에서)에서 '미사일 전문가로 위장한 북한 핵전문가들이 칸 박사 연구실을 방문해 비밀 브리핑을 받았으며 칸박사는 1999년부터 북한에 20여기의 원심분리기(P-2형 추정)를 제공하고 기술지도도 해주었다'고 밝혔다.

17 전성훈, "북한의 고농축 우라늄(HEU) 프로그램 추진실태", 통일정세 분석 2004-12, 통일연구원(2004. 6), pp. 5~7.

18 2010년 11월 북한은 해커 스탠포드대 국제안보협력센터 소장을 초청하여 막 건설된 것으로 보이는 1,000여 개 이상의 원심분리기가 설치된 우라늄 농축시설을 공개하면서 원심분리기를 2,000개 설치하여 가동 중이라고 주

장했다.

19 조선중앙통신, "당 중앙위 2013년 3월 전원회의에 관한 보도"(2013. 3. 31.); 북한은 병진노선을 '자위적 핵무력을 강화발전시켜 방위력을 다지면서 경제건설에 더 큰 힘을 넣어 사회주의 강성국가를 건설하기 위한 노선'이라며 주장했다.

20 장철운, "북한 전략군의 위상과 역할에 관한 연구", 『한국과 국제정치』 제33권 제4호, 2017(겨울), pp. 135~136.

21 윤형준, "北 '핵 있는 경제강국이 목표'", 『조선일보』(2019. 8. 20.).

22 홍민, 『북한의 핵 · 미사일 관련 주요활동 분석』, 통일연구원(2017), p. 33.

23 Vipin Narang, "Strategies of Nuclear Proliferation : How States Pursue the Bomb", International Security 41, no. 3(2017. 1), p. 122, p. 134; 나랑은 핵개발 전략 유형으로 헤징(Hedging), 전력질주(Sprinting), 은폐(Hiding), 비호下 개발(Sheltered pursuit) 등 4가지를 제시했다. 헤징은 잠재력을 보유하고 있다가 여건이 성숙되면 핵을 개발하는 전략이다.

24 하수영, "앤드루 김 '북, 괌 · 하와이 미군폭격기 폐기 요구해 회담 결렬", 『뉴스핌』(2019. 3. 22.).

25 김진명, "폼페이오, '김정은은 미국 믿었지만 시진핑이 북 비핵화 방해'", 『조선일보』(2022. 7. 7.).

26 북한은 우리의 대북 특별사절단(2018. 3)에게 핵실험 · 탄도미사일 등 전략적 도발을 하지 않겠다고 선언했기 때문에 약속대상에 포함되지 않은 단거리 미사일을 집중적으로 발사한 것이다.

27 이 계획은 전술핵무기 · 초대형 핵탄두 · 극초음속 미사일 · 고체연료 ICBM · 핵잠수함 · 수중발사 핵무기 · 정찰위성 등을 개발하고 ICBM의 명중률을 제고하겠다는 것으로 핵무력을 고도화 · 첨단화하겠다는 것이다.

28 The CNS North Korea Missile Rest Database, Nuclear Threat Initiative(NTI, https://www.nti.org/analysis/articles/cns-north-korea-missile-test-database/2024. 11 방문).

29 핵무기를 동원하여 적을 공격하는 절차와 다양한 핵 공격을 효율적으로 구성하여 진행하기 위한 체계를 말한다.

30 김정은이 '남한을 적대국으로 규제한데 기초하여 언제든 치고 괴멸시킬 수 있는 합법성을 가지고 주변환경을 우리국익에 맞게 다스려 나갈 수 있게 됐다'고 주장(2024. 2)한 것이나 '만일이라는 전제조건하에서 우리의 공격력이 사용된다면 그것은 동족이 아닌 적국을 향한 합법적인 보복 행동'이라고 주장(2024. 10)한데서 그 저의가 명백히 입증된다.

31 5개년 계획의 주요 과제와 해당 무기 개발현황을 보면 전술핵무기(화산31형), 극초음속 미사일(화성8형), 고체연료 ICBM(화성 16 · 18 · 19형 등), 핵잠수함(김군옥영웅함), 수중발사 핵무기(해일1형, 해일5-23형), 정찰위성(만리경1호) 등이 있다.

32 이 훈련은 최대 핵위기 사태 경보인 '화산경보' 체계 발령시 부대들의 핵반격 태세 이행절차 숙달을 위한 기동 훈련, 핵반격 지휘 체계 가동연습, 핵 모의탄두 탑재 초대형 방사포탄 사격 등 순서로 진행됐으며 방사포 공격은 순전히 남한을 겨냥한 핵공격 훈련인 것이다.

33 3대 핵전력은 ICBM, 탄도미사일 발사 잠수함, 전략폭격기이다. 한반도는 전투종심이 짧아 모든 항공기를 핵투하에 이용할 수 있기 때문에 전략폭격기는 사실상 무의미하다.

34 푸틴은 미 · 중 등을 포함한 모든 나라 정상을 만날 때 30분에서 2시간까지 지각하는 것이 관행이었으나 이날은 김정은보다 30분 먼저 도착하여 기다렸다. 이는 러시아가 포탄 등 군수물자를 지원받는 것이 얼마나 절박했는지를 방증해준다.

35 정상회담 직후 푸틴은 북한과의 획기적 협정으로 양국 관계가 새로운 수준이 될 것이고 북한과 군사 · 기술 협력을 진전시키며 서방의 제재에 맞설 것이라고 강조했다. 김정은은 양국관계가 사상 최고 전성기에 들어서고 있으며 북러동맹 관계는 역사의 닻을 올리며 출항했다고 선언했다.

36 북한군은 러-우 전쟁에서 독자적 작전을 하는 것이 아니라 러시아 군복을 입고 러시아 장교의 지휘를 받는 용병으로 참가한 것이다.

37 국정원은 2024년 10월 23일 국회정보위 간담회에서 북한군인 1명당 월 2,000불의 대가가 지급될 것이라고 전했다. 물론 이 대가는 개별 군인이 아니라 김정은의 지갑으로 들어갈 것으로 예상된다.

38 이들 현황의 출처는 다음과 같다. 국정원(동아일보 2024. 9. 29. "국정원, 미 대선후 7차 핵실험 가능성"), 국방부(국방백서 2022, p. 29), 미 육군부(ATP 7-100.2, North Korean Tactics, pp. 1-11, https://irp.fas.org/doddir/army/atp7-100-2.pdf) ISIS(North Korean Nuclear Weapons Arsenal, 2023. 4. 10., p. 2), SIPRI(Yearbook 2024, pp. 341~343), 해커 박사(https://www.voakorea. com/a/6992792.html), 아산·랜드연구소("한국에 대한 핵보장 강화방안", p. 18), 미국 군축협회(https://www.arms control.org/factsheets/arms-control-and-proliferation-profile-north-korea), 미국 과학자협회(https://www.voakorea.com/a/7699778.html).

39 Siegfried Hecker & Robert Carlin, "A Closer Look at North Korea's Enrichment Capabilities and What It Means", 38North, Stimson Center (2024. 9. 18.).

40 https://www.voakorea.com/a/7783783.html(2024. 11 방문).

41 신진우, "北 '核심장' 공개, 풀가동때 핵탄두 年10개 생산", 『동아일보』(2024. 9. 14.).

42 이춘근, 『과학기술로 읽는 북한핵』, 서울 : 생각의 나무(2005), p. 56.

43 이창위, "북핵 위기와 대북 제재의 실패", 본서(本書), p. 20.

44 이 기사에서 핵무기를 1kt 이하 핵무기를 극소형 핵탄, 1~15kt을 소형 핵탄, 15~100kt을 중형 핵탄, 100kt~1Mt을 대형 핵탄, 1Mt 이상을 초대형 핵탄으로 분류했다. 소형화는 핵무기 사용의 정치·군사적 목적을 달성하며 그 경제적 효과성을 높이기 위해서 추진한다고 했다.

45 핵반응 방식에 따라 원자탄, 수소탄, 중성자탄이 있고 파괴력·사거리에 따라 전략핵무기, 전술핵무기, 전역핵무기 등이 있다.

46 양욱, "북한의 최신 핵무기 개발현황", 이슈브리프 2023-12, 아산정책연구

원, 2023. 6. 29., 사진에 공개된 화산-31형 탄두의 투발수단 8종은 화성-11다(KN-23 개량형), 화성-11나(KN-24, 북한판 에이태킴스), 600mm 초대형 방사포(KN-25), 해일(핵장착 무인수중공격정), 화살-1 · 2(전략순항미사일), 화성-11ㅅ(SLBM), 화성-11라(CRBM, 신형 근거리 탄도미사일)이다.

47 2021년부터 북한이 추진했던 국방력개발 5개년 계획에 포함된 극초음속미사일, 고체연료 ICBM, ICBM 명중률 개선, 잠수함발사 탄도미사일(SLBM)이 북한이 집중하고 있는 미사일 분야이다.

48 『2022 국방백서』(2022), p. 31.

49 화성17형은 24~26m크기이고 시험발사 시 11축 이동식미사일 발사대(TEL)를 사용했다. 화성18형은 22m크기로서 9축 TEL을 사용했다. 화성19형은 11축 TEL에서 발사됐으며 화성18형의 발사관은 8마디였는데 화성19형은 발사관을 13~14개 마디였다.

50 『2022 국방백서』(2022), p. 32.

51 그 외 다음과 같은 부수적 성과도 거둘 수 있다. 대형 미사일 개발이 주민들에 자긍심을 불어넣어 체제결속을 유도할 수 있는 데다가 각종 미사일 기술의 수출로 외화도 획득가능하다. 장거리 미사일을 개발할 경우, 단거리 미사일의 효율성과 정확성을 개선하기가 용이하다. 미사일 강국이 되고 핵무장까지 하면 정권 안전을 담보할 수 있는 것은 물론 대외적 입지도 제고시킬 수 있다.

52 박형수, "우크라이나 정보국, '북, 단거리 탄도미사일 100발 러제공'", 중앙일보 2024. 11. 26.

53 북한은 1960년대부터 남한의 수도권을 겨냥하여 107mm, 122mm, 140mm, 240mm 방사포를 개발하여 운용해왔다. 김정은 시대에 방사포 다종화를 추진하여 300mm 신형 대구경방사포(2016), 400mm 신형대구경조정방사포(2019), 600mm 초대형방사포(2020)를 실전배치했다.

54 『2022 국방백서』(2022), p. 27.

55 손효주 · 윤상호 · 신규진, "北 장사정포 동시 5700발 '수도권 포탄비' 위협",

『동아일보』(2024. 10. 15.).

56 핵방아쇠라는 용어는 유사시 언제든 핵공격을 즉각 감행할 수 있는 태세가 갖춰져 있다는 것을 과시하려는 의도에서 나온 것으로 추정된다.

57 2024년 4월 22일 핵반격가상종합전술훈련 보도 사진을 보면 600mm 방사포 사격훈련장에서 풀밭에 꿇어앉아 노트북 컴퓨터를 펴놓고 통신으로 명령을 주고 받으며 훈련하는 병사들이 나온다.

58 핵반격가상종합훈련관련 2023년 3월 20일 및 2024년 4월 23일 조선중앙통신 보도, 김정은의 핵무기 병기화사업지도 관련 2023년 3월 28일 조선중앙통신 보도 등이다.

59 2022년 9월 25일부터 10월 9일간 진행된 인민군 전술핵 운용부대들의 군사훈련은 핵공격 능력을 검증하기 위한 것으로 4대 공간에서 핵공격이 가능한 수단들이 모두 등장했다. 동원된 무기는 저수지 수중에서 발사된 잠수함발사미사일(SLBM), 남한 비행장 무력화용 화성11형 단거리탄도미사일(SRBM), 초대형 방사포, 신형 중거리탄도미사일(IRBM), 장거리포, 전투기의 근접 폭격 및 중거리 공대지 유도탄, 순항미사일 등이다(2022년 10월 10일 조선중앙통신 보도).

60 화산경보는 적대세력의 핵공격 시도를 탐지하고 그 위험 수준을 평가하여 상응한 경보를 발령하는 체계로 보이며 순차적인 몇 개의 단계로 나누어 설정되어 있을 것으로 추정된다.

61 김보미, "북한의 핵전력 지휘통제 체계", INSS연구보고서 2020-3, 국가안보전략연구원(2020), p. 85; 핵전력을 전담하는 전략군의 창설 자체가 핵무력에 대한 당의 일원적 지휘 체계 확립을 의미하는 것이고 신속하게 국무위원장의 명령을 이행할 수 있도록 핵무력 지휘 체계를 단순한 구조로 만들었을 것으로 예상된다.

62 상대의 핵 선제공격으로 전쟁지도부 유고·지휘통신 체계 마비 등이 발생될 경우 보복 핵공격은 반드시 이루어진다고 위협함으로써 선제공격이나 참수작전을 억제하려는 의도이다. 냉전당시 적국의 핵 공격으로 일방의 국가지도부가 전멸하더라도 살아남은 잠수함이 상대에게 핵 공격을 가한다는 교리와 마찬가지이다.

63 김정은은 2024년 1월 15일 최고인민회의 시정연설에서 '우리의 남쪽국경선이 명백히 그어진 이상 불법무법의 NLL을 비롯한 어떤 경계선도 허용될 수 없으며 대한민국이 영토 · 영공 · 영해를 0.001㎜라도 침범하면 전쟁도발로 간주된다'고 주장했다.

64 2차대전후 프랑스가 핵개발에 착수하자 미국은 핵우산을 제공하겠다며 핵개발을 저지하려 했다. 이에 드골은 핵우산에 대한 불신으로 미국에 '미국은 파리를 보호하기 위해서 뉴욕을 포기할 수 있는가'라는 역사적인 질문을 했다. 이것이 드골의 딜레마이며 프랑스는 1960년 핵실험에 성공했다.

65 대표적 심리전 사례로는 핵무력정책법 내용 공개, 핵공격 훈련 보도, 각종 미사일발사 장면 · HEU공장 · 요새화된 전략미사일 기지 등 사진 공개, 헌법개정사실 보도 등이 있다.

66 신재우, "문재인 회고록 '김정은, 비핵화 의지 절실하게 설명했다'", 문화일보(2024. 5. 17.); 김정은은 문재인 대통령과의 정상회담에서 '핵은 철저하게 조선의 안전을 보장하기 위한 것이다. 사용할 생각 전혀 없다. 우리가 핵 없이도 살 수 있다면 뭣 때문에 많은 제재를 받으면서 힘들게 핵을 머리에 이고 살겠는가, 나에게도 딸이 있는데 핵을 머리에 이고 살게 하고 싶지 않다'고 말했다.

67 2016년 1월 8일 조선중앙통신을 통해 '이라크의 후세인 정권과 리비아의 카다피 정권은 미국과 서방의 압력에 굴복하여 스스로 핵을 포기한 결과 파멸의 운명을 면치 못했으며 자주권과 존엄을 지키자면 반드시 핵무기를 보유해야 한다는 것은 21세기의 가까운 현실이 증명한 피의 교훈'이라고 주장했다.

68 김동선, "사이버공격, 핵 · 미사일 등과 3대 전쟁수단", 『아시아경제』(2015. 3. 31.).

69 북한의 국지적 핵도발이 감행되면 우리는 어떻게 대응할 것인가? 핵 반격을 할 것인가? 핵 참화 방지를 위해 반격을 자제할 것인가? 미국이 핵으로 반격을 해 줄 것인가? 반격한다면 어디를 어떠한 수준으로 반격할 것인가? 북한의 미국 본토공격 엄포로 미국이 소극적으로 대응할 경우에는 어떻게 할 것인가? 전술핵 배치 여론이 고조되면 어떻게 어디에 배치할 것인가? 핵개발 상황까지 도래하면 과연 어떠한 절차로 추진할 것인가? 국제사회의 반대에

는 어떻게 대응할 것인가? 등이다.

70 미국 등 국제사회와의 협상, 핵개발에 따른 제재 가능성, NPT 탈퇴 등 국제규범과의 충돌 및 해소문제, 핵도미노 우려, 기술 및 인력확보 가능성, 핵무기 생산시설 건설 장소, 핵실험 장소·방법, 핵무기 배치 장소 등을 둘러싼 메가톤급 파장이 예상된다.

71 트럼프는 북한문제를 담당하는 대통령 특임대사에 리처드 그리넬 전 국가정보장(DNI)대행을 임명했고 NSC 국가안보 부보좌관에는 1기 트럼프 행정부에서 미·북협상에 깊이 관여하면서 김정은까지 만났던 알렉스 웡 전 국무부 대부정책 특별 부대표를 임명했다. 이는 트럼프가 미·북대화를 직접 관장하면서 성과를 내겠다는 의지의 표현이라고 할 수 있다. 특히 이러한 의욕이 미국우선주의와 결합될 경우, 우리의 입장과 상반되는 충격적인 미·북합의가 도출될 가능성도 배제할 수 없다고 할 수 있다.

제8장 핵 비확산의 국제법적 함의와 국제정치적 현실

1 国際法学会(編),『国際関係法辞典』, 三省堂(1995), p. 140.

2 Ibid., pp. 140~141.

3 小田滋·石本泰雄(編),『解説条約集』, 三省堂(1997), pp. 768~769.

4 Ibid., pp. 589~591.

5 법제처 국가법령정보센터(https://www.law.go.kr/)(2024. 11).

6 国際法学会(編),『国際関係法辞典』, 三省堂(1995), p. 130.

7 小田滋·石本泰雄(編),『解説条約集』, 三省堂(1997), pp. 572~573.

8 법제처 국가법령정보센터(https://www.law.go.kr/)(2024. 11).

9 小田滋·石本泰雄(編),『解説条約集』, 三省堂(1997), pp. 768~769.

10 포괄적 핵실험금지조약 제4조.

11 小田滋·石本泰雄(編),『解説条約集』, 三省堂(1997), pp. 575~576.

12 https://treaties.unoda.org/t/ctbt/participants(2024. 11).

13 https://www.ctbto.org/our-mission/states-signatories(2024. 11).

14 Russia's Planned Withdrawal of Its CTBT Ratification, Press Statement, U.S. Department of State, November 2(2023).

15 https://disarmament.unoda.org/wmd/nuclear/tpnw/(2024. 11).

16 https://treaties.unoda.org/t/tpnw/participants(2024. 11).

17 https://www.nti.org/area/nuclear/(2024. 11).

18 広島市立大学 広島平和研究所, 『平和と安全保障を考える事典』, 法律文化社(2016), pp. 126~127.

19 "There are indications because of new inventions, that 10, 15, or 20 nations will have a nuclear capacity, including Red China, by the end of the Presidential office in 1964. This is extremely serious … I think the fate not only of our own civilization, but I think the fate of world and the future of the human race, is involved in preventing a nuclear war."

20 핵무기의 비확산에 대한 조약 제1조.

21 핵무기의 비확산에 대한 조약 제9조.

22 핵무기의 비확산에 대한 조약 제2조.

23 핵무기의 비확산에 대한 조약 제6조.

24 핵무기의 비확산에 대한 조약 제3조.

25 Daniel H. Joyner, Interpreting the Nuclear Non-Proliferation Treaty, Oxford University Press(2011), pp. 37~38.

26 특히 미국은 포괄적 핵실험 금지조약(CTBT)을 비준하지 않음으로써 비핵무기국의 비난을 집중적으로 받았다(Charles J. Moxley Jr., John Burroughs, and Jonathan Granoff, "Nuclear Weapons and Compliance with International Humanitarian Law and the Nuclear Non-Proliferation Treaty", Fortham International Law Journal Vol. 34(2011), pp.

681~683.

27 조약법에 관한 비엔나협약 제54조~제57조.

28 Malcolm N. Shaw, International Law(7th edn), Cambridge University Press(2014), pp. 685~686.

29 조약법에 관한 비엔나협약 제60조~제62조. 조약 탈퇴와 북한의 NPT 탈퇴 및 북핵 위기 부분은 특히 "북핵문제와 NPT 체제의 재검토: 핵문제에 관한 국제법과 국제정치의 교차"(『국제법학회논총』 제62권 제3호) 참조.

30 "다자간조약에서 한 당사국의 중대한 위반이 있는 경우, (a) 다른 당사국은 만장일치의 합의로 다음과 같은 관계에서 조약의 전부나 일부의 이행을 정지하거나 조약을 종료시킬 수 있다. (i) 다른 당사국과 위반을 한 국가와의 관계 (ii) 모든 당사국 간의 관계, (b) 위반으로 인해 특히 영향을 받는 당사국은 자국과 해당 위반국과의 관계에서 해당 위반을 조약의 전부나 일부의 이행 정지의 근거로 원용할 수 있다. (c) 조약의 성격상 한 당사국의 중대한 위반이 … 모든 당사국의 입장을 근본적으로 변경하는 경우, 해당 위반국 이외의 당사국은 해당 위반을 자국에 대한 조약의 전부나 일부의 이행 정지의 근거로 원용할 수 있다"(제60조 제2항).

31 '사정변경의 원칙'은 계약 체결 당시의 사정이 근본적으로 변경되면 계약의 구속력이 없어진다는 원칙을 말한다. '약속은 지켜야 한다'(pacta sunt servanda)는 법적 원칙의 예외로 인정된다. 국제법에서도 마찬가지로 체약국이 조약 의무를 더 이상 이행할 수 없을 때 이 원칙이 적용된다(조약법에 관한 비엔나협약 제62조 제3항).

32 NPT 제10조 1항.

33 NPT 제10조 1항.

34 Lewis A Dunn, "The NPT Assessing the Past, Building the Future", Nonproliferation Review Vol. 16, No. 2, July 2009, pp. 165~166.

35 유엔헌장 제1조.

36 유엔헌장 제39조, 제40조, 제41조, 제42조.

37 유엔헌장 제27조.

38 10개국은 미국, 영국, 소련, 프랑스, 캐나다, 불가리아, 체코, 폴란드, 이태리, 루마니아로 구성됐다. 중국은 당시 유엔에 대표권이 없었기 때문에 논의에 참가하지 못했다(Treaty on the Non-Proliferation of Nuclear Weapons, New York, 12 June 1968. Audiovisual Library of International Law). (https://legal.un.org/avl/ha/tnpt/tnpt.html)(2024. 11).

39 Gro Nystuen and Torbjørn Graff Hugo, "The Nuclear Non-Proliferation Treaty", Nuclear Weapons under International Law (edited by Gro Nystuen, Stuart Casey-Maslen, Annie Golden Bersagel), Cambridge University Press, 2014, pp. 375~376.

40 Daniel H. Joyner, Interpreting the Nuclear Non-Proliferation Treaty, Oxford University Prerss(2011), pp. 37~38.

41 Gro Nystuen and Torbjørn Graff Hugo, op. cit., pp. 377~378.

42 UNODA http://disarmament.un.org/treaties/t/npt(2024. 11).

43 Charles J. Moxley Jr., John Burroughs, and Jonathan Granoff, "Nuclear Weapons and Compliance with International Humanitarian Law and the Nuclear Non-Proliferation Treaty", Fortham International Law Journal, Vol. 34(2011), pp. 681~683.

44 "Legality of the Threat or Use of Nuclear Weapons, Advisory Opinion of 8 July 1996", ICJ Reports 1996, p. 226, pp. 266~267.

45 International Law Is Not a Suicide Pact(Louis René Beres, "On Assassination as Anticipatory Self Defense: Is it Permissible?", University of Detroit Mercy Law Review Vol. 13(1992), p. 22).

46 It follows from the above-mentioned requirements that the threat or use of nuclear weapons would generally be contrary to the rules of international law applicable in armed conflict, and in particular the principles and rules of humanitarian law; However, in view of the current state of international law, and of the elements of fact at its

disposal, the Court cannot conclude definitively whether the threat or use of nuclear weapons would be lawful or unlawful in an extreme circumstance of self-defence, in which the very survival of a State would be at stake("Legality of the Threat or Use of Nuclear Weapons, Advisory Opinion of 8 July 1996", ICJ Reports 1996, pp. 266~267).

47 김정은 "南, 동족 아닌 교전국 … 전 영토 평정 준비", 『동아일보』(2024. 1. 1.).

48 김정은 "'서울 核공격' 위협에, 軍 핵도발 즉시 北 정권 종말", 『조선일보』(2024. 10. 4.).

49 김정은 "핵무기 사용 배제 안 해 … 그 무엇도 한국 지켜주지 못해", 『중앙일보』(2024. 10. 8.).

50 북러 "전쟁상태 처하면 지체없이 군사원조" … 조약 전문 공개, 『연합뉴스』(2024. 6. 20.).

51 포괄적전략동반자조약 제4조.

52 이창위, 『북핵 앞에 선 우리의 선택: 핵확산의 60년 역사와 실천적 해법』, 궁리(2019), pp. 33~34.

53 Scott D. Sagan, "How to Keep the Bomb From Iran", Foreign Affairs Vol. 85(2006), pp. 45~47.

54 Kenneth N. Waltz, "Nuclear Myths and Political Realities", American Political Science Review Vol. 84, No. 3(1990), p. 740.

55 Glenn H. Snyder, "The Balance of Power and the Balance of Terror", The Balance of Power(edited by Paul Seabury)(1965), pp. 185~197.

56 Zanvyl Krieger and Ariel Ilan Roth, "Nuclear Weapons in Neo-Realist Theory", International Studies Review Vol. 9, No. 3(2007), pp. 374~375.

57 Barry R. Posen, "Inadvertent Nuclear War?: Escalation and NATO's Northern Flank", International Security Vol. 7, No. 2(1982), pp. 29~30.

찾아보기

ㄹ

ㅁ

ㅂ

ㅈ

ㅊ

공저자 약력

이창위(1장, 8장)

• 약력
서울시립대학교 법학전문대학원 명예교수
외교부, 국방부, 동북아역사재단 등 자문위원
고려대학교 법과대학 및 대학원 석사과정 졸업
게이오(慶応)대학 대학원 박사과정 졸업

• 주요 저술
토착왜구와 죽창부대의 사이에서(박영사, 2023)
북핵 앞에 선 우리의 선택(궁리, 2019)
우리의 눈으로 본 일본제국 흥망사(궁리, 2005)

박영준(2장, 3장)

• 약력
국방대학교 교수 겸 부설 국가안보문제연구소장
청와대 국가안보실, 국방부, 외교부, 합참 등 정책자문위원
미국 하버드대학교 Program on US–Japan Relations 방문학자
일본 도쿄대학교 국제관계전공 박사

• 주요 저술
데탕트시기 전후 안보도전과 한국의 대미 및 대일 외교(국립외교원, 2024)
제국 일본의 전쟁, 1868–1945(사회평론아카데미, 2020)
한국 국가안보전략의 전개와 과제(한울, 2017)

조비연(4장, 5장)

• 약력
한국국방연구원 핵안보연구실 선임연구원
외교부 군축비확산 외교자문위원
미 아틀란틱카운슬 비상임 연구위원
서울대 국제대학원 국제학 석사·박사

• 주요 저술
미국의 저위력 핵무기와 한반도에서의 확장억제전략 연구(KIDA, 2021)
영국식·독일식 핵공유체제와 한미 확장억제(KIDA, 2022)

손재락(6장, 7장)

• 약력

건국대학교 안보재난안전융합연구소 객원연구위원
고려대학교 법과대학 법학과 졸업
미국 켄터키대학교(UK) 대학원 석사과정 졸업
건국대학교 대학원 박사과정 졸업

• 주요 논문

미국 정보공동체의 통합메커니즘 변천요인에 대한 연구(2021)
남북통일의 현실과 미래(2022)
탈냉전이후 미국 정보공동체의 정보통합성과 시사점(2023)

기로에 선 북핵 위기–환상과 현실의 이중주

초판발행 2025년 1월 25일
저 자 이창위·박영준·손재락·조비연
펴낸이 안종만·안상준

편 집 김선민
기획/마케팅 장규식
표지디자인 벤스토리
제 작 고철민·김원표

펴낸곳 (주) 박영사
서울특별시 금천구 가산디지털2로 53, 210호(가산동, 한라시그마밸리)
등록 1959. 3. 11. 제300-1959-1호(倫)
전 화 02)733-6771
f a x 02)736-4818
e-mail pys@pybook.co.kr
homepage www.pybook.co.kr
ISBN 979-11-303-2214-8 93340

정 가 25,000원